玩转抖音，引爆同城

实体门店直播运营从入门到精通

曹宇 ◎ 著

民主与建设出版社
·北京·

© 民主与建设出版社，2024

图书在版编目（CIP）数据

玩转抖音，引爆同城：实体门店直播运营从入门到精通 / 曹宇著. -- 北京：民主与建设出版社，2024.4
ISBN 978-7-5139-4542-4

Ⅰ．①玩… Ⅱ．①曹… Ⅲ．①网络营销 Ⅳ．① F713.365.2

中国国家版本馆 CIP 数据核字（2024）第 056070 号

玩转抖音，引爆同城：实体门店直播运营从入门到精通
WANZHUAN DOUYIN YINBAO TONGCHENG
SHITI MENDIAN ZHIBO YUNYING CONG RUMEN DAO JINGTONG

著　　者	曹　宇
责任编辑	王　倩
策划编辑	陈正侠
封面设计	末末美书　数媒通
出版发行	民主与建设出版社有限责任公司
电　　话	（010）59417747　59419778
社　　址	北京市海淀区西三环中路 10 号望海楼 E 座 7 层
邮　　编	100142
印　　刷	河北文福旺印刷有限公司
版　　次	2024 年 4 月第 1 版
印　　次	2024 年 4 月第 1 次印刷
开　　本	710 毫米 ×1000 毫米　　1/16
印　　张	18
字　　数	289 千字
书　　号	ISBN 978-7-5139-4542-4
定　　价	88.00 元

注：如有印、装质量问题，请与出版社联系。

前　言

随着网络技术和硬件的迅猛发展，直播已成为一种趋势，很多企业和个人都纷纷涌入直播行业的大潮，抢占属于自己的流量风口。直播带货不仅可以提高企业的营收，提升人们对品牌的认知度，还能缩减企业的运营成本，增加从业者的个性化收益。流量为王，升级实体门店，进军店播，导购升级为运营型主播KOS（关键意见销售），这已经是不争的事实。

作者从直播运营与实操出发，把多年的直播实战经验整理成册，旨在让新进入直播行业的读者朋友少走弯路，快速成长为一名直播达人。本书以案例分析为核心，以实战技巧为原则，手把手教你玩转直播营销。

随着直播的发展，自播、店播、厂播等以实体门店为载体的直播，逐渐成为直播的主流直播间。大批量的GMV（Gross Merchandise Volume，商品交易总额）由店播、自播创造，而大部分实体门店的店主、店长并不擅长直播业务，这就无可避免地会失去目前商业最强有力的助销手段。

本书是一本直播实操手册，内容丰富全面。全书共6章。

第1章对直播营销的基础知识进行了阐述，介绍了直播的概念、直播的历史、个人直播与企业直播，同时还介绍了直播间布置与装修、直播团队组建、直播策划与实施等内容。

第2章先分析了直播运营的整体思路，然后重点讲解了直播营销前期的策划与筹备、中期的实施与执行、后期的传播与发酵以及活动的复盘与提升。

第3章深入浅出地讲解了抖音本地生活直播模块——实体门店同城号运营操作指南，对真实的直播营销案例进行了深入剖析。

第4章从深度复盘的角度，引入数据深度挖掘复盘，店播、自播从0到1，冷启动撬动自然流量。

第5章重点讲解了运营型主播的培养和打造。

第6章重点讲解了同城直播短视频带货业务的快速展开,以及从公域到私域的实操落地方法。

本书内容全面,逻辑清晰,贴近一线,实操性强,非常适合直播从业者阅读。本书具有以下特色。

(1)从零开始,简单易学。从平台选择、直播间搭建等基础技能,到数据运营、流量变现等进阶知识一应俱全,新手也能快速入门。

(2)理论前沿,实战性强。不仅讲解新的直播运营理论,还教授多种实战评测技巧,以低成本实现大成功。

(3)案例典型,干货十足。结合行业最新案例剖析直播达人成功奥秘,作者将多年的直播运营实战经验无保留地与读者分享。

(4)内容精练,不走弯路。内容紧随时代潮流,直击直播运营与操作过程中的难点、痛点,可以触类旁通,应用到短视频、自媒体等运营领域。

由于作者水平有限,书中不尽之处在所难免,恳请读者批评、指正,并真诚希望本书帮助您取得显著的进步!

注意:由于本书所涉及的 App 功能时常更新,书中与读者实际使用的界面、按钮、功能、名称等可能会存在删减、更改位置的情况,但基本不影响使用。

目 录

绪 言 ………………………………………………………………… 001

第 01 章 基础入门——手把手教你做直播 ………………………… 011

1.1 账号篇 ………………………………………………………… 012
- 1.1.1 直播业态和变现路径的综合介绍 …………………… 013
- 1.1.2 实体门店抖音账号的具体分类 ……………………… 018
- 1.1.3 抖音平台推荐机制 …………………………………… 021
- 1.1.4 抖音账号功能开通方法（企业蓝 V 账号开通）…… 038
- 1.1.5 商品橱窗和抖音小店的区别 ………………………… 043
- 1.1.6 如何开通商品橱窗 …………………………………… 045
- 1.1.7 如何开通抖音小店 …………………………………… 045
- 1.1.8 总结 …………………………………………………… 050

1.2 主播篇 ………………………………………………………… 051
- 1.2.1 素人主播如何打造个人 IP …………………………… 051
- 1.2.2 主播人设与账号的定位 ……………………………… 053
- 1.2.3 两大原则：专属特点和匹配 ………………………… 055
- 1.2.4 打造三部曲 …………………………………………… 056
- 1.2.5 主播的形象与能力的综合打造 ……………………… 058
- 1.2.6 内在修养是吸引粉丝的关键 ………………………… 058
- 1.2.7 直播名片的综合设计 ………………………………… 059
- 1.2.8 各类主播的 IP 打造建议 ……………………………… 060
- 1.2.9 实体门店做抖音是找人干，还是老板亲自干 ……… 061
- 1.2.10 总结 …………………………………………………… 062

1.3 直播间搭建篇 ... 063
1.3.1 不同性质，不同产品的直播间装修要求 ... 063
1.3.2 直播间道具设备采购 ... 064
1.3.3 直播时摄像机拍摄的角度与方向 ... 066
1.3.4 不同直播产品的灯光设计及打光攻略 ... 068
1.3.5 高效利用直播辅助 ... 071
1.3.6 总结 ... 071

1.4 选品组品篇 ... 072
1.4.1 抖音直播间的选品逻辑 ... 072
1.4.2 标签化选品分层和应用 ... 073
1.4.3 直播选品SOP（附实操落地表格） ... 074
1.4.4 总结 ... 079

1.5 文案与脚本 ... 080
1.5.1 爆款素材的选题及框架 ... 080
1.5.2 短视频带货——自己会卖货的文案 ... 081
1.5.3 直播带货——多维度脚本策划 ... 093
1.5.4 创作灵感的应用技巧 ... 098
1.5.5 抖音热点宝功能的应用 ... 100
1.5.6 总结 ... 105

1.6 直播团队打造篇 ... 105
1.6.1 全面成熟的直播团队构建及岗位职责 ... 105
1.6.2 简单的初创团队（3人） ... 107
1.6.3 电商部各部门KPI考核表（运营、文案、主播、客服） ... 108

1.7 抖音新手必备专业术语查询（依据网络素材整理） ... 117

第02章 基础运营篇 ... 123

2.1 抖音变现方式 ... 124
2.1.1 拥有粉丝≠实现盈利 ... 124
2.1.2 抖音平台内部变现方式 ... 125

2.2 直播间粉丝运营 ... 126
2.2.1 深度挖掘粉丝画像 ... 127

目 录

- 2.2.2 吸引粉丝的直播内容有什么特点 ... 133
- 2.2.3 提供粉丝喜欢的直播内容 ... 137
- 2.3 直播带货三要素 ... 139
  - 2.3.1 人——什么人适合做主播 ... 140
  - 2.3.2 货——怎么挑，卖什么 ... 140
  - 2.3.3 场——直播场地的重要性 ... 141
- 2.4 直播运营的复盘能力 ... 141
  - 2.4.1 流量来源获取 ... 141
  - 2.4.2 留资类直播复盘数据表 ... 142
  - 2.4.3 带货类直播复盘数据表 ... 145
  - 2.4.4 如何进行直播复盘，提升业绩增长 ... 148

第03章 抖音本地生活直播模块——实体门店同城号运营操作指南 ... 150

- 3.1 抖音来客是什么 ... 151
- 3.2 抖音来客入驻流程 ... 154
  - 3.2.1 抖音生活服务商家资质要求及入驻流程 ... 154
  - 3.2.2 资料准备 ... 161
  - 3.2.3 经营规则 ... 161
- 3.3 线上经营准备 ... 162
  - 3.3.1 如何通过抖音来客获得更好的经营效果 ... 162
  - 3.3.2 门店的装修 ... 164
  - 3.3.3 通过短视频推广团购商品 ... 166
  - 3.3.4 通过直播推广团购商品 ... 166
  - 3.3.5 通过平台活动推广团购商品 ... 172
  - 3.3.6 营销工具 ... 172

第04章 实体门店直播从0到1，冷启动撬动自然流量 ... 184

- 4.1 控流的基本运营要求 ... 186
- 4.2 影响流量的六大因素 ... 187

- 4.3 提高直播间流量的六个基本逻辑 ... 188
- 4.4 零粉丝新账号开播拉流 ... 189
- 4.5 如何解决直播间在线人数少的问题 ... 189
- 4.6 实体门店蓝 V 账号的正规玩法，公域必须导流到私域 ... 190
- 4.7 一定要明白全部的直播流程（带动流量增量） ... 191
- 4.8 直播间背景 ... 191
- 4.9 话术 ... 192
- 4.10 直播话术的核心框架 ... 193
- 4.11 销售额翻 10 倍的成交话术 ... 193
- 4.12 直播间流量玩法的最佳配合——抽奖玩法（福袋 / 整点 / 红包 / 问答） ... 194
- 4.13 直播间流量玩法的最佳配合——秒杀玩法（点赞 / 整点 / 关注 / 限量） ... 195
- 4.14 直播间一定要说"人话" ... 196
- 4.15 允许有强烈的分享欲望，但不能把直播间当培训教室 ... 197

第 05 章 运营型主播（超级带货王）的培养与打造 ... 198

- 5.1 KOS 运营型主播的定义 ... 202
- 5.2 运营型主播在实体门店最小化直播团队中的核心作用 ... 202
  - 5.2.1 增加用户的购买欲望 ... 205
  - 5.2.2 促进用户的消费频率 ... 206
  - 5.2.3 增强用户的信任程度 ... 206
- 5.3 运营型主播必修技能 ... 207
  - 5.3.1 取得用户的信任并拉近距离 ... 207
  - 5.3.2 塑造产品的价值和亮点优势 ... 208
  - 5.3.3 抓住用户的痛点和实际需求 ... 208
  - 5.3.4 筛选产品来增加用户满意度 ... 209
  - 5.3.5 营造成交氛围，不露痕迹地憋单 ... 209
- 5.4 日销千单的运营型主播主导直播间节奏的技巧 ... 211
  - 5.4.1 结合产品的实力展现效果 ... 212
  - 5.4.2 围绕产品特点来策划话术，利用文案先声夺人 ... 213
  - 5.4.3 利用话题短视频和直播间连爆方式，针对标签用户精准营销 ... 214
  - 5.4.4 将产品融入场景引发购买 ... 215

目　录

5.4.5　展示用户体验，提高口碑 …………………………………… 216
5.4.6　用福利诱导用户购买产品 ………………………………… 217
5.4.7　泛娱乐性节奏，先拉高场观，再垂直转化 …………………… 218
5.4.8　憋单节奏设计——设置悬念来吸引用户兴趣 ………………… 219
5.4.9　避免诱骗秒杀的参考话术 ………………………………… 219

第 06 章　赢在店播——实体门店直播运营 ……………………… 221

6.1　你为什么做不成一个赚钱的抖音号（获利漏斗） …………… 222
6.2　抖音同城号引流 …………………………………………… 225
6.2.1　精准引流：打开同城流量入口，精准引流同城用户 ………… 225
6.2.2　反向获客：实体门店反向获客，不投流，免费公域获客精准打法 … 232
6.2.3　玩转同城：打通公域私域，解锁双域变现的流量密码 ……… 234
6.2.4　店播变现：企业及个人如何布局直播变现 ………………… 235
6.2.5　拿走即用的直播引流社群运营方法 ………………………… 236

6.3　抖音私域运营 …………………………………………… 240
6.3.1　私聊转化 …………………………………………… 240
6.3.2　精准群发 …………………………………………… 241
6.3.3　私聊维护 …………………………………………… 242
6.3.4　评价及晒单维护，提升带货评分 ………………………… 243

附　录　直播带货实操表单精选 ………………………………… 245
后　记 ………………………………………………………… 273

绪　言

判断一本书是不是真的能够帮到你，首先要看，它的内容是否可以理论联系实际，如果只是从理论出发，教你一些听起来头头是道的方法，但当你真的放手去做的时候，却无从下手，那这本书对你就没有任何帮助。本书的创作团队均是来自一线的操盘手，国内很多知名的零售品牌都是团队亲自操盘的真实服务客户，而本书所谈及的方法和案例全部来自真实的操盘运营，且有数据佐证。

那么，我们就从一个真实的操盘案例开始我们的店播学习吧！

直播是从 2000 年的秀场直播开始，到 2019 年带货直播，以及 2020 年疯狂火爆的网红带货，再到现如今的品牌店播、厂播，直播市场的发展比较动荡颠簸。大到很多的品牌厂家，小到实体门店、个人带货，都遭受到了一场又一场的以金钱为代价的教育。

即便是手握巨量资源的互联网巨头，其获客成本也居高不下，更何况缺少媒体资源和集中采购议价权的零售企业，它们更是举步维艰。**消费者的购买习惯已经从坐商、行商、微商、电商进入了播商时代，不进入这个赛道，就必将被时代淘汰**，但是进入这个赛道的代价似乎又非常巨大。通过直播短视频带货公域获客，但是，客户流失率又居高不下。据女装行业交流调研，部分中小型时尚女装品牌用户流失率高达 75%。

如果把直播单独看作一个商业举措，结果一定会得不偿失，投入产出比难以平衡。在实体门店的店播咨询陪跑中，我们遇到了一个国内知名品牌的客户。该客户通过国内的一家知名的讲师经纪机构找到我们，希望能够得到实战式的培训。前期，客户和我们召开了三次电话会议来进行沟通，特别强调了他们不希望只是上课听理论，因为他们全国有几千家门店，希望能够立竿见影地获得业绩提升。他们提出了以下三点要求。

（1）要有切实可行的方法论。

（2）以战代训，70% 的内容是带教演练。

（3）打板标杆门店，全国门店可以快速复制。

其实，这样的客户并不是标新立异。他们面临的情况是几乎所有中国零售门店都会面临的问题，而很多企业已经被割韭菜式的理论大师割过几轮，一朝被蛇咬，十年怕井绳。企业身上的问题，很多都成了错误逻辑下的运营惯性问题。要想真正解决问题，需要挖掘业绩背后的业务流程的痛点。通过深度链接上百家零售企业，挖掘上千份行业研究报告，我们将门店经营的痛点总结为以下 6 种（图 0-1）。

（1）人才队伍，难堪大任，网络营销管，难求三合一。
（2）门店留存，束手无策，离店就失联，复购靠运气。
（3）线上获客，只会降价，获客渠道少，手段很单一。
（4）产品结构，缺乏亮点，亮点不清晰，难激购买欲。
（5）数据分析，全凭直觉，数据很稀缺，缺乏深分析。
（6）业务协同，总是打架，利益常不均，考核总难行。

▶ 业绩背后，是运营层面的六大痛点

图 0-1　运营层面的六大痛点

客户遇到的问题，仅靠直播手段是不能够解决的，如果不提供一套系统化的解决方案，仅仅靠直播间的一种获客手段，是无法完成实体门店向真正的播商转型的。

这其实就是客户之前寻找所谓的直播大师甚至是头部网红来示范辅导都没有真正奏效的真实原因。

抖音作为一种工具，它更多发挥的是提升效率的功能。如果把它用在实体门店的销售管理中，它更多的功能其实只是电子传单。

无论是"种草"短视频，还是实体门店同城直播，都只是一种获客手段，

绪　言

它是整个实体门店进行获客引流的一个动作而已，它必须和门店的全部销售行动有机地结合在一起，否则就如同器官移植一样，产生出强烈的排异反应！而且，**不切实际的期望值，不断产生的挫败感会使终端的实体门店的员工产生抵触情绪，进而彻底阻断实体门店线上转型直播化的道路。**

那么，解决方案是什么呢？

本书将会以阐述的店播模式、落地方法论以及被国内十余家知名连锁企业验证过的店播模式与大家一起共同分析探讨。带大家一步步接近事实的真相，透过各种浮躁的泡沫，去找到自己门店的真正出路。

站在整个零售闭环角度去做直播，即实体门店的店播，针对运营层面存在的六大痛点，我们提出了一系列解决方案。解决方案如表 0-1 所示。

表 0-1　解决方案

痛　点	策　略	方　法
人才队伍，难堪大任	搭队伍	结合战略目标，确定人才架构 明晰岗位职责，梳理绩效机制 进行针对性培训/辅导，提升岗位胜任力
门店留存，束手无策	做社群	搭建线上社群留存用户 以提升复购拉新裂变等活动 解决门店获客、留存难问题
线上获客，只会降价	做直播	搭建新媒体矩阵 店播引流解决获客难的问题
产品结构，缺乏亮点	理产品	调研竞品 梳理内容产品结构并优化 更好地配合业务转型线上
数据分析，全凭直觉	理数据	打通门店和线上数据 搭建数据体系 同步数据动态调整货品解决压仓
业务协同，总是打架	做协同	调整绩效考核及线上线下利益分配 线上电商与门店同频同步 策划联动活动同步增长

我们的团队给客户提出了实体门店数字化转型的全套解决方案，在这个方案的框架下，和客户达成了一个共识：我们提供给客户的店播的咨询陪跑服务，不仅仅局限于培训，而是提供一个完整的陪跑方案，以战代教，和销售业绩提升的成果进行捆绑，实现对赌模式的落地执行方案。

这意味着，如果我们不能帮助客户创造出真实的业绩，不能打造出样板门店，就无法完成阶段性的成果。方案如果在中途夭折，我们就得不到任何咨询服务费。

压力就是动力，挑战就是成长！

店播新零售的每一个获客手段，都有着不一样的意义，发挥着不同的作用，但这些获客并不是割裂的，且不各自为战，而是形成一个闭环，将公域、私域、实体门店深度链接，形成天网、地网和人网的模式。这一次，我们用店播的模式帮助客户完成全国几千家门店的店播升级。店播新零售逻辑闭环如图0-2所示。

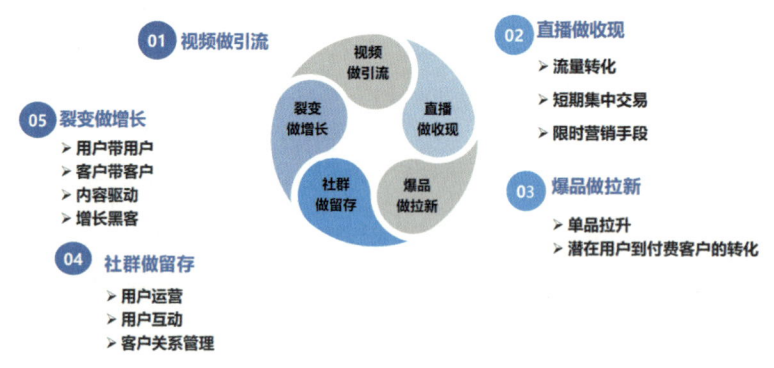

图 0-2　店播新零售逻辑闭环

知己知彼，方能百战不殆。首先，从摸底开始，这一环节必不可少，因为没有调查，就没有发言权。

这里推荐一个实用的工具——问卷星，它具备强大的数据调研和分析功能，可以为之后开展培训、辅导、带教、陪跑等业务提供切实可行的指导或精准的建议。

在摸底阶段，我们收到了该品牌近100名全国经销商基于实体门店的调查问卷反馈，而且均为有效问卷，该客户的情况基本上代表了国内大多数实体门店的情况。

该调查问卷表的部分代表性题目如图0-3～图0-8所示。

绪　言

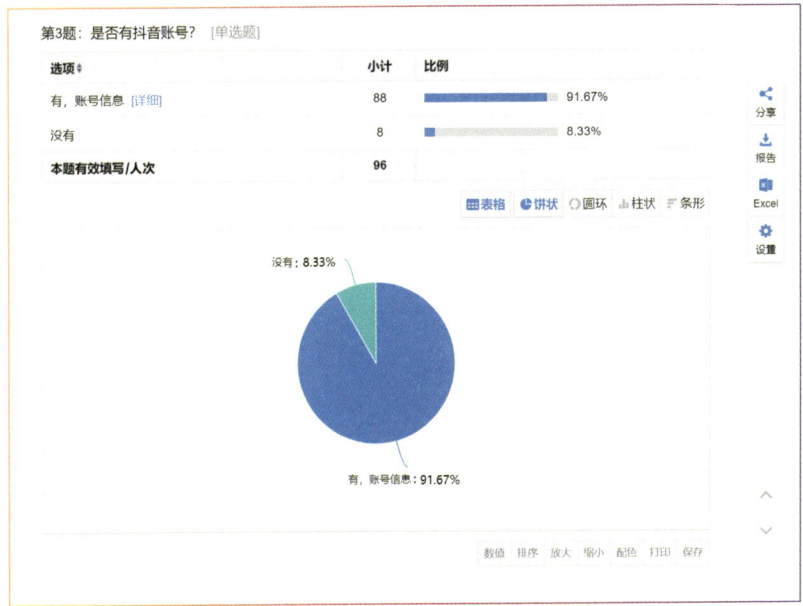

图 0-3　第 3 题

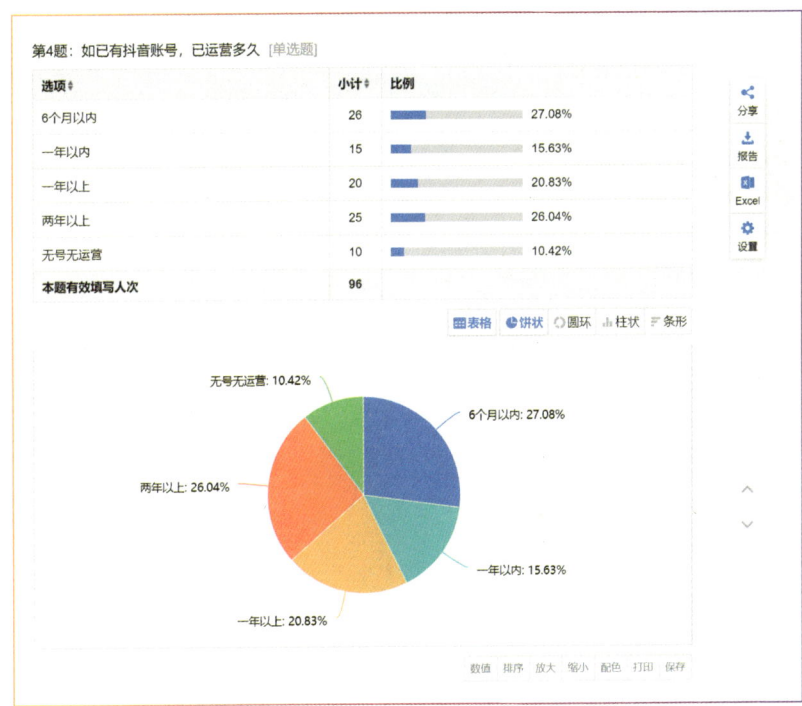

图 0-4　第 4 题

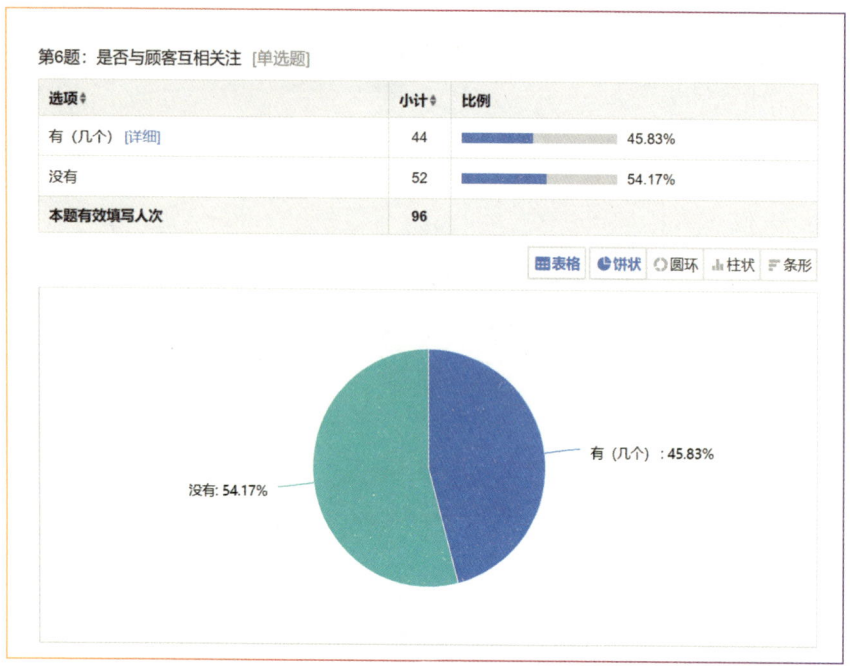

图 0-5　第 6 题

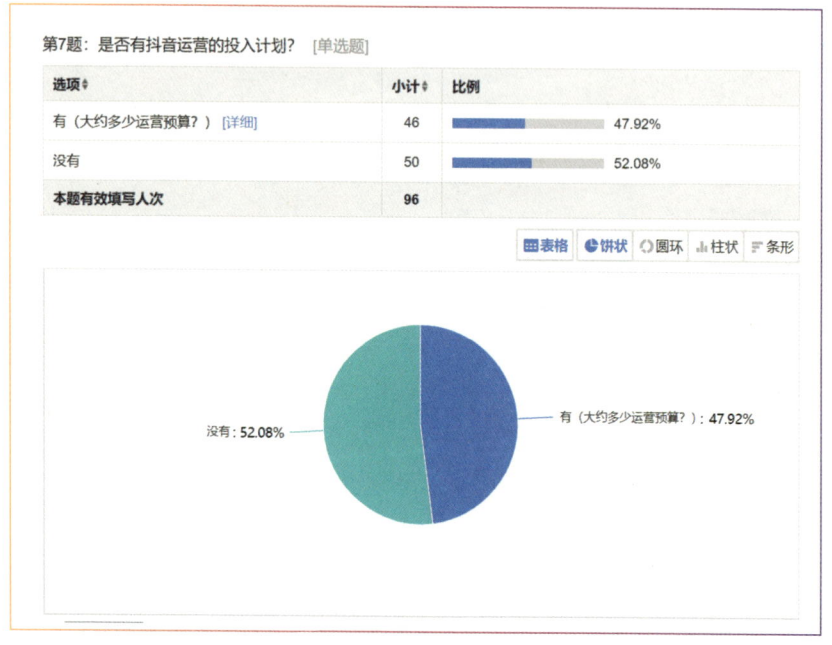

图 0-6　第 7 题

绪　言

图 0-7　第 7 题的选项详情

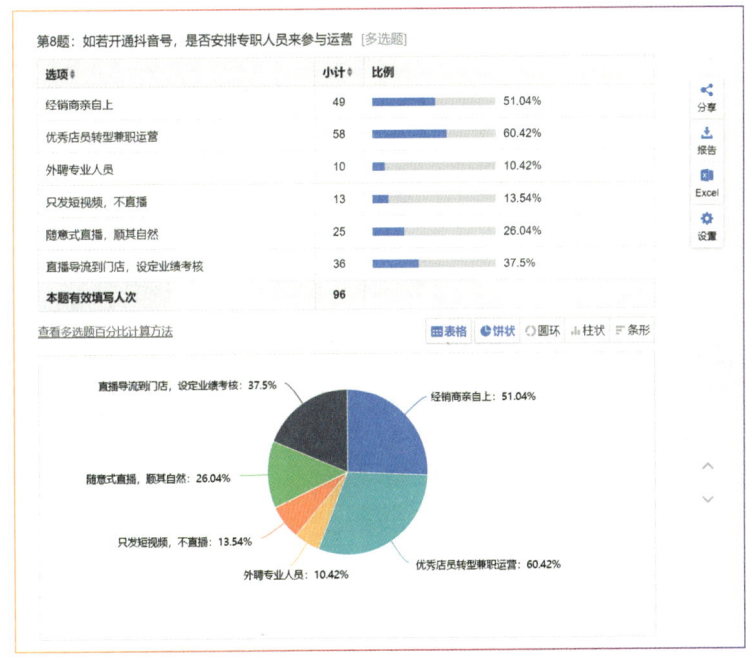

图 0-8　第 8 题

007

调查问卷真实地反馈了实体门店,尤其是经销商渠道的真实状态。接下来,团队根据该客户的全国经销商及实体门店的真实情况,进行了缜密的分析,并有针对性地筹划方案,向客户提供了店播培训及带教、咨询、陪跑的对赌全套方案,具体如图0-9—图0-12所示。

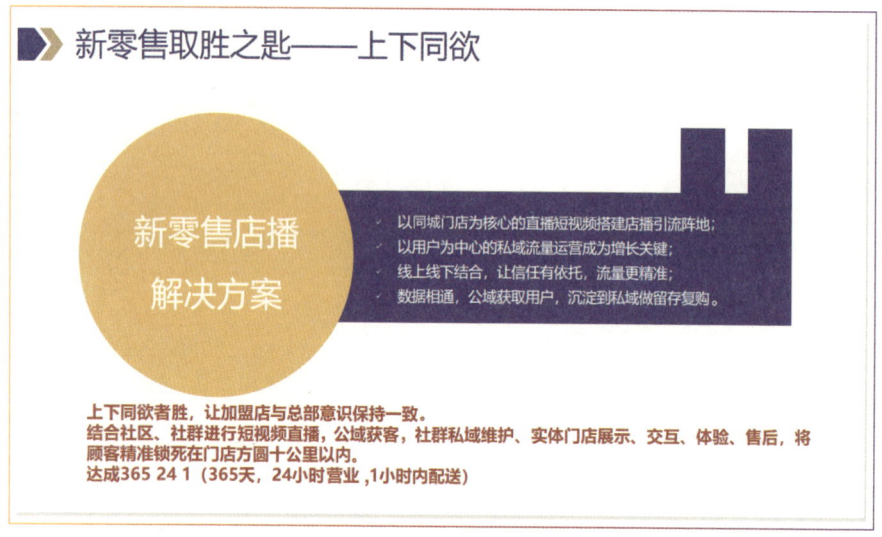

图 0-9 实体门店数字化转型的新零售取胜之钥

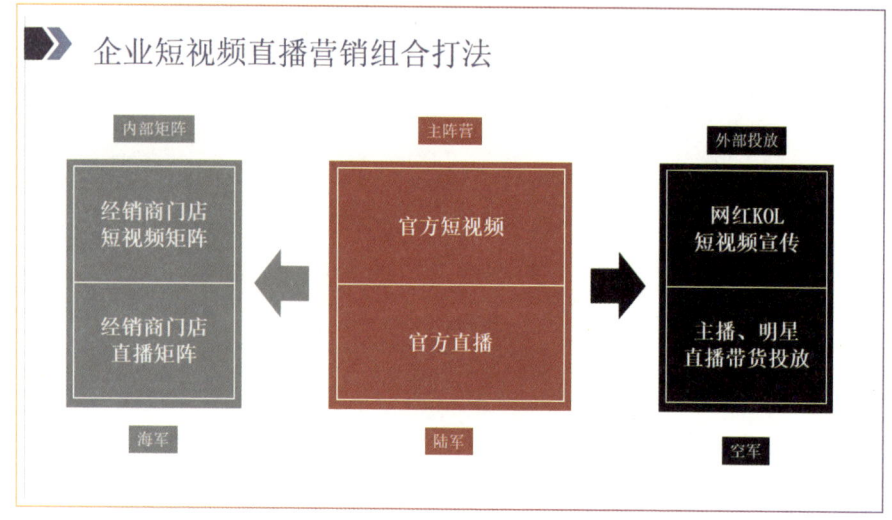

图 0-10 企业短视频直播营销组合打法

绪 言

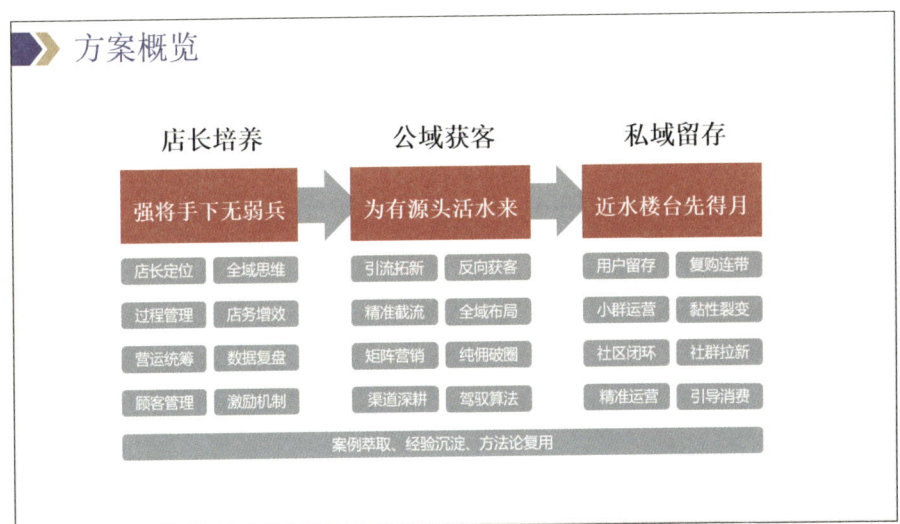

图 0-11　实体门店数字化转型的全套解决方案概览

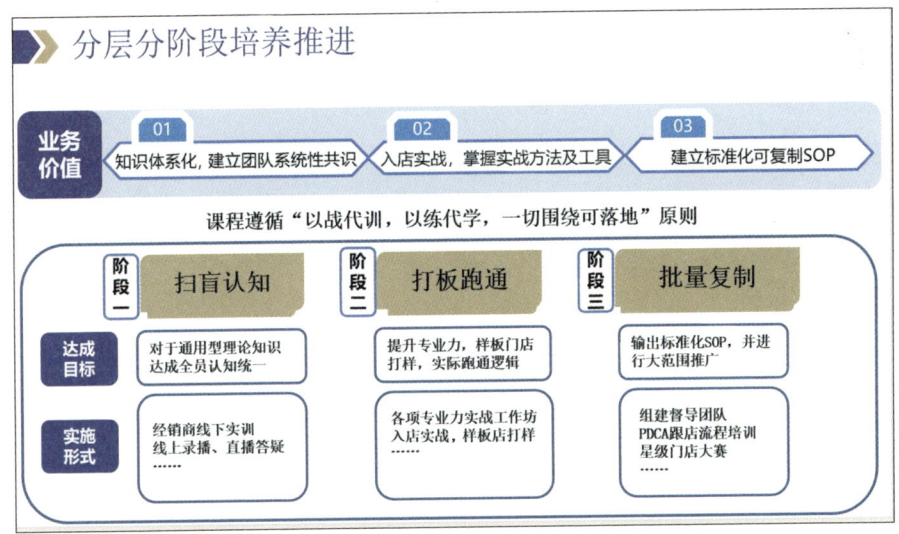

图 0-12　实体门店数字化转型分层分阶段培养推进

就如我们承诺的一样，遵循"以战代训，以练代学，一切围绕可落地"的原则，我们开始了一场可以验证结果的超级带货王——实体门店店播陪跑特训营的学习。

感谢品牌方的信任，选择与我们同行，我们用沉浸式的培训和推演沙盘式的互动模式，模拟了店员们真实的销售运营状态，陪跑完成了数字化转型的全部过程。

那么，在这个过程中具体是如何做的呢？请各位读者和我们一起进入到这场实战的培训过程中吧！

第 01 章

基础入门——手把手教你做直播

1.1 账号篇

实体门店直播（店播）是基于实体门店的直播，和个人直播号、网红达人号不同，它会额外增加员工的工作时长和工作内容。如果因为直播而增设太多的岗位和人手，又会增加零售实体门店的运营成本。因此，如果实体门店要开展直播，就必须进行最合理化的资源配置和设计，既要平衡好人力资源成本，又要开源节流，真正地完成数字化转型，渡过实体门店的生死关。

店播不同于单纯的直播，它是一种与实体门店日常运营深度结合的新运营态。店播的定义如图1-1所示。

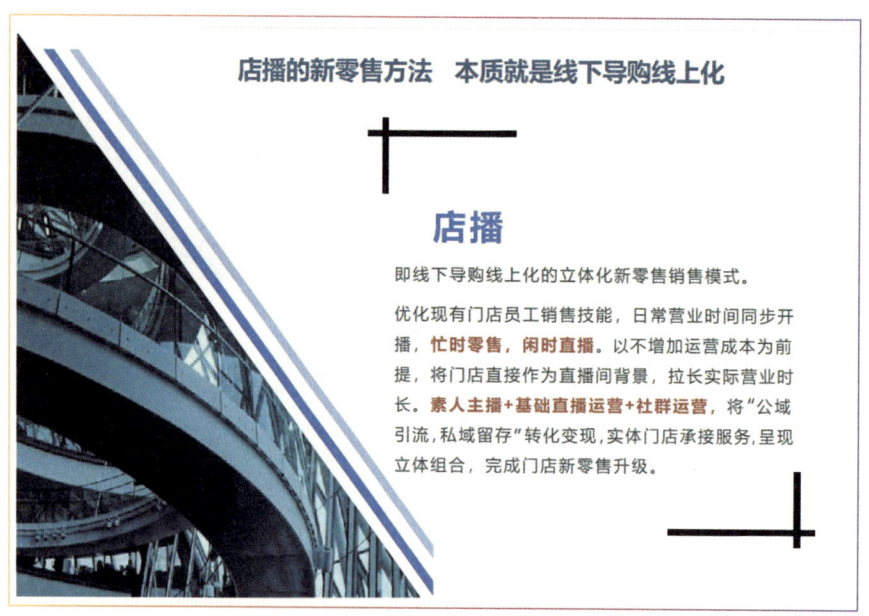

图1-1　店播的定义

同时，要对门店的导购进行升级，通过培训和带教，将原有实体门店的导购升级为KOS，即超级导购。KOS的定义如图1-2所示。

图 1-2 KOS 超级导购的定义

帮助现有门店员工，完成向 KOS 超级导购的转型。并且以门店企业账号＋门店员工个人账号组合的新零售店播矩阵模式，配合同城运营的方法，做好实体门店同城的生意，在门店所在的城市形成海陆空的立体营销格局。

1.1.1 直播业态和变现路径的综合介绍

抖音 App 是在秀场娱乐直播的基础之上出现的，最初，它的业务与音乐有关，主要拍摄一些年轻人时尚潮流的日常记录，并没有真正意义上的商业化。

2018 年年初，抖音与淘宝合作，发布购物车功能才正式开启了抖音商业化的第一步。抖音商业化道路时间轴如图 1-3 所示。

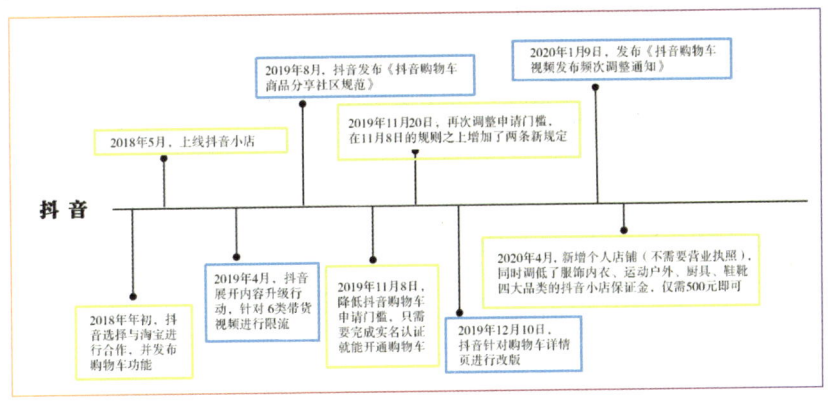

图 1-3 抖音商业化道路时间轴

实体门店店播和 KOS 的概念最早出现在 2016 年，但当时并没有形成声势，就被网红化、达人化掩盖住了。平台受利益驱使，要塑造标杆和大 V，引导投流、付费，让品牌投入了大量的坑位费、投流费、代言费、广告费和促销费等。

2015 年成立的网红孵化机构"美 ONE"看到了直播的机会，于是在 2016 年年底联合欧莱雅发起了"BA 网红化"的项目，欧莱雅一共有 200 多名 BA（Beauty Adviser，美容顾问，通常是指化妆品专柜的导购）报名，而项目只需要 5 位女生、2 位男生，后来被称为"口红一哥"的李先生，由于出色的专业技能和销售能力被选中。

那时候，"口红一哥"还在南通欧莱雅的美宝莲专柜做一名 BA，销售化妆品。通过这个项目，他成为当之无愧的 KOS，2016 年的那场 BA 网红化的活动中成就了欧莱雅、成就了淘宝、成就了直播行业，从客观上讲，也将店播的雏形搭建了起来。

品牌方在平台的引导下，踩坑无数，以牺牲收入为代价，赢得了部分市场份额，却引发了经销商的各种不满，认为总部撬走了原本属于各地经销商实体门店的生意，于是，各种矛盾冲突频发。品牌方并未获利，实体门店因销售受损而怨声载道，只有平台和大 V 网红主播是这一轮收割的获利者。

虽然网红直播间里销售了很多产品，但是，这些流量都在主播的直播间，粉丝还是主播的粉丝。品牌方投入了大批的市场资源，结果产品打折出售，顾客复购无法控制，粉丝不是自己的，却付出了大额的坑位费，而且无法兼顾经销商的利益保护。于是，**从 2021 年起，网红直播逐渐降温，品牌方开始转向自播、店播。**

但是经销商实体门店的店家做直播，其实顾虑重重。首先，门店既不专业也没团队，而且还对直播抱有误解，存在高投入、坑位费、大网红、投 DOU+、feed 流之类的浅层认知（DOU+、feed 流都是抖音花钱付费投流的形式，目的是引来粉丝观看）。其次，与其说门店怕花钱，还不如说门店利润薄得已经无钱可投。实体门店本身就举步维艰。

最后，虽然有些门店早早开通了抖音账号，但是因不懂运营而浅尝辄止。

2021 年，抖音平台不断迭代完善，迎来了新的转折。同时因新冠疫情和其他原因，实体商家竞争更加激烈。字节跳动公司成立了拥有一万两千多名员工的本地直营业务中心,开辟了抖音本地生活业务。基于 POI(Point of Interest,代指某实际的地理位置)实体门店地址定位,进行同城运营的抖音同城号。

2021 年 11 月 18 日,国家反垄断局成立。同时针对大网红、平台垄断流量,在同一天上海市市场监管局还颁布了不得利用算法实施不正当价格行为的限制法令《上海市网络交易平台网络营销活动算法应用指引(试行)》。付费流量大幅下降,自然流量开始大幅攀升。很多名主播和达人遭到了相关部门的合规处理,而同城的自然流量开始出现了冗余的趋势。同年,抖音的同城号业务以迅雷不及掩耳的速度推出,并如火如荼地发展起来。

同城号的特点就是地域性强且粉丝精准,可以长期持续性地反复利用。与面向全国的粉丝账号相比,同城号更能产生信任感。

2022 年,抖音进入了实体门店变现的春天,这是一个实体门店打翻身仗的绝好机会!

2022 年抖音的核心:把实体在抖音重新做一遍!

2022 年 8 月 5 日,中央电视台推出专题报道,定义和解读了即时零售的概念。**即时零售以本地门店+即时配送为核心,链接实体和消费者**,使网红直播间的优势荡然无存。通过即时零售,实体门店不仅打通了最后 100 米,还打通了最后的半小时配送半径的时间保证。

2022 年 10 月试水同城配送,2023 年 3 月,抖音外卖正式全面开放。抖音超市也实现了"小时达"的同城配送。本地生活业务时间轴如图 1-4 所示。

图 1-4 本地生活业务时间轴

iPhone14 的发售，彻底打开了大家对于即时零售的认知。像点外卖一样买手机，同城即时零售，快速配送，已经全方位地展开，并融入到我们的生活中（图 1-5）。

其实之前大家感受过的，叮当快药，凌晨也可以实现深夜买药（一线城市覆盖 24 小时，普通城市有营业时间限制）。周边的超市购，比如盒马鲜生、沃尔玛等也加入了即时零售。

京东的前置仓，能保证 23 点前下单，次日上午 11 点前收货。越来越多的商户融入到即时零售的战场上厮杀了。

同城直播+即时零售配送，给实体店注射了强心针。

实体门店做抖音，变现的途径变得多元化而具有落地性，细分领域也更加明晰。

首先，抖音的序列已经不是单纯的一个抖音 App，已经细分到多个维

图 1-5 iPhone14 发售的即时零售

度，具体如图 1-6 所示。

细分之后的抖音序列有着不同的功能和责任。

（1）抖音 App：截至 2023 年年底已有 520 亿次的下载量，是抖音变现的主阵地。

（2）抖音极速版 App：截至 2023 年年底已有 170 亿次下载量。我们一直都抱怨投 DOU+ 之后，流量并不完全

图 1-6 抖音序列

精准，后来发现后台数据标签居然是都市银发的标签，原因可能跟抖音极速版有关，该版本的用户是通过做任务赚取现金的。

抖音App界面下方的"+"号是用来发布视频的。而抖音极速版App的界面下方是一个小福袋，点开是各种看视频看直播的现金奖励。所以有大批量在意小额奖励，却没有付费意识的高年龄段用户，或者低收入人群会采用时间换金钱的方式，增加抖音的在线人数。当我们遇到投流引来的流量并不精准，甚至无法变现时，可以考虑这部分的原因。那么，如何精准引流同城流量中有购买力的付费用户呢？我们将会在之后重点探讨。

（3）抖音火山版App：抖音将之前的火山小视频升级为抖音火山版。在抖音后台中，选择粉丝共享之后，抖音App发布的短视频可以直接同步到抖音火山版App中。

（4）抖音盒子App：截至2023年12月底已有1310万次下载量。它是对标小红书的一个抖音子版本，是抖音的一个创新尝试，定位为面向年轻人的潮流时尚电商平台。用户可以直接使用抖音账号登录，账号的头像、昵称等与抖音保持一致。做时尚类的门店可以选择下载抖音盒子App，通过运营管理增加曝光率和成交机会。

而目前抖音盒子因为运营不佳，已经停止运营了。

（5）抖音来客App：它是为生活服务商家搭建的经营平台，绑定抖音账号即可实现团购商品发布、客流数据管理等功能，助力商家成长，打造"一站式经营服务工作台"，以帮助商家提升线上经营能力，实现生意的创新增长。抖音来客并不独立存在，它是依托于抖音App共生的，是一个本地生活服务类商家专属的经营管理平台。

在抖音直播间里，能直观见到的是位于屏幕右下角的三个图标。它们直接担负着直播间的商业转化和流量变现的职责。

（1）小黄车🛒：电商流量池。商品橱窗、抖音小店等可以挂小黄车（抖音抽佣金）。如果你的直播间挂小黄车，就意味着要和全网的同赛道的人竞争，难度非常大，而且投入也非常大。

（2）小风车🍃：蓝V账号营销功能里的一个组件。它是用于留资获客使用的（抖音不抽佣金）。针对客单价高一些而无法线上成交或者用于招商。但是，这也是一个营销机会点。

（3）小房子🏠：扶植本地生活，从蓝 V 账号功能小风车升级出来的工具。它开通了团购套餐的同城本地商家。本地商家可以通过这个方式售卖自己的团购券（抖音抽佣金）。

抖音小店：自营产品具备全国辐射能力，且物流等方面都有强有力的支撑，可以直接开设抖音小店，面向全国进行销售。

商品橱窗：是属于品牌代理商、获得品牌方线上授权、可以进行线上销售，挂上总部提供的链接来进行销售的工具。

蓝 V 账号：利用本地生活的团购功能进行相关引导，以到店核销的团购券方式引流到实体门店，进行二次升单连带的销售模式。

1.1.2　实体门店抖音账号的具体分类

单体的独立的实体门店，可以自由选择抖音小店、企业蓝 V 账号、本地生活服务（抖音来客），具有全国门店、代理商门店、连锁门店的品牌商，也有一种特有的运营模式。我们可以根据自己的类型，对号入座。我们要了解自己的立场和位置，才能利用好抖音这个平台。

站在品牌方角度，是一种玩法；站在终端门店角度，又是另一种玩法。

然而，从长治久安的趋势而言，分久必合、合久必分的博弈，最终的归宿，又是回到迭代升级后的全域升级。

1. 从品牌方角度

从品牌方角度来看看如何从传统模式向全域模式升级。与之匹配的抖音平台玩法，确实比较颠覆我们固有的模式。

传统的经销商模式非常成熟，区域保护和窜货惩戒可以确保层级代理商制度的长久发展。但是直播彻底打破了空间上的区域间隔，毫不夸张地说，一个直播间可以面对全世界的消费者。

进入直播时代后，品牌方曾经陷入了一段慌乱的迷茫期。在这个过程中，被网红、坑位费、刷单引入歧途，导致代理商愤而叛变、门店自立门户等一系列后果。

品牌商所面临的市场现状如图 1-7 所示。

图 1-7　品牌入局抖音的三种模式现状

站在传统经销商的品牌方角度，最稳妥的贴合传统游戏规则，不打破市场机制，也能为中小代理商所接受的模式，企业蓝 V 同城号必然是首选。

之前轰轰烈烈的官方旗舰店烧钱投流的直播，透支地区代理商终端门店的利益，已经被代理商深恶痛绝，被指责吃相难看，严重地挫伤了传统代理商机制。而操戈起义、自立门户的代理商终端离开了品牌方光环的庇佑，市场表现也不尽如人意，造成了双输的结果。

痛定思痛后，大部分品牌开始全域运营转型，鼓励经销商门店申请蓝 V，但不允许开小店直播销售，以此限制区域窜货。抖音平台的小风车功能带来的留资功能以及抖音同城团购带来的同城流量，丰富了终端的全域变现能力。

2. 从终端的实体门店角度

站在终端的实体门店角度来看，代理商（或者独立门店的店主）投入配合，试错成本低。但由于缺乏市场支持和方法论，只是靠自我摸索，投入产出比并不高。因此往往浅尝辄止，落地执行性差。

而市面上大部分的抖音培训以理论为主，并没有聚焦到实体门店的真实场景中。而直播仅仅依靠店主或者代理商员工自己领悟，再举一反三，客观上存在难度。因此大部分门店刚开始热血沸腾地学习，在做了一段时间后，就会由一开始的一鼓作气，再而衰，三而竭，最后不了了之。

门店的痛点如图 1-8 所示。

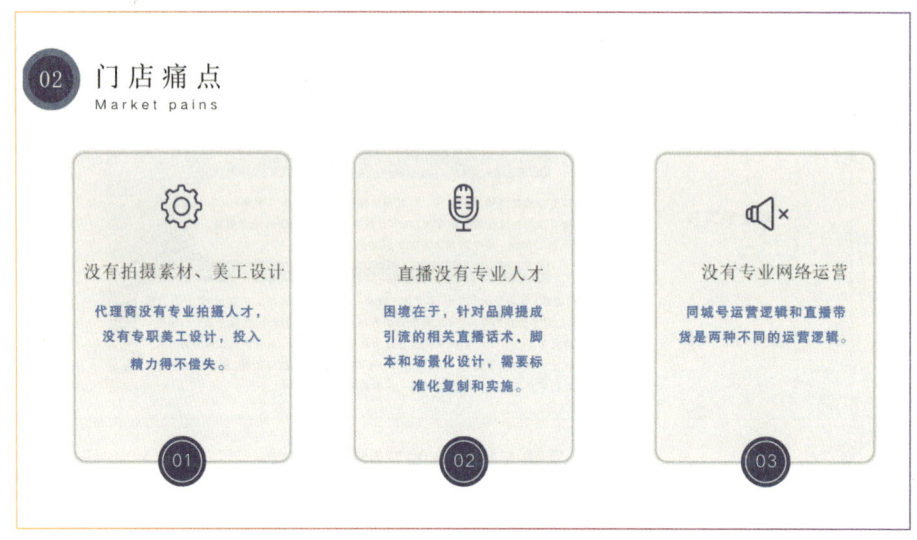

图 1-8　实体门店数字化转型的痛点

多数实体门店畏难情绪加重，又无其他的相关辅助。按照抖音平台上的一般泛流量做法，难以构建出能够成功引流到店、留资转化成交的模式。

3. 脱离了品牌总部的经销商体系

这种体系的实体门店可以通过开抖音小店的模式，发展自主经销的能力。在网上开一家真正属于自己的抖店。

4. 无店铺员工合作制

门店的员工通过个人账号与门店账号形成矩阵式的关系，即无店铺员工合作制。无店铺员工合作制通过开通商品橱窗分销门店的产品，是一种新兴的门店分销模式。

角度不同，定位不同。实体门店要玩转抖音，还有很多更为精准化的方法。

基于品牌战略规划及现阶段的实际需求，协助总部及经销商充分利用好抖音工具，用少的市场投入，最适合经销商及终端门店最易上手的方法，帮助门店打通抖音短视频同城直播引流、留资、转化、成交、留存、裂变的链路是本书重点探讨的问题。

在服务过大批量的客户之后才知道大道至简，最质朴的解决方案反而是遵从事物客观规律，遵循实体门店底子薄、无运营的现状，再做系统优化。

找到实体门店的痛点，在最短的时间内帮助门店找到深度成交逻辑，让门店流量可以持续循环裂变变现。

以终为始做营销，一切都要在销售逻辑上形成闭环。新零售逻辑闭环如图1-9所示。

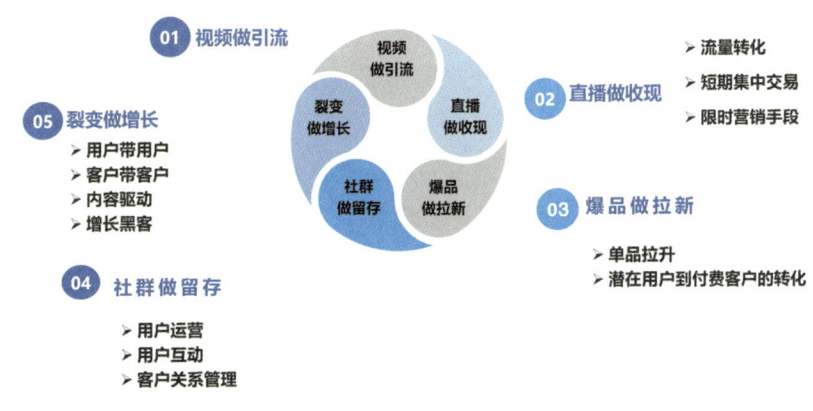

图1-9　新零售逻辑闭环

客观地构建在新零售逻辑闭环之上的品牌销售体系，会深度挖掘短视频、直播分别在整个销售的逻辑里的各种生意机会点，尽可能做到销售环节互通，将关联利润最大化。

如果把抖音短视频账号和直播账号割裂看待，则很难有期望的收获。必须具备实体门店的销售逻辑闭环的思维，只有在这种思维格局的前提下，做的每一个动作才能够真正带来趋势性的推动，得到期望的销售成绩。

1.1.3　抖音平台推荐机制

进入一个平台，首先要熟悉它的游戏规则。在正式学习账号搭建之前，我们要认真了解一下抖音平台的规则。

首先，要明白抖音平台就是流量的游戏。而想在抖音平台获得流量，其实只有两种。一种是付费流量，另一种是自然流量。

对大企业来说，付费流量是一种行之有效且粗暴简单的方法，可以通过千川、小店随心推、DOU+（抖音平台付费流量投流的不同入口和方式，将在后面介绍）来投放，效果立竿见影。

有一个形象的比喻，可以用来解释自然流量、付费流量的差异：天上下雨（流量），用脸盆（直播间）接雨水，雨水虽然很多，但是很泛，基本上接不到有用的，这就是自然流量；天上下雨（流量），用脸盆（直播间）在屋檐下接水，在瓦片上汇聚并流下的雨水就是精准流量，虽然量很少且是免费的，但是对你的直播间是有用的。

而脸盆（直播间）想要获得更多的精准流量，就需要打开自来水龙头了，这种水量足且大，随时随地，按需取用。这种流量就是付费流量。

对于实体门店而言，付费流量当然是最容易操作的。但是考虑到零售业的微薄的利润率，还是要考虑通过自然流量进行精准引流，再加上部分付费流量撬动自然流量，这种做法经济实惠，性价比高，适合实体门店的客观实际情况。

抖音的赛马机制是相对最为公平的去中心化的算法，如关注、评论、礼物、点赞、转发等多种因素决定了马在赛道里的增速，如图1-10和图1-11所示。

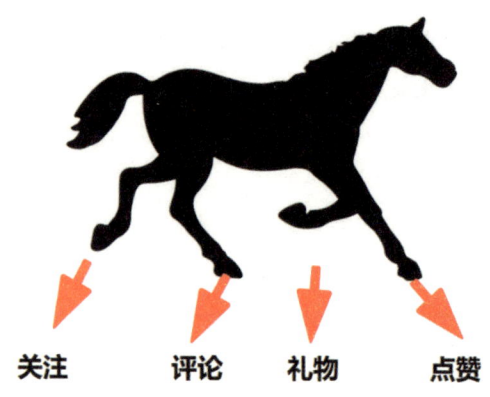

图1-10　抖音的赛马机制中的关注、评论、礼物、点赞四大因素

图1-11 抖音的赛马机制

掌握了抖音算法,也就掌控了精准流量的关键,让我们不再缺少精准客户,这也是这套算法最大的好处。

对中小型终端门店来说,很显然,在薄利多销的微利时代,自然流量才是最适合的途径。那么,想要最大限度地驾驭算法,得到更多的自然流量,就要深入地了解抖音平台的算法原理。

1. 算法原理

抖音的算法其实是一个漏斗机制,与今日头条的去中心化的推荐算法原理基本一致。

(1)流量池。抖音平台的流量分配采用去中心化流量分配机制,平台会给每一个作品分配一个流量池。刚开始时,即使抖音号没有任何粉丝,也会获得系统分配的流量;如果视频质量好,在流量池表现好,那么平台将会把视频推送给更多的用户。

(2)叠加推荐。叠加推荐是指如果新视频转发量超过一定的数量,抖音平台会自动对该视频进行加权。

(3)热度加权。视频只有经过大量粉丝的点赞、评论、转发,被层层热度加权之后才会进入抖音的推荐内容池。视频热度的评判标准包括两方面。一方面,热度权重参考次序:转发量 > 评论 > 点赞量;另一方面,一个视频的热度维持期为一周,用户为了维持多而稳定的流量,必须要做到高质量内容的持续更新。

算法步骤如下：

第一步，冷启动流量池曝光。假设每天在抖音上有 100 万人上传短视频，抖音会随机给每个短视频分配一个平均曝光量的冷启动流量池。

视频上传之后，系统会快速对你的作品中每一帧的画面、音乐和文案以及字幕标题等进行审核，主要审核画面和音乐是否存在违规、同质、重复，音乐是否侵权，文案字幕是否违规、敏感等。一般需要 1~3 分钟即可完成审核，如果作品存在违规现象，就会人工介入，再次排查核实，如果确定违规，就会下架并隐藏你的作品。视频审核如图 1-12 所示。

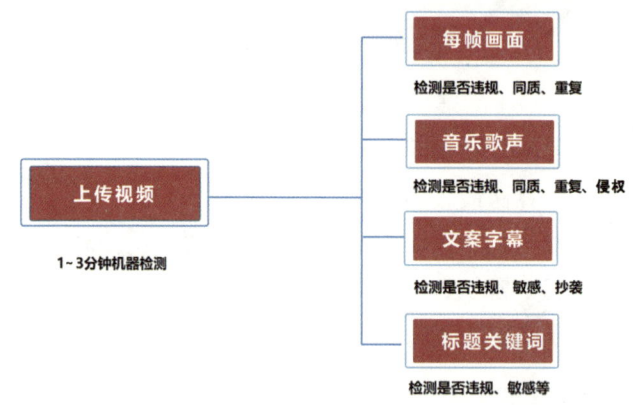

图 1-12　冷启动曝光

如果你的作品涉嫌隐性违规，则作品只有几十或者一百的播放量，这时只有你的粉丝、通讯录的好友可以观看你的作品，实际没有真正地往外推流，没有真正地放大展现。抖音的违规点其实很多，比如很多敏感词用 × 或者是拼音代替，其实没有多大的意义。系统识别的是你整个语音和整个语义的结构，你是否违规，它是能够识别出来的。后台的 AI 系统非常智能，判断是否违规的准确率已经达到了 95% 以上，违规情况流程如图 1-13 所示。

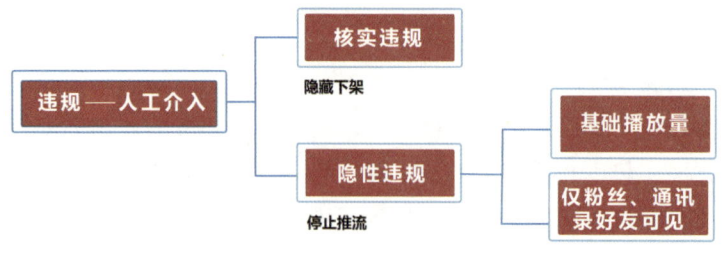

图 1-13　违规情况流程

经审核，如果你的作品未违规，则推送初始的播放量会在 300 ~ 500，而且半小时或一小时以内会有一个急速的推流，未违规的抖音推流如图 1-14 所示，然后系统会通过完播率、点赞率、评论率、收藏率、转发率等核心的因素进行一个初始的数据反馈，如图 1-15 所示。

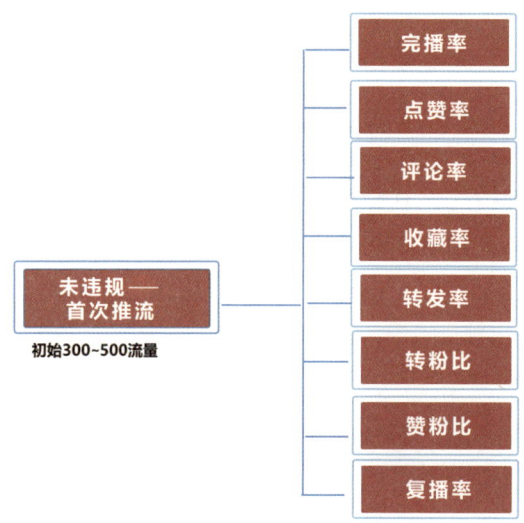

图 1-14　未违规的抖音推流

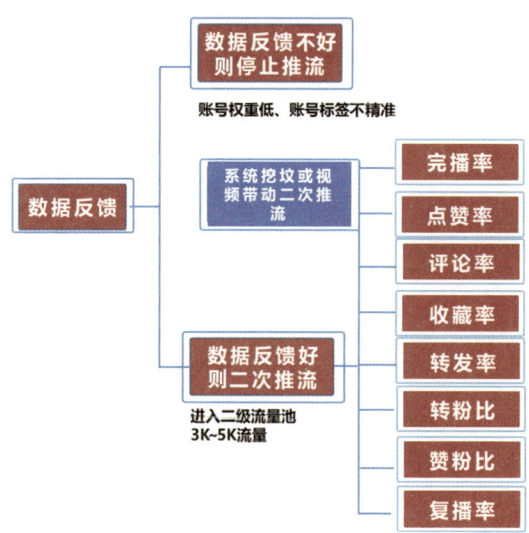

图 1-15　数据反馈

第二步，数据挑选。根据数据反馈情况，进行数据挑选。数据反馈一般存在以下三种情况。

（1）数据反馈太差。

如果反馈不好，会停止推送流量。很多人的视频播放量只有300~500，就是因为数据反馈太差，作品内容质量不高、不吸引人，没有为抖音平台带来停留价值。平台是希望你的视频留住人的，而你留不住，当然就不会再次给你推送流量了。

（2）二次推流。

但也有例外的情况，有些数据反馈差的作品第二天又会被系统自动推流，那是因为系统在同层级同赛道里面又自动地推送，也就是给你第二次机会，如果数据反馈好，系统会进行二次叠加推荐，会进入第二次数据反馈，如图1-16所示。

（3）三次推流。

第二次数据反馈好则会进入第三层级，此时有2万~5万的播放量。然后当播放量到5万的时候，第一次人工介入审核。如果人工审核后，认为你的作品价值不大，不适合大范围地推广，则你的作品的播放量就会停止在5万；如果人工审核后，认为你的作品对平台价值较大，则会给你的作品持续更高的推荐，如图1-17和图1-18所示。

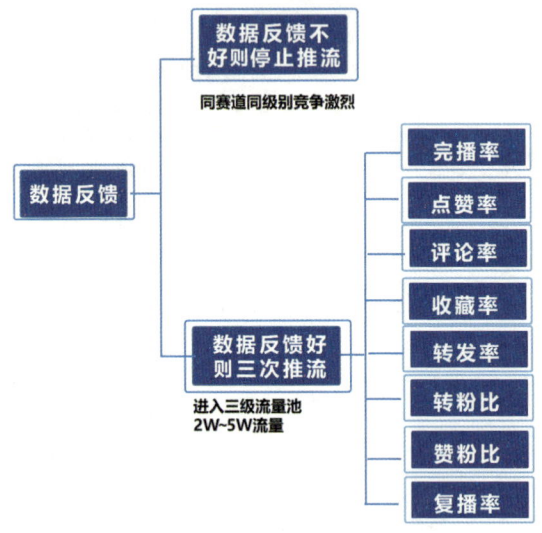

图1-16　二次推流的数据反馈情况

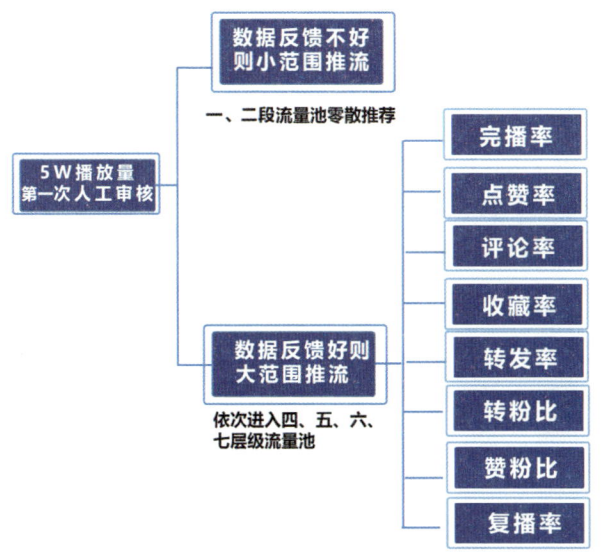

图 1-17 二次人工审核后的流程

第三步，精品推荐池。通过一轮又一轮审核及反馈，筛选出来点赞率、播放完成率、评论互动率等指标都及格的短视频才有机会进入精品推荐池，用户打开抖音时，看到的那些动辄几十万甚至上百万点赞量的视频就是这么来的。

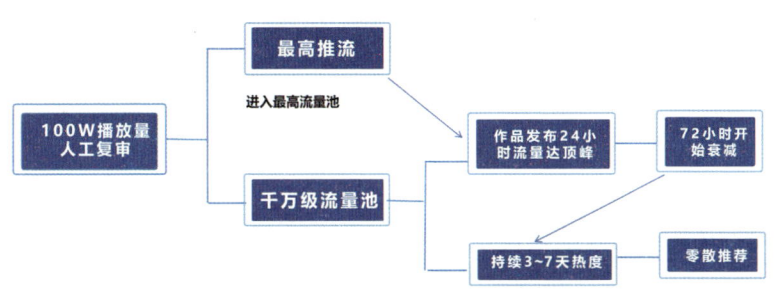

图 1-18 抖音人工复审

当作品有 100 万播放量的时候，会进入下一轮人工审核。如果作品的数据反馈还是很好，会持续更高的推荐，一直到最大的流量池。一般作品会在 24 小时达到一个流量的顶峰，然后 72 小时后开始回落，但作品的热度整体会持续 3～7 天，具体时间还是看视频的内容质量。所以做抖音的核心还是踏实做出垂直度很高的优质视频。

2. 优质视频

因为只有优质视频才能帮助平台带来黏性、客户忠诚度及平台的日活量，从而才会有更多的人在抖音上产生消费。所以，无论是商业账号的软性广告、个人账号的 IP 变现，还是企业蓝 V 账号的硬广告宣传，都需要尽可能地产生优质视频，才能得到系统的推荐。

优质视频的 10 个要素。

（1）引起共鸣和认同：观念、遭遇和经历。

（2）引起好奇：为什么、什么事、何时、惊喜。

（3）利益相关：身边息息相关、群体利益、地域利益。

（4）引起思考：人生哲理、生活感悟。

（5）引发欲望：食欲、爱欲、追求美好的过程。

（6）探求未知：新奇的事物、新鲜的景色、人新鲜的一面、新奇的生活。

（7）满足幻想：爱情幻想、生活憧憬、别人家的男朋友、别人家的老婆、别人家的猫或狗等那些你无数次幻想却没有做的事情。

（8）感官刺激：听觉刺激、视觉刺激。

（9）获取价值：有用的信息、有价值的知识、有帮助的常识。

（10）强烈冲突：角色身份的冲突、常识认知的冲突、剧情反转的冲突、强烈反差造成的戏剧性和趣味性以及与日常经历不一样带来的冲突。

3. 互动数据

影响作品进入流量池的 4 个关键数据因素如下。

（1）**完播率和复播率**。一条内容被用户看到什么程度？看到 60% 就划分为不及格，看到 100% 则仅仅是及格，而让用户反复观看才是追求。40 秒视频的完播率要比 50 秒视频的完播率大。

（2）**分享率**。一条视频，被用户分享得越多，越容易进入抖音的流量池。

（3）**评论率**。一条视频，用户评论越多，越容易得到推荐。

（4）**点赞率**。点赞率越高，成为爆款的概率就越大。

4. 热门参考

如果最新发布的视频，播放量能在 1 小时之内突破 5000，点赞量能大于 100，那么得到系统推荐的概率就大了很多，基本上离热门也不远了。一般控制在 7～20 秒时长的视频，可以得到一个比较好的视频完播率，如果视频的时长超过 20 秒，并且视频的内容不是太出彩，其完播率可能就不太理想。

让作品成为热门的技巧如下。

（1）调整发布时间。

有统计数据显示，约 62% 的用户会在饭前或睡前刷抖音，而在公司路上、上厕所等碎片化时间刷抖音的用户仅有 10.9%。最好的发布时间没有统一的标准，所谓的工作日中午 12 时、下午 6 时以及晚上 9 时到 10 时，或者周五的晚上以及周末等，被认为可能是大家比较闲的时间段，最多作为参考。

真正科学的发布时间是当你发布完视频后，你要问问自己，你的精准用户们，在你发布的那个时间点，看这个视频是否处于最佳状态。

举例：鸡汤类、情感类视频在晚上 9 时到 11 时发布是很适合的，因为这个时间段大部分人都会孤独寂寞，正好迎合他们的需要；而励志类、职场类的视频，在早上 8 时到 9 时和中午 11 时 30 分到 12 时 30 分是最佳发布时间段。

发布时间要结合定位人群刷抖音的习惯和当时的状态。发布时间没有最好，只有最适合。

（2）提升四个指标。

抖音评价你在冷启动环节中的表现，主要看点赞率、评论率、转发率和完播率这 4 个指标。因此，想获得推荐，你就必须在视频发布之后，发动所有资源去提升这 4 个指标：在视频描述里，引导用户完成点赞、评论、转发或看完视频的动作。

提升完播率：例如，可以说"我打赌，你没见过这种东西""倒数第十秒有惊喜！"（观众好奇看完，完播率达成。）

提升点赞率：提升作品质量。使用话术引导，例如"都看到这里了，就点个小心心鼓励一下吧！""新人，开账号第一天，求赞支持！"

提升转发率、评论率：例如，可以说"转发本视频，评论区留言或者私信，就有机会领取零压枕一个"。或者在视频描述里设置一些互动问题，引导用户留言评论，提升评论量。通过回复用户评论提炼视频核心观点，引导更多用户参与到话题讨论中来，进一步提升评论。提前准备神评论，视频发出后，让好友写在评论区，引导用户围绕这个话题展开更多互动，以达到提升这4个指标的目的。用户留言评论举例如图1-19所示。

图1-19　用户留言评论举例

（3）积极参与挑战。

上热门的方式有很多，但最简单、效果又最好的方式，就是利用抖音的"热挑战"功能了。

5. 抖音推荐系统背后的算法

（1）为什么需要推荐算法呢？

抖音是一个拥有大量用户和创作者的平台，每秒数以千计的视频作品上传到平台上，而平台的用户是绝对不可能观看完每一个上传的作品的。因此，只有通过智能的推荐算法，才能让用户从海量的内容中直达自己的喜好。这种做法既节约时间，又能精准送达，更强的体验感也会增加用户的黏性，从而拉长停留时长，提高忠诚度。

第 01 章
基础入门——手把手教你做直播

（2）算法是如何匹配精准需求的？

算法不掺杂任何感情，它会通过大数据进行综合分析，通过反复试错，甚至直接跳出窗口询问，是否喜欢这个类型的短视频或者直播的推送，用以判断用户真实的喜好。

比如，在抖音短视频的播放界面，长按视频屏幕，就会出现如图 1-20 所示界面图像，根据标注的标号，可以看到一些具体的大数据抓取的信息节点。

1 ——可以选择不感兴趣。

2 ——可以选择和在线好友一起即时观看这条视频。

3 ——可以选择合拍。

4 ——可以转发此条短视频到自己的账号。

5 ——可以将此条短视频以私信方式分享给好友。

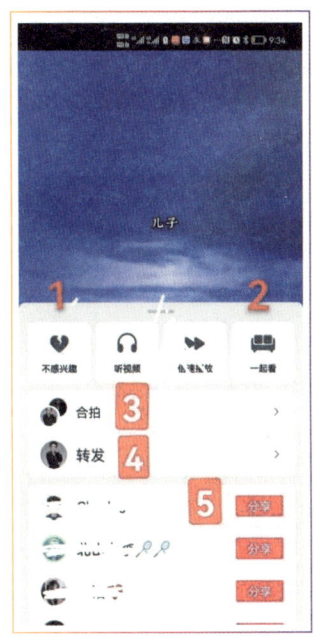

图 1-20　抖音播放界面的自定义选择

抖音会用尽可能多的数据来发现用户喜欢什么样的视频，比如视频本身的内容、标题等信息，还有视频发布之后，其他用户与这个视频的交互历史，比如点赞、评论还有观看时长等。除此之外，也会参考用户历史记录上看过的视频信息，以及用户与看过的视频之间的交互，比如是否有点赞、评论或分享等行为。

（3）如何利用算法抓取并且精准推荐。

投其所好。**先拍给算法看，再拍给预测用户看**。先迎合算法，过算法筛选关。算法是根据标签、关键词抓取等一系列复杂的抓取和运算。所以，要尽可能准确地预测目标人群的喜好，你的目标用户在算法面前也是由一个一个的标签、关键词等序列构成的。你要做的就是尽可能地进行精准匹配，算法就会将你的视频推送到精准匹配的人面前了。

6. 抖音搜索算法的工作原理

抖音电商是从内容电商，到兴趣电商，再到搜索电商的转变演化路径，抖音搜索算法日渐成为获取高流量的一个新的流量入口。

搜索是用户主动寻找信息的过程，用户对主动搜索的视频有非常好的认知和黏性，了解搜索系统，增加视频在搜索系统里搜出的次数对创作者来说非常重要。

SEO（Search Engine Optimization，搜索引擎优化）的目的就是为了优化搜索中的自然排名，从而获得更多免费的搜索流量。抖音同样存在SEO，可以通过一些方法来优化我们视频的自然排名，以实现涨粉、卖货等需求。

而且，抖音不同于网页，抖音的SEO更粗暴、简单，尤其是当前做抖音SEO的并不多，越早做，就越能形成优势。

影响搜索结果的九大因素如下。

（1）相关关键词推荐。

与搜索下拉框提供关键词提示类似，为满足更多网民的搜索需求，可以进行关键词提炼并推荐。

（2）话题。

包含搜索关键词的话题，其整体播放量较高。

内容更新较频繁的视频会优先展示。

例如，现在可以打开抖音App，点开放大镜图标，在相应文本框中输入"好物种草"关键词。然后在栏目分类中选择"话题"，在相应的话题栏目里找到了对应的话题集合"#好物种草"。该话题已有110.4亿次播放量，这个话题已经升级为高权重话题，点开就可以找到好物种草的相关话题。具体如图1-21所示。

 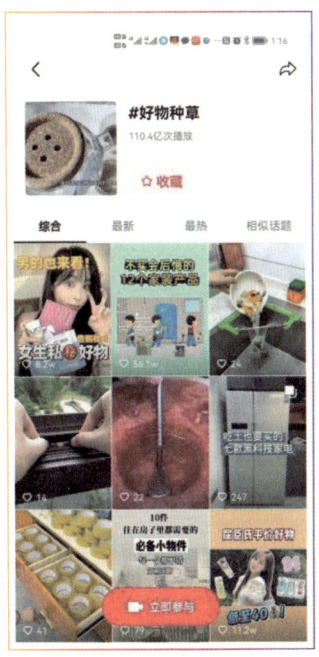

图1-21 "好物种草"话题

（3）合集。

例如，点开排名第一的高频话题"#好物种草"，就会出现关联着"#好物种草"话题的视频合集，在合集里，会展示整体播放量高、点赞率高的短视频，这些都是基于SEO优化产生的效果。它们会成为深度算法推荐的依据，出现在更多用户的手机里。

（4）搜索广告。

巨量引擎下单，基于OCPM机制的竞价广告。

OCPM是指优化千次展现出价，即广告被展示1000次时收取一次费用，其本质还是按照CPM收费。而OCPM是指可以在广告主摸清用户的消费习惯及爱好后，为用户设置的广告展示费用。例如，为了让广告主展示给精准的用户，将广告展现给最容易产生转化的用户，对展示费用提高价格，从而提高转化率。

（5）相关搜索。

关键词相关度高且不同类别的搜索推荐。例如，输入核心关键词"空气炸锅"，其他与"空气炸锅"相关的词汇也会出现，就是长尾关键词。具体如图1-22和图1-23所示。

关键词相关度高的不同类别会被高频检索，连带推荐，获得观看机会。

图1-22　"空气炸锅"相关词汇　　图1-23　"空气炸锅"相关数据筛选

（6）推荐用户。

账号昵称中包含搜索关键词，其账号可以优先展示。例如"七哥说店播""王姐聊减肥""张哥美食小厨房"等，在账号昵称中包含检索关键词，会增加账号的曝光概率。

（7）视频自然排名。

视频自然排名主要考虑三个维度，分别是账号质量（粉丝量、垂直度等)、账号认证(包含优质创作者认证、蓝 V 认证、好物官认证粉丝量和垂直度等)、内容质量(视频播放量、互动量等)。

抖音自带的漏斗筛查功能,能直接列出多层次多角度的检索条件,从而可以将视频的自然排名非常直观地展示出来。

(8)小程序。

包含关键词的小程序、使用人数多的小程序会优先展示。

(9)商业合作/明星合作。

抖音额外提供品牌方保护的商业合作,品牌可以在搜索结果中定制第一屏展示内容。若明星通过抖音与品牌合作创作视频,以明星为关键词搜索,会优先展示与明星合作的广告视频。

以上九大因素会影响搜索结果,其中搜索广告或商业合作/明星合作是通过付费实现的,而其他因素,我们都可以用来优化我们的账号和内容。

所有数据分析大概分为 3 类。

(1)视频本身的数据,包括视频上一切可见的文字,视频本身的清晰度,视频的内容等。

(2)用户输入的查询词,搜索会利用最先进的自然语言处理技术来处理用户输入的查询词并理解用户的需求。

(3)用户和视频的互动数据,包括在推荐、搜索等各个渠道的互动数据。

那么,如何让视频在推荐算法上获得比较好的排名呢?有以下两种方法。

(1)创作好的视频。

(2)给视频加上精准的文字描述,以便于搜索算法理解视频。

7. 抖音直播间算法的工作原理

其工作原理可以归纳为,**将直播间分成不同的流量池量级并进行匹配,属于哪个流量池级别的直播间,就会在这个级别的直播间里进行点赞量、评论量、转发量、完播率这四个维度数据的 PK**。如果要在这个级别的直播间里快速胜出,必然需要在某个维度的数据上,甚至是在四个维度的数据上同时发力、提升，才有可能晋级到下一个流量池。

抖音带货直播的流量池级别如图 1-24 所示。

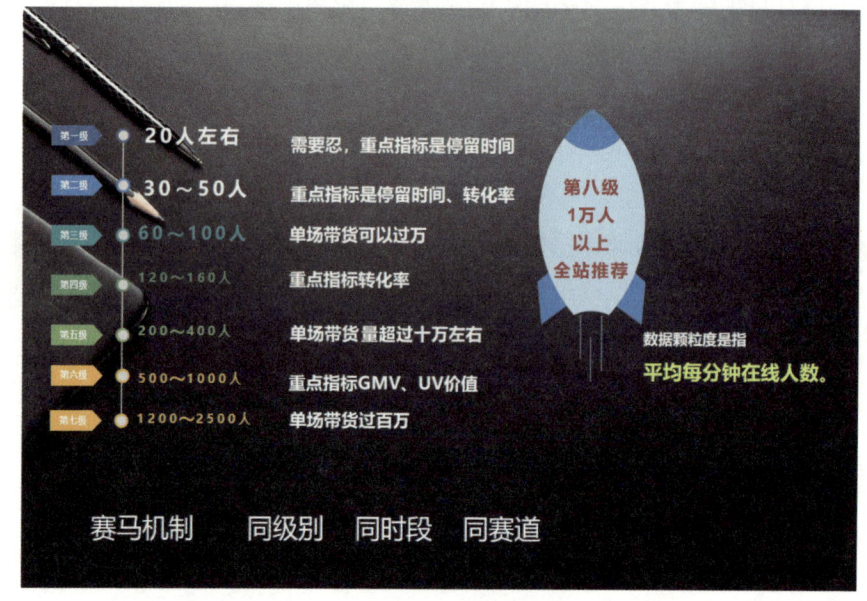

图 1-24 抖音带货直播的流量池级别

同级别、同时段、同赛道，助力的最快的方法自然是通过付费流量快速助力。冲破基础数据流量池，进入下一流量池级别。

在新人直播间，停留时长与转化率是尤为重要的一个转化标志。

关于如何获得这部分数据的优化，我们将在后面的章节，以实际的直播间数据进行案例拆解。

实体门店在抖音算法里有着充分的发挥空间。在本书"绪言"中的案例里，充分利用抖音算法完成了反向获客、精准导流等多种的无直播、无短视频的变现玩法。

影响抖音账号与视频权重的八大因素如图 1-25 所示，该图详细概括了进行数据优化的方法，利用该算法可以提升抖音账号的运营效果，实用性强。

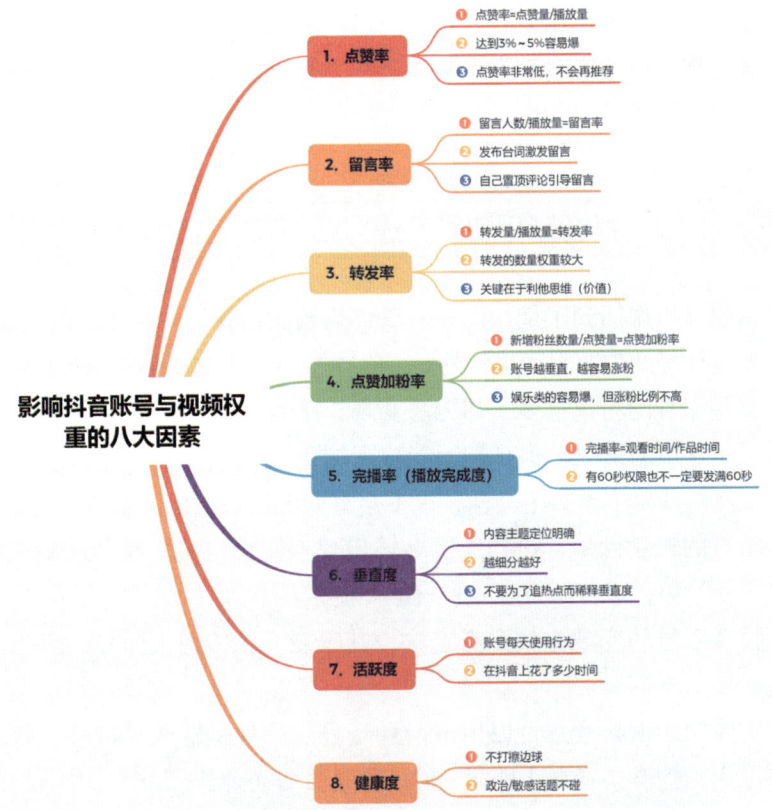

图 1-25 影响抖音账号与视频权重的八大因素

8. 抖音同城流量分布的工作原理

抖音的算法对同城的流量分布是通过搜索引擎、同城话题、地域定位、商户界面四个维度来完成的，所以同城号在发布作品时，一定要在封面、字幕、文案、口述简介、标题中高频地提及所在区域，产品的优势等内容也可以在视频里面交代清楚以使其更加人性化。发布作品时，要确定关联同城流量，关联同城行业与学会创建同城话题，定向投 DOU+，可以清晰地拦截到精准的同城粉丝。

对同城流量细致的拆解将在 6.2 节介绍。

正如玩游戏一样，在开始玩游戏之前，要先了解游戏规则。游戏规则的熟悉和应用，需要在实际的操练过程中达到。就像背下了交通法规，但是真正刻骨铭心地记住交通法规，一定是在上路行驶的时候。

在了解了抖音平台的游戏规则之后，接下来我们就要正式学习如何开通抖音企业账号了。

1.1.4　抖音账号功能开通方法（企业蓝V账号开通）

话题又再次回到了最初的——以终为始做销售。一个账号的起步，一定是要设计好变现逻辑和思路的。

有些账号的粉丝很多，却无法变现，比如视频剪辑号、搞笑号，这类账号会迅速吸粉爆火，但是却不能变现转化。没有人在看电影剪辑的故事里，突然跳戏要下单买个马桶，也不会有人笑出眼泪后下单买个自嗨锅。

精准的粉丝画像，投其所好地输出变现转化内容，通过选品和组品，配合营销策略，进行短视频或者直播间的带货。

抖音账号的变现方式没有定法，其千变万化，因人而异，因品而异，因店而异。

实体门店做抖音，可以申请两种账号。一种是输入手机号、验证码，就可以立刻拥有抖音个人账号；另一种是具备企业经营能力，需要有营业执照进行注册的企业蓝V账号。在此，主要介绍如何开通企业蓝V账号。

首先，登录抖音企业号认证官网，如图1-26所示。

图1-26　抖音企业号认证网站

第 01 章
基础入门——手把手教你做直播

然后按照网站显示的企业认证步骤一步步进行认证注册即可。

单击如图 1-27 所示箭头所指向的"开启认证"按钮,再进行相关的操作。

图 1-27　单击"开启认证"按钮

有两种认证通道,既可以选择 PC 端认证,也可以选择手机端认证。在单击"开启认证"按钮后,会弹出如图 1-28 所示的"去认证"二维码。如果选择手机端认证,则直接用手机移动端扫描出现的二维码,即可进入手机移动端的认证,如图 1-29 所示。

图 1-28　"去认证"二维码　　图 1-29　手机移动端认证界面

039

如果选择 PC 端认证，则直接在图 1-28 所示界面中单击"进入 PC 端认证流程"按钮，就会弹出如图 1-30 所示的企业认证界面。

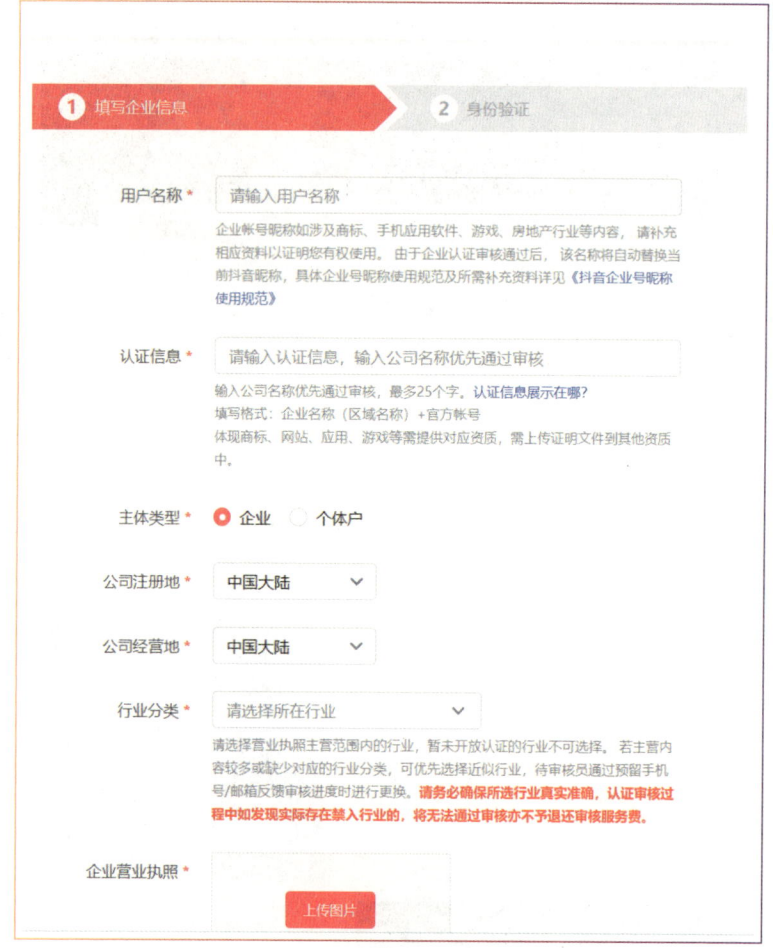

图 1-30　企业认证界面

接下来跟着指引，提供相应的资料就可以完成注册。

要特别强调的一点是，注册企业蓝 V 账号（企业号）要求企业具有一定的资质。因为认证的第一步就要求上传营业执照，如图 1-31 所示。也就是说，个人无法申请认证企业号。

第 01 章
基础入门——手把手教你做直播

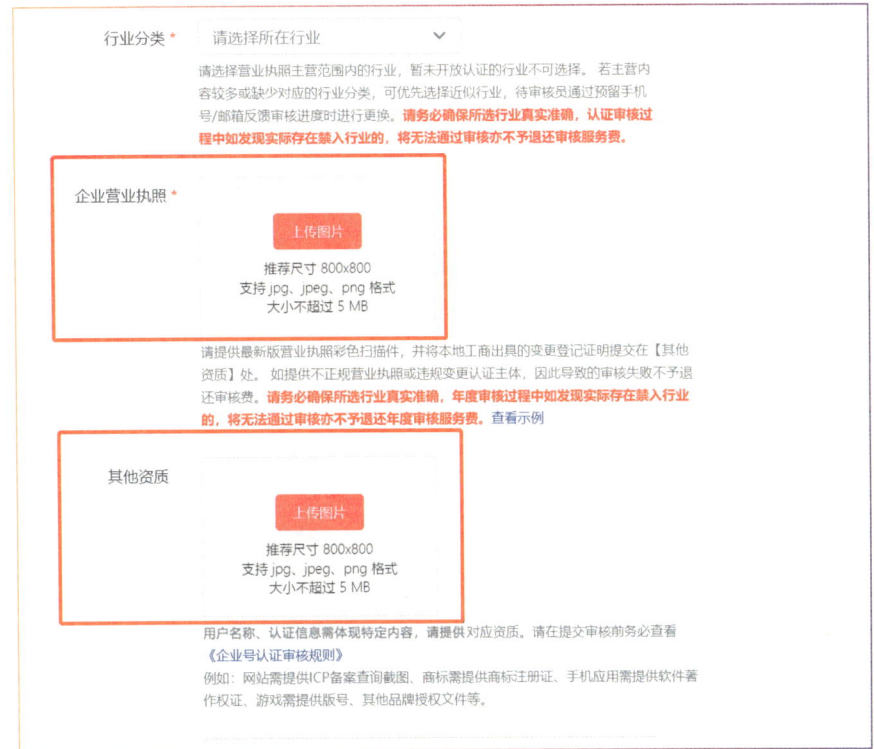

图 1-31 上传营业执照界面

资料提交后两个工作日完成资质审核，审核过程中将有第三方审核公司向运营人预留手机号码致电进行信息核实，请关注电话。如果资料不全，请按照审核公司的要求修改或补充资料。如资料齐全且无误，资料提交两个工作日后即可开通认证。

在认证过程中，需要特别注意的是：

（1）认证页面上除了需要填写一些信息外，重点是还要提交凭据，例如营业执照、认证公函等。**认证公函需要我们自己打印下来填写，然后盖上企业公章再上传上去，如果不知道如何填写，可以参考抖音提供的范例。**

（2）最重要的是打款证明，需要对公账户先打款到抖音提供的账户里。

（3）600 元认证费用不是一劳永逸的，抖音每年会收取一个 600 元的年审费用。

（4）认证过程一定要特别认真仔细，完全按照指引来认证，否则认证失败的话，600元认证费用是不会退回的。

会导致认证失败，损失600元认证费用的情况一般有以下几种。

（1）用户名称和头像与企业信息不符：因为用户名称与登录账号要求必须一致，无法修改，所以在提交申请前应确保用户名称和头像符合认证企业的身份，用户名称可以使用公司简称或品牌简称，头像可以使用公司LOGO或产品照片（头像是可以修改的）。一旦提交申请后将无法修改用户名称，请提交前务必确认用户名称以符合标准（这个选择一定要非常慎重）。

（2）企业名称与营业执照上登记的主体名称不符：企业蓝V账号只支持在工商行政管理机关登记的企业，请填写工商营业执照上的企业主体信息全称。

（3）注册号与营业执照不符：填写新版营业执照的18位统一社会信用代码，可在营业执照标红处查看。

（4）资质不支持认证信息或认证信息非企业面貌或认证信息包含营销信息：认证信息不超过16个汉字。企业为公司本身申请：需与营业执照上的企业主体名称一致。企业为公司自有品牌申请：品牌名全称+官方账号，例如毛戈平MGP官方账号。企业为公司代理品牌申请：品牌名全称+区域+官方账号，例如×××河北官方账号。注意：认证信息要体现商标、游戏、应用、网站、代言信息时需提供对应资质或授权；如品牌无法提供相应资质，则认证信息为营业执照的企业主体名称。认证信息显示处，请谨慎填写，信息提交后不可修改。

（5）信息填写不全或伪造公章或未盖章或运营人信息不实：**认证公函需下载"企业认证申请公函"，填写完成后加盖红色公章，不支持使用财务章、合同章、人事章，并上传清晰的公函扫描件。**

（6）其他特定认证资质未提供或资质不支持：网站ICP备案查询截图、商标注册证、软件著作权证、其他品牌授权文件等。最多可上传5张。如用户名称为某品牌名称，则需提供商标注册证。

（7）运营人信息与公函不一致：运营人姓名及联系方式为必填项，确保与"企业认证申请公函"上的运营者一致。因为在认证审核过程中，工作人员将与该运营者联系核实。

1.1.5 商品橱窗和抖音小店的区别

我们注册的抖音账号，最初的状态都是自然人实名认证的，具有个人行为的天然属性。但是申请企业蓝V和开抖音小店，都需要进行二次认证。即在基于自然人实名认证的基础上，再次进行认证。二次认证时需提供营业执照等相关资质证明。一旦提交企业蓝V认证或者开通抖音小店，那么这个账号的属性就天然成了企业属性。

商品橱窗和抖音小店都是抖音推出的两款电商工具。创作者入驻抖音后，可以通过个人或者企业实名认证，分别开通抖音橱窗或者抖音小店。**抖音橱窗和抖音小店是抖音两种不同的流量变现模式，因此，它们的运营和盈利模式也不一样。**

那么，商品橱窗和抖音小店有什么区别呢？下面分别介绍商品橱窗和抖音小店的特点。

1. 商品橱窗

（1）商品橱窗是抖音电商众多功能中的其中一个，用来展示商家出售的商品。商品橱窗可以帮抖音小店的商家卖货，抖音小店的商家提供商品，然后达人把商品上架到抖音橱窗上进行售卖，商品橱窗上展示的商品的价格、佣金都是由抖音小店的商家设置好的，达人只要推广销售就可以了。

（2）操作商品橱窗对普通人来说要求高、难度大。商品橱窗的运营方式是通过抖音直播和视频带货来打造账号IP。要有直播带货的能力或者会拍视频、剪辑视频，因为商品橱窗面对的是抖音上的用户，用来吸引粉丝变现，转化商品。运营商品橱窗需要会直播、会拍视频、会剪辑、会运营账号等，能够吸引粉丝转化，因此难度比较大，运营周期长。每天都需要拍视频、剪视频、直播，如果说期间出现长时间的断更，还会对抖音账户的权重、流量有很大的影响。如果自己没有强大的粉丝群体和带货技能，商品橱窗是挣不到钱的。

2. 抖音小店

从概念上理解抖音小店和商品橱窗最基本的区别：抖音小店是一个店

铺,就像是淘宝、拼多多这种小店商家;而商品橱窗和商品购物车(小黄车)是抖音的电商功能,一般可以在个人的视频或者主页里添加。

3. 新手先开商品橱窗还是先开抖音小店

商品橱窗——带货达人:适合自己没有货源,但帮助其他商家进行带货的人。只需要通过直播带货或者短视频带货赚商品佣金,不需要负责商品客服、发货等事宜。

如果你没有货源,而且缺乏运营经验,那么建议可以先开通抖音商品橱窗。开通抖音商品橱窗后,只需要上传别人家店铺的商品就可以了,一旦成交就可以得到一定的佣金。而开通抖音小店则需要有一定的运营经验,如果不会运营,那么小店是很难获利的。

抖音小店——小店商家:适合自己有工厂货源的商家,也适合自己没有货源的(用派单软件做代拍)的商家。抖音小店不需要自己做账号运营,不用发短视频或者直播,做好店铺运营即可。

简单来说,抖音小店更适合有一定资源、有电商从业经验的人。而抖音商品橱窗更适合想个人入驻抖音创业的人,抖音商品橱窗的门槛要更低一些。

但是,新手到底先开哪一个,一定要提前想清楚。

如果选择先开商品橱窗,首先就要完成带货达人的认证,那么,你在抖音上的行为就被认定为个人行为。一旦开通商品橱窗,这个账号就无法完成抖音小店的开通申请了。

因此正确的开通顺序应该是先开抖音小店,然后就可以跨越开通商品橱窗的限制条件,直接在零粉丝、零作品的基础上开通商品橱窗。如果你先开通了商品橱窗,再去申请开抖音小店,系统就会提示你当前账号不能开通。

但是,面对这个问题,还是有解决方法的。

这时,可以直接用自己的身份证重新办一个手机号,然后用自己的新手机号注册抖音小店。开通好抖音小店后,进入抖音小店的后台界面,在店铺设置里找到官方账号进行绑定,这时候,就可以用原来已经开通商品橱窗的抖音账号进行绑定。这样就不需要再另外申请一个新的抖音账号去开通商品橱窗了。

1.1.6 如何开通商品橱窗

在抖音里开通商品橱窗功能，需要满足以下基本条件后才能通过相关申请。

（1）保证个人抖音主页内有超过 10 条公开且审核通过的短视频。

（2）保证个人抖音账号粉丝量达到 1000 名以上。注意：头条、西瓜视频等第三方粉丝不计入在内。

满足以上两个条件，就可以申请开通商品橱窗了。具体步骤如下：

（1）打开手机上的抖音 App，点击右下角的"我"。

（2）在弹出的界面中点击右上角的横线图标，选择"抖音创作者中心"。

（3）在弹出的界面中点击"全部"分类，进入后点击"电商带货"。

（4）接着点击"成为带货达人"，再点击"带货权限申请"。

（5）满足申请要求后，就可以勾选"我已阅读并同意《抖音达人商品分享协议》"复选框，点击"立即申请"，等待开通通知。

申请成功后即可挂商品橱窗链接。

1.1.7 如何开通抖音小店

1. 开通抖音小店所需资料

（1）营业执照。

（2）手机号。

（3）银行卡。

2. 开通抖音小店的正确流程

开通抖音小店的流程如下。

第一步，填写资质信息，约 30 分钟。

（1）点击进入下列网站：https://fxg.jinritemai.com。

（2）登录方式：① 邮箱注册，可以不用手机号注册；② 邮箱可以注册多个抖音小店。

（3）登录后提交营业执照、法人/经营者身份证明、店铺LOGO等资料。

在选择主体方面，需要特别提示的是：① 选择个体户注册，在注册的时候尽量把营业范围做得全面一些；② 选择公司注册，有一些后续的操作麻烦，要提现到对公账号上。

选择个体户注册和选择公司注册各有利弊，个人根据实际情况进行选择即可。

（4）所需填写提交的材料清单，见表1-1。

表1-1 材料清单

资质列表	详　细　描　述
营业执照	创建商品时需提交： 1. 需提供三证合一的营业执照原件扫描件或加盖公司公章的营业执照复印件 2. 确保未在企业经营异常名录中且所售商品在营业执照经营范围内 3. 距离有效期截止时间应大于3个月 4. 须露出证件四角，请勿遮挡或模糊，保持信息清晰可见 5. 新办理的营业执照，因国家市场监督管理总局信息更新有延迟，建议办理成功后至少等待14个工作日后再入驻 6. 若营业执照的公司名称为星号或空白等，不支持入驻，须先前往工商局添加公司名称 7. 图片尺寸为 800px×800px 以上，支持 PNG、JPG 和 JPEG 格式，大小不超过 5MB
账户验证	1. 账户信息提交 　（1）须提供银行账户的名称、开户行和账号 　（2）企业须提供开户主体与营业执照主体一致的对公账户 2. 账户信息验证 　（1）支持实名认证和打款验证两种：法人/经营者为中国内地身份证的个体工商户默认实名认证，企业可自由选择；非中国内地身份证仅支持打款验证

续表

资质列表	详　细　描　述
账户验证	（2）实名认证：填写经营者/法人个人名下银行卡号，输入银行预留手机号，填写验证码即可验证 （3）打款验证：填写企业对公银行卡号、开户银行、开户支行的所在地及名称，输入平台给该账户的打款金额即可验证
身份验证	1. 根据身份归属地，提供相应的经营者身份证件 　（1）中国内地：须提供二代身份证的正反面照片 　（2）中国香港/澳门/台湾：须提供港澳居民来往内地通行证或台湾居民来往大陆通行证的正反面照片 　（3）海外：须提供护照首页照片 2. 提供有效期限范围内的证件，且证件须露出四角，请勿遮挡或模糊，保持信息清晰可见 3. 图片尺寸为 800px×800px 以上，支持 PNG、JPG 和 JPEG 格式，大小不超过 5MB

第二步，平台审核。约 1～3 个工作日，平台进行资质审核。

第三步，账户验证。约 1～3 个工作日，对私银行卡号＋银行预留手机号或对公账户打款验证。

第四步，缴纳保证金。约 10 分钟，经营多类目时仅按最高金额收取，不叠加，完成后即可成功开店正常营业。

保证金按照不同的经营品类缴纳，申请注册时与营业执照的所列经营范围内的类目匹配。根据所属的经营类目，缴纳相应的保证金和技术服务费。

在这里要注意，**缴纳的保证金在退出抖音时是可以退还的。但是如果在经营过程中出现了违规，平台会先行扣除罚金**。所以，保证金既是对商户在日常经营管理方面的处罚保证，也是对商户的约束。至于技术服务费，可以把它理解为每一笔成交的交易所要扣除的平台佣金，相当于商场里统一收银之后的扣点。**技术服务费的费率一般为 5%。**

以女装为例，来看一下平台收取的保证金及技术服务费（抽佣扣点）的情况，如图 1-32 和图 1-33 所示。

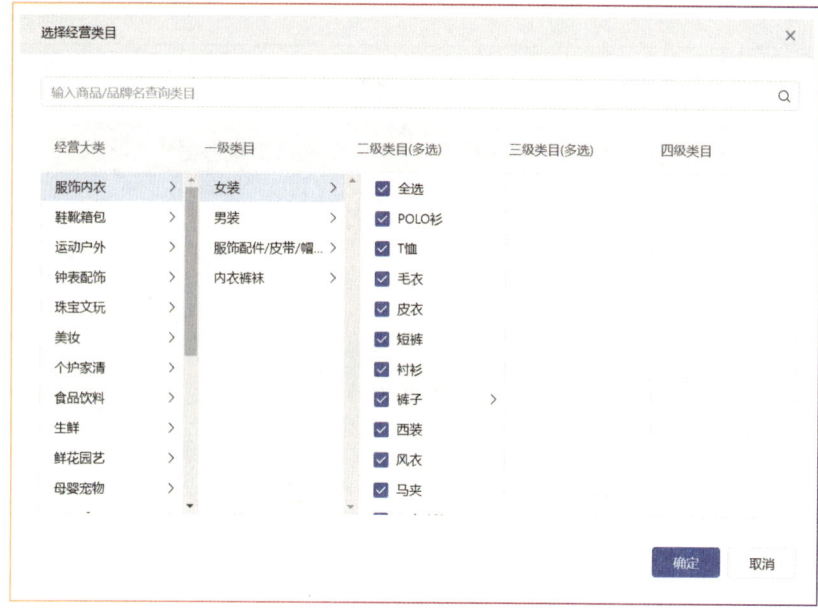

图 1-32 入驻分类的类目示例（女装）

图 1-33 女装收取的保证金及技术服务费

女装类的保证金是 50000 元，技术服务费的费率是 5%，即成单后结算的时候，会扣除总额的 5% 作为技术服务费。因此在商品定价时，要充分考虑到溢价部分。否则会造成因为定价过低而产生的利润损失。

需要注意申请的品类是否属于定向邀约类目，如果你申请的经营品类

属于被明确标注的定向邀约类目，就需要进行相关额外的申请。 定向邀约准入名录如表 1-2 所示。

表 1-2 定向邀约准入名录

以下只做列举，并非穷举，详细内容可见各行业规范中的入驻要求	
珠宝文玩类	玉翠珠宝：如贵金属（金、银、铂等）首饰，天然宝石（水晶、红蓝宝石等），玉石及有机宝石（珍珠、琥珀等），莫桑石，品牌珠宝首饰等
	收藏杂项：如紫砂陶瓷，木作文玩，红木及高端家具，书画篆刻，工艺美术及宗教相关商品，观赏石，香、花道材料及器具等
	字画类
二手商品/服务类	二手腕表、二手童装童鞋、二手 3C 数码、二手图书、二手玩具、二手乐器、二手潮品鞋服
服饰类	皮草、内衣、泳衣等
户外用品类	电动自行车、平衡车等
食品类	食品卡券等
酒及滋补保健类	酒类、传统滋补营养品、膳食营养补充食品、保健食品等
本地生活服务及虚拟服务类	演出票务、酒店预订、汽车服务、旅游服务、卡券、保险、房产券、汽车券、网络游戏、游戏点卡、游戏货币、游戏平台卡等
母婴类	安全座椅、奶粉、喂养用品、孕产妇内衣裤等
智能家居类	厨房刀具/五金刀具、气钉枪、取暖设备、小便器、个护保健电器等
生鲜类	生鲜蛋、车厘子、草莓、活虾、螃蟹等
3C 数码家电类	平衡车/体感车、无人机等
个护家清类	杀虫喷雾、蟑螂饵剂、蟑螂屋等卫生杀虫剂
美妆用品类	黑头仪、脱毛仪等
鲜花园艺类	农药等
汽车类	车载 U 盘、汽车发动机机油、自动变速箱油、转向助力油、手动变速箱油/齿轮油、分动箱油、刹车油、摩托车机油添加剂、摩托车机油、汽车优惠券、整车提货卡、二手车抵扣券、二手车订金等

表 1-2 基本包括了需要特殊申请、定向邀约的类目。但政策随时有变

化，大家也要随时关注。

第五步，开通在线支付，即开通店铺的支付方式。

第六步，绑定渠道号。

（1）意味着你的产品可以在多平台同时进行销售。

（2）也可以在其他的平台让达人添加你小店里面的商品。

第七步，开通运费险。

建议开通运费险，对于转化率有一定的帮助。

第八步，设置运费模板。

（1）采集的产品基本上都能够包邮。

（2）你可以设置两个模板或多个模板（包邮的模板、阶梯模板）。

做完这些，就可以开始正式运营抖音小店了。

1.1.8 总结

（1）抖音、商品橱窗、企业蓝V账号、抖音小店的关系。

1）抖音：所有流量的入口、直播的入口、短视频的入口。

2）商品橱窗：属于个人账号，带货达人开设商品橱窗，转化率入口。

3）企业蓝V账号：企业资格认证，宣传推广功能，开启留资与同城团购等相关功能。

4）抖音小店：企业开设在抖音平台上的门店，所有的产品放在抖音小店里销售，后端服务入口。

（2）抖音目前处在红利期，流量是非常大的。

（3）抖音小店与其他电商平台的区别。

1）抖音小店本身是没有权重的，所有的权重都是在单品上面。

2）付费的模式来驱动：抖音小店目前没有太多的付费渠道，要提升直播间的单品销量，可以通过投流等付费手段。商品单品的销量提升了，可以带动抖音小店的整体销量。

这一节，我们把抖音平台上可以应用变现的模式已经讲清楚了，接下来，就要进入到具体的操练中了。

1.2 主播篇

1.2.1 素人主播如何打造个人IP

在一场直播中，主播是出镜最多的人，也是最熟悉产品和最能把控直播间氛围的人。主播在直播前熟悉直播流程和产品，直播时讲解产品并且解答直播间的提问。副播是协助主播直播的人，通常负责补充讲解产品和回答粉丝问题。

这两个人（或者主播身兼主播、副播职位）都是直接呈现在消费者面前，是最直观的成交引导者。没有鲜明的个性IP，是很难在浩瀚的直播间当中脱颖而出的，而且也无法完成留人驻客成交变现的转化工作。因此，我们需要用非常认真的态度来完成主播/副播这一角色个人IP的打造。

本书定位为如何做商家店播，应用场景更多是基于实体门店，因此我们的主播和助播应该是来自门店的员工。

在这里，提出一个新的岗位模型：**老板IP化，主播客服化，因地制宜地结合实体门店，打造基于门店为核心、辐射周边10公里左右的线上门店直播带货服务。**

首先，我们经营门店的形式是基于实体门店、打通线上和线下的5G新店商模式，如图1-34所示。

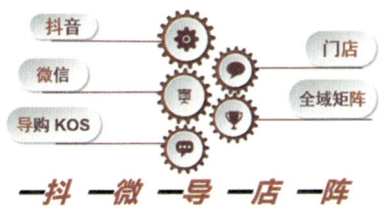

图1-34　5G新店商模式

在5G新店商模式中，一抖，即抖音；一微，即微信；一导，即复合型人才的KOS（Key Opinion Sales，关键意见销售），超级导购；一店，即实体门店；一阵，即结合线上线下的综合平台手段，形成全域矩阵（包括实体门店、私域社群等多手段构成全域矩阵）。

未来实体门店的直播发展策略与趋势如下：

（1）重自播，用素人。

（2）轻主播，重运营。

（3）放弃旗舰店模式，选用矩阵怼量模式。

店播的新零售方法，本质就是线下导购线上化；店播，即线下导购线上化的立体化新零售销售模式。

优化现有门店员工销售技能，日常营业时间同步开播，忙时零售，闲时直播。以不增加运营成本为前提，将门店直接作为直播间背景，拉长实际营业时长。素人主播＋基础直播运营＋社群运营可以将公域引流、私域留存转化变现，实体门店承接服务呈现立体组合，完成门店新零售升级。

模式更新后，人员要更新，全员营销时代，KOS超级导购的模式正式上线。

超级导购能够将传统零售门店的导购员的促销行为发挥到极致，将门店的流量入口彻底打开，尽可能多地打破时间、空间的限制，完成全天候的销售服务。

而为了确保人员的稳定性和长期性，KOS销售模式的人员架构构成也有了非常清晰的分工。

直播进入了5G新店商时代，意味着曾经大行其道的网红达人带货一统天下的时代已经结束，千川投放、小店随心推、投DOU+等投流方式渐渐失去了竞争力，高居不下的ROI（广告消耗/广告直接销售金额的比值）成本给直播带来了致命打击，无法保障稳定的持续增长。而且，如果品牌方实力不足够强大，新品牌没品宣预算，达人是看不上的；连锁品牌加盟门店没预算，也请不起达人。最关键的是，销售回归本质，实体门店直播已经变为日常运营的标配，不能以长期牺牲利益作为引流的代价。那么在直播常态化的趋势下，对于主播的要求，不再是达人的昙花一现，而是日常开店运营的标配人员，将责任落实到老板（或老板娘）和KOS优秀门店导购（复合型人才）的身上。

因此，企业店播自己卖，自强为主，用素人；达人带货帮忙卖，带货为辅，不强求。

带货直播间：货占 90%，主播功力占 10%。但是，这 10% 的主播功力，也是需要强打造，可复制、可维系。

1.2.2 主播人设与账号的定位

1. 主播人设定位

如何做一名优秀的运营型主播？

所谓的人设，并不是说在直播间塑造一个网红般的 IP。而是围绕产品的特性，以合理化的方式，将主播的人设展现在直播的各个环节，进而增强用户对产品的信任感。信任感背后代表的就是转化率、复购率，同时还能降低退货成本、增强私域的导流效果。主播的人设直接决定了整个账号以及直播间的变现能力。

确定主播的人设定位是直播的第一步。

首先，要用客户思维来思考，而不是用自己的主播思维来思考。要问问自己：我最拿手的才艺是什么？我在朋友聚会场合能逗乐大家的是什么？我的直播应该怎样定位？

是什么能决定视频不被轻易地滑走，能够吸引人停下来，愿意多看一秒呢？

确定主播人设的过程一定不是主观臆造，而需要去认真地分析，和你将要销售的产品深度结合，看哪一种身份更加契合你的产品，让消费者看到你的短视频或者直播间的时候，能够迅速产生兴趣和信任。

进行 IP 定位的五个维度如图 1-35 所示。

图 1-35 IP 定位的五个维度

要用利他的思路来打造 IP。

（1）你是谁？

在此对优势、劣势、机会和威胁四个方面进行分析。

优势：你在抖音上样貌、才艺、表现力等方面体现的优势。

劣势：在上述优势的特征中，哪些方面是比较薄弱的。

机会：平台上竞争对手多不多，有没有什么特点是竞争对手还没做到的。

威胁：在打造人设的过程中，可能要付出的一些代价。比如：精力、承受能力以及选题、拍摄、剪辑所要花费的时间等。

（2）你是做什么的？

你是做什么的，决定能获取到什么样的粉丝群。这样吸引来的粉丝都是精准的，都是对你的内容感兴趣的，这样对于下一步变现很有帮助。

（3）你能够给我带来什么价值？

说得通俗点，就是为什么要关注你。

2. 账号定位

完成主播的人设定位，接下来要考虑账号的定位，并且要做到使二者有机地融合。

行业定位：

（1）选行业后定位，要精准卡位在细分领域的某一方向，做垂直。

（2）通过专业性和娱乐性去定位，找准赛道。切记抖音本身属于娱乐属性的，并不是如京东淘宝一样的专业搜索式电商。人们首先并不是因为要买东西而刷抖音的。因此，卡赛道的时候，要充分考虑到平台的属性，将账号的定位进行适当的微调。

盈利模式：

（1）直播带货+【   】；抖音种草+【   】；抖音卖课+【   】；抖音探店+【   】；抖音引流私域+【   】；抖音播放量赚佣金+【   】。

（2）盈利定位要在开始项目前论证推敲，确保落地。小范围试错，跑通逻辑。

打造账号定位要兼顾三个方向：有记忆感的身份、呈现效果、直播间布置。

而从账号的身份设定上要区分两个不同的主体，即企业和个人。

对企业来说，直播账号的名称通常是企业名称，以创始人或企业LOGO为头像，在账号简介中，可以用一句话介绍企业的理念。在呈现效果中，要围绕企业日常的文化价值进行输出。因为企业账号一般都是以企业蓝V账号认证形式出现的，所以，企业账号发布的内容很少受到广告营销内容的限制。只要在平台的允许范围内，就可以直接发布具有广告营销性质的内容。

对个人账号而言，就要尽可能以展示日常直播内容为主，做这些主要是为了强化观众对账号的认知。对于个人来说，直播账号名称要符合直播内容，头像可以自定义，最好与直播内容相关，账号简介以实际为准。个人账号以突出个性为主，首先要解决的是信任问题。

企业账号具有蓝V认证，这是获得了认证后的平台信任背书的企业行为。而且企业账号的头像以品牌LOGO为主，记忆强度深刻，呈现的形式丰富多样。表现形式可以有小黄车、小风车、小房子等。

但是个人账号就只能以一种方式呈现，挂小黄车或者不挂。所以，更需要在日常的视频发布中尽可能多地通过内容背书佐证，增强信任度。比如，直接上直播间的切片，后台自动记录高光时刻。

在直播中，主播和直播账号是直播间的门面担当，也是消费者对产品与门店的最直观的感受。

如果实体门店未注册企业蓝V账号，而只是使用个人账号进行综合宣传，不妨多以实体门店为拍摄背景，增强更直观的信任背书。直播间直接选择在店内也是一种非常取巧的方法。

1.2.3 两大原则：专属特点和匹配

1. 专属特点

专属特点其实就是我们经常说的差异化。

目前在抖音平台，日均开播量40万～50万，每个月有收入的主播在

600万～700万（包含直播电商20万～30万）。每天同时在线直播的直播间众多，想要让日活跃7个亿的抖音用户在浩瀚的主播中记住你，必须要把个人的IP和账号做出差异化，给粉丝留下深刻印象。

比如，我们可以从抖音平台上找到非常具有个性化的主播人设，而且他们也都有非常鲜明的差异化设计，即专属特点。例如，最具有个性化标签的，口红一哥的一句话"所有女生！买它！"成为直播间疯狂下单的按钮。

那么个人形象上的专属特点呢？比如，曾经现象级的主播们或抖音最早的网红，他们或白发飘逸，或形象憨厚，或捧着书本金句信手拈来，这些都属于个人形象的专属特点。

2. 匹配

而**匹配就是在什么场亮什么相**。在抖音平台中，人货场的配合尤为重要。最具有代表性的例子就是某羽绒服那个现象级的直播间。

该羽绒服店曾将直播场景搬上西藏雪山，"雪山直播"的形式让用户能够身临其境地感受到衣服的耐寒性与保暖性，这一创意被业内称为"人货场的天花板"。

这也说明了，**当场景与产品真正产生关联时，消费者的消费意愿将会提升，进而很容易完成消费转化**。

1.2.4 打造三部曲

成功的人设能够赋予直播更高的观众心理需求，有助于建立主播与观众间的信任。

通过人设的打造可以吸引精准的粉丝，提升变现的效率。利用人设与粉丝建立起来的关系比单纯的产品与消费者的关系更有温度、更有黏性、更能长久。

精准粉丝 + 关系升级 = 销量增长

那么,具体的操作要从三个步骤入手。首先,定位定向,确定行业和领域;其次，为自己贴上一个个性化标签；最后，基于这个标签，进行相关的设计，不断强化这个标签，加强消费者的记忆。

1. 确定直播的行业或领域

精准细分，切赛道，切行业领域，最大的现实意义就是为了能够精准划分出你的受众群体，也就是你的潜在粉丝。再去学习和借鉴这个行业领域内优秀主播的优点，总结经验并学习，找到他们的吸粉秘诀。

通过蝉妈妈等第三方软件平台可以更好地利用工具为你抓取竞品的成功案例和数据，用以借鉴完成整体快速销售的提升。

2. 创新定位个性化标签

直播是以互动为主的，而语言交流是最重要的一环，每个人风格都能做到不一样，包括故事型、段子型、感情型、自嗨型、倾诉型、话题型等。

首先，要看市场需要什么样的风格标签，选择贴合风格的主播，或者当主播就是自己的时候，要适当地改变自己以适应账号人设的需求。其次，要看自己是什么样的性格，适合走什么路线，也不要太勉强而显得不自然。账号的主播可以是自己，也可以是其他店员，甚至多主播人设出现，避免深度捆绑一个主播，造成很多不必要的风险。

要根据内容打造风格，如果打造的风格够独特，那么独特就是你的风格标签。

3. 维护人设并且强化标签

强化人设标签是对这一领域的精准吸粉的重度维护。**不断强化关键词、账号标签，会利用算法推送的原理将更多精准的用户画像的消费者深度捆绑到账号上**。要不断地强化互动，增加曝光、推送的机会，以增加销售转化的机会。

不断强化这一领域，日渐深化的背景也决定了你作为主播的号召力和公信力，以及在这一领域的发言权与吸粉能力。

1.2.5 主播的形象与能力的综合打造

一定要进行充分的准备和设计,把主播最好的状态展现给直播间的消费者。

主播的形象与能力的综合打造有几大关键因素,缺一不可。

颜值:注意出镜时的妆容和穿衣搭配。

才艺:歌曲、舞蹈、口才。

知识:提升网红相关行业知识。

话题:策划好的直播话题,寓教于乐。

心态:提升心理素质。

其中,服装的组合搭配尤为重要。

(1)服装。

尽量选择最好看或者最有特点的服装,如果要想有创意,可以结合自身的特点选择一些个性化的装扮。对主播/抖音主来说,服装也是凸显账号风格、打造个人 IP 的重要手段。

(2)妆容。

如果你的妆容和服装搭配得当,则可相得益彰;如果搭配不当,则会降低整体的气质和风格。

(3)道具。

道具主要是指直播拍摄时所用的器物(包括背景)。

1.2.6 内在修养是吸引粉丝的关键

关于内在修养、吸引粉丝的案例,东方甄选的董老师是再精准不过的示范案例。

东方甄选开播三个月,带货 20 亿元。

董老师的双语教学直播间不像是卖货的,倒像是一间人文与英语教学混搭的教室。

自嘲是兵马俑的小董老师,并不符合网红的一切特征。但是双商在

第 01 章
基础入门——手把手教你做直播

线的小董老师，幽默的语言，渊博的知识，丰富的内涵，细腻的情感，出口成章的口才，强大的共情能力，在诗和远方的娓娓道来里，柴米油盐酱醋茶、琴棋书画诗酒花都自然而然地成了一张张心甘情愿、意犹未尽的订单。

具备鲜明人设的主播不仅能够缩短用户的消费决策时间，让用户尽快下单，而且还能依靠自己的魅力为商品赋能，打造消费信任。

长期低价的竞争策略势必不会长久，将直播带货内容化呈现既是为了丰富主播人设，也是在与其他同行竞争中决胜的核心卖点。

1.2.7 直播名片的综合设计

直播名片的综合设计步骤如下。

（1）根据需要，设置预告直播时间，如图 1-36 所示。

（2）制作直播海报，提前一至三天预告，做好海报，并进行朋友圈、微信群或者私信宣传等，如图 1-37 和图 1-38 所示。

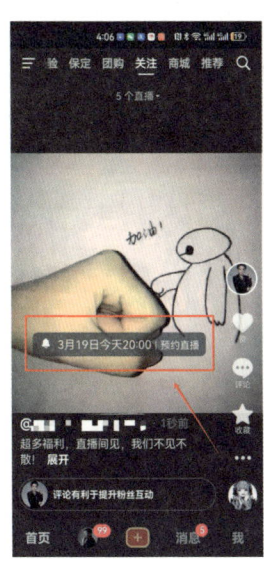
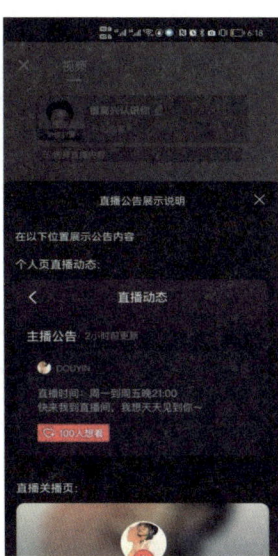

图 1-36　直播预告展示　　图 1-37　直播预告制作　　图 1-38　生成朋友圈海报

（3）准备好要直播的主题、产品以及相关介绍。

059

（4）正式开播前，准备好自己的个人形象照片，在直播间的设置中进行相关的图像上传。

（5）准备好直播设置里的直播间介绍文字，方便在直播时进入直播间的人第一时间接收到直播间内容介绍。

（6）直播间开播后，在魔法棒的项目里，找到弹出气泡的小标语设置，将飘屏的文案录入，做直播间主题的关键内容提示。

1.2.8 各类主播的 IP 打造建议

精准布局一个强人设、强吸睛、强引流的抖音号。

IP 其实就是你在短视频或者直播间里的强辨识度。

实体门店的 IP 其实和实体门店的经营范围有着密不可分的关系。

主 IP 一定是依托门店产生出来的，其他店员的 IP 矩阵里的分阵营可以进行符合自己单独人物特点的 IP 人设打造，但是客观而言，也无法脱离与门店、商品、服务之间的关联。

这里有一个主播人设公式可以参考：行业背书 + 角色特点 + 粉丝利益。

例 1：痞叔穿搭实验室。

一个拥有 12 名专业雅痞形象设计师的穿搭设计工作室。

+ 我们只求"精"不求"大"。

+ 精雕细琢，努力帮助每一位高净值男士，打造自己的个性化自信标签。

例 2：男人装穿搭知识课堂。

大家好，我是 blue 老师，资深男性生活好物分享达人。

+ 每晚 8 点准时直播，给大家分享各种穿搭技巧，好物分享。

+ 想学习请关注，帮你培养衣品，扮美生活。

例 3：男用产品测评。

六年专注男人用品好物分享，感恩遇见。

+ 每天分享穿搭技巧，用品好物测评。

+ 大家看到喜欢的也可以 @我，我买回来给你测评。

下面介绍的几种类型的主播 IP，大家可以根据自己的实际情况进行参考。

第一类：故事型 IP。

依托门店背景，将服务、销售等动作融入门店的场景化设计里。可以原创，也可以借鉴翻拍，通过个性化的演绎，将产品、服务、工作内容情景化地演绎在短视频里，增加观众/顾客的参与度、体验感、趣味性，并且有现实感地追剧，这会拉近门店、品牌、店员与顾客之间的情绪价值的交流。

第二类：产品型 IP。

基于产品特点本身，拍摄跟产品的各种使用场景相关联的内容。比如母婴用品的使用 TIPS、家居建材门店的产品安装、服装品牌的各种穿衣配搭、买家秀和买家秀的合拍互动等。

第三类：创始人 IP。

老板或老板娘的真人出镜，交心、交朋友、聊天、聊人生。分享创业故事，打造人设，增强信任感，自己为自己的产品、门店、服务进行背书和代言。

第四类：知识型 IP。

适用于有强输出能力的店员或者老板本身，本行业的专业知识扎实，进行相关内容的输出是持久的，具备原创能力的，个人形象气质符合强号召力，有比较强的人格魅力，可以从直播互动、答疑解惑、建议支招、行业专业技能示范等角度充分地进行展示。

1.2.9 实体门店做抖音是找人干，还是老板亲自干

实体门店做抖音，建议老板自己干，原因有三点。

（1）花几千元钱请过来的抖音运营，大概率是不专业的，因为在抖音这样以极低成本创业的平台上，有真本事的人肯定会选择自己去创业。而且招一个人去做抖音和招一个服务员或营业员是不一样的，必须是有创业心态的人才能做得好，而这样的人岂能甘心给别人打工呢？

（2）老板亲自做不要觉得丢面子，开店做生意最重要的两件事：一是做产品，二是做流量。而做抖音就是做大流量，赚钱并不丢人。什么都不

干，与同行竞争不行，最后亏本倒闭，才是丢人的。一旦你的老板IP做成了，你本人就自带流量，获客成本会直线下降。

（3）以老板自己的账号为主，在做出一定成果之后，可以复制账号，让员工一起做。如果门店有五个员工，就有五个账号。通过抖音将产品铺出去之后，门店产品信息能够覆盖同城的几万人，甚至更多，这难道不比其他类型的广告的投产比更高吗？

所以，对于实体门店来说，建议老板自己去做抖音，但是有些工作可以外包，比如视频拍摄剪辑、选题文案等，而老板可以只负责真人出镜、做直播等。

其实，这里最关键的一点需要老板明白，抖音账号的IP是无形资产，单纯地推出某个员工IP后，如果员工辞职流失，门店的损失是巨大的。**双IP思路与账号矩阵多IP模式最大限度地降低并规避了IP流失的风险**。因此，从任何一个角度——经济账、人才账、风险账、流量账等而言，门店老板都要亲力亲为。

1.2.10　总结

在实践中，人设的打造是一个试错的过程，这个过程中一定要避免想当然而为之。要充分结合自己的门店、产品、服务、行业特点、自身优势、用户画像、粉丝的习惯和喜好等多方面的因素进行考虑。虽然原创非常重要，但是站在巨人肩膀的捷径也是大家不能错过的必修课。**一定要找到行业标杆账号，进行综合比对和对标式设计。研究同行账号和研究同行直播间，做好自己账号的打造计划，也要做好人员分工。**

IP的设计和打造绝非一日之功，也非一蹴而就之事。一定要有规划、有监督、有落实，并能够持之以恒。要做好阶段性数据复盘，学会使用创作者中心（企业创作服务中心）的数据看板，通过研究账号的粉丝画像、视频发布的测试情况，用数据对IP人设进行打造矫正。

1.3 直播间搭建篇

1.3.1 不同性质，不同产品的直播间装修要求

首先，事无绝对，丰俭由己。门店做直播，一定要因地制宜。要根据自己门店的产品、服务内容特点，直播地点是走播还是固定定位播，直播间整体搭建预算费用，运营人员的专业技术等多角度考虑，更要根据参与直播运营的人数进行分工，根据门店的直播可使用面积进行直播间搭建方案的选择。

在初级入门且尝试性直播或试播阶段，建议采用初级配置的手机直播间。最简约的配置也可以实现现场直播的基础功能，这个过程也是练兵的过程。通过这样的方法，尽可能地降低试错成本，减少不必要的投入，这特别适合店员在5人以内的中小型门店。

（1）基础简约配置直播间。

这个阶段的设备投入是最简约的配置，而且升级为高一级别的直播间的时候，采购的设备也可以继续使用，因此是最经济划算的入门级别投入。

这种类型的直播，具有普适性。除了珠宝、化妆品、服装等需要高清晰度表达的产品外，其他产品基本上都可以适用。在这个阶段，如果产品属于珠宝、化妆品、服装等产品，还是强烈建议选择iPhone手机作为直播设备，不能使用其他设备替代了。

这种类型的直播间，可以直接应用门店的场景，支持实现店播、走播、厂播、库房播等多种形式的直播，并且也可以支持最基本的定位口播。

（2）高清直播间的搭建与选择。

直播一段时间后，对各种基本流程、设备使用、运营SOP都基本熟练掌握，也在直播拍摄过程中找到了需要提升的技术参数指标，能够意识到接下来的提升点了。这个时候，前期的投入也基本回本，有信心进行下一步的升级投入，就可以多购买一些支撑高清直播间效果的设备，打造计算机直播模式下的直播间了。

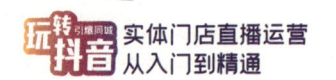

（3）专业导摄支持的演播室直播间。

这种直播间一般都是品牌厂家的旗舰店直播间使用的。这种直播间考虑的不是投入产出比的问题，而是高清展示产品及服务，打造品牌形象，进行品牌传播，面向全国做出示范，增强经销商信心，加强消费者的认可度。

所以，打造高成本、高质量演播室级别的直播间是势在必行的。这种类型的直播间，适合品牌厂家的旗舰店，本书不再深度讨论。涉及这个层面的直播间，需要有专业的演播室装修团队进行装修设计，在此我们重点列出一些方案来参考即可。

总之，无论哪一种直播间，都是为了实现直播这一动作而设置的，各有利弊。对一场成功的直播起到决定作用的绝对不是直播间的设备，直播间只是一个实现直播的载体。因此，我们可以根据门店的实际情况，选择不同类型直播间的搭建方案。

1.3.2 直播间道具设备采购

古人云："工欲善其事，必先利其器。"

基础简约配置直播间的设备采购方案建议如表 1-3 所示。

表 1-3　基础简约配置直播间设备采购方案

设备	型号	数量	作用	预估单价/元
直播手机	iPhone×R 及以上，华为 Mate40	1	作为直播摄像头	5000+
落地支架	品牌很多	1	支撑直播手机，避免手机晃动带来的画面模糊	100~300
补光灯	柔光箱 225w	3	可选。补光，可以更好地突出产品本身的效果	100
环形美颜灯	环形美颜灯	1	可与支架选择一体设备。补镜头光，主要优化直播画面	100
领麦	双头领麦克	1	主副播收音	300~600
麦克转接头	麦克风转接头	1	保证手机能同时麦克风收音+充电	40~100

基础简约直播间的设备采购方案的预算为 6000 ~ 10000 元，属于最简约版的方案了。如果不选择苹果手机，用自己日常手机替代，整体额外投资费用可以控制在 2000 元以内。对于门店的直播而言，这部分的投入属于轻量级的投入。如果试错失败，这些设备除了落地支架和美颜灯、补光灯外，都可以日常使用。属于试错成本最低的设计。

升级版中等投入配置直播间设备采购方案如表 1-4 所示。

表 1-4 升级版中等投入配置直播间设备采购方案

设 备	型 号	数 量	作 用	预估单价/元
摄像头	罗技 1000e（仅建议，也可以选择其他品牌）	1	直播摄像头	1500
补光灯	球形灯	2	多角度补光使用	1000
主播显示屏	随意选择，不做建议	2	实时投屏直播画面，主播同步参考	2400 ~ 5000
领麦	双头领麦克	1	主副播收音，克服门店嘈杂	300 ~ 600
转换线	苹果 /Type C 转 HDMI	1	转接线	60 ~ 100
提词白板	普通 90mm×120mm 的白板即可，带立架	1	给主播提词或者提示其他信息	200
镜头支架	可伸缩落地支架 / 三脚架	1	支撑摄像头，确保画面稳定	200
键盘鼠标	随意选择，不做建议	1	计算机直播标配	200
计算机主机	主板：华硕 TUFB365 CPU：INTE I7 9700 内存：32G/2666（16×2） 固态：256G M.2 硬盘：1TB 显卡：GT×1660 SUPPER	1	直播推流	6000 ~ 10000

高配版摄像机演播厅级别的直播间的设备采购方案，这里就不进行介绍了。建议品牌厂家搭建这类直播间时，可以找专业的团队进行相关的装修方案报价。

1.3.3 直播时摄像机拍摄的角度与方向

1. 直播时的多种拍摄角度

直播手机/摄像头/摄像机的位置可以根据支架进行高中低的调节。**不同的高度带来的拍摄效果是不同的,拍摄效果决定了整个直播间的调性和表达。**根据摄像头的高中低的设置,拍摄会有俯拍、平拍和仰拍三种角度,如图 1-39 所示。

(1)俯拍。

俯拍是一种从上往下、由高到低的拍摄角度。这种角度的应用场景主要体现在是表达货品还是主播。

如果主要是表达货品,比如珠宝、化妆品、美甲等更多体现的是产品,采用俯角拍摄是最佳的选择,因为这样可以最大限度地展示产品,售卖的产品可以集中占据直播画面,清晰精准的表达可以减少其他画面对注意力的分散。

如果主要是表达主播,主播是需要进入直播画面的,采用俯拍这种拍摄手法,会显得主播的脸非常小。注意,采用俯拍的拍摄手法适合娱乐主播而非带货主播。采用俯拍角度时,如果主播是站姿,会显得主播比较矮,所以俯拍的时候,主播选择坐姿,整体效果会更好。

(2)平拍。

平拍是最简单的一种拍摄角度。一般整体画面的表达不是为了美化主播颜值,也不是为了让直播间展示售卖的产品不与真实到货的产品之间产生太大的视觉差异。画面突出的可能是不断过款的日用品、视频等,并不特别突出主播本身的颜值及存在感,而更注重突出主播的真实感。这种角度拍摄的画面缺乏立体感,但是这种视觉损失是可以通过打光来弥补的。这就用到了我们采购的球形灯、美颜灯、补光灯,可以通过打侧光或者侧脸拍摄等手法,对直播间画面缺乏立体感、缺乏灵动的缺憾进行补救。

(3)仰拍。

仰拍,顾名思义,就是从下向上拍摄。仰拍可以拉伸直播间主播的身高,尤其是卖服装的直播间,适当的仰拍角度可以不着痕迹地提升主播服装的上身效果，也不影响整体直播间的真实性。尤其是卖裤子或者卖裙子，仰拍很容易拉伸整体身高，让衣服上身效果显得更修长。

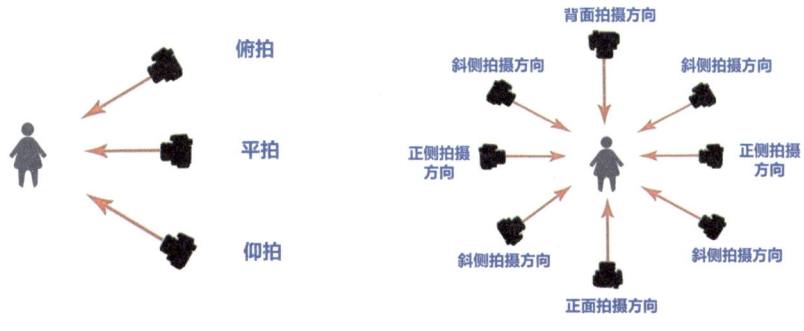

图1-39　三种拍摄角度　　　　图1-40　四种拍摄方向

2. 直播时的多种拍摄方向

直播时，拍摄会有正面、斜侧、正侧、背面四种拍摄方向，如图1-40所示。

（1）正面拍摄方向——顺光。

面对主播或者产品采取正面拍摄是直播间里大多数主播会采取的角度，这种拍摄方向便于展示产品和表情交流，有很强的参与感。

（2）斜侧拍摄方向——侧光。

采用斜侧拍摄方向时，摄像头不直接面对主播或者产品。增加不同的斜侧方向角度，可以增加直播间的纵深感和立体感，使整个直播间更像是一个旁观者，跳脱出主播特别强烈的推销感，让顾客很自然地参与其中，减少主播的推销压力。这种拍摄特别适合服务类或者功能类产品在直播间进行展示。这种角度的拍摄可以使直播间观众的参与感和探求感更强，而且很容易沉浸式代入，增加观众的停留时长。

（3）正侧拍摄方向——侧光。

从正侧方90°的拍摄角度，即在主播或者产品的正左或正右两侧的位置。这种直播间的拍摄角度适合美妆类、美容类、按摩类、生产类、雕刻类、工艺品类等长时间固定机位拍摄的直播间，可以展示产品的细节。也比较适合厂播、库房播、有大背景大环境的直播。

（4）背面拍摄方向——逆光。

背面拍摄更适合走动式直播，类似于调查记者的深度采访报道。这种角度的拍摄会带来强烈的参与感。例如，"三农"直播，在田间地头卖土特产；厂播，展示生产线、力证产品质量；库房播，带着观众寻找链接上的单品库存位置，所见即所得，适合清仓销售等形式。

总之，拍摄的角度和方向都很重要，它是优化直播间效果的很重要的方法。

1.3.4　不同直播产品的灯光设计及打光攻略

灯光使用得好能够提升直播间的整体效果。但是因为实体门店没有专业的灯光师去测温、调节灯光，球形灯、补光灯、美颜灯就算买回来了，也发挥不了作用。所以，买与不买都很纠结。

其实，在直播间优化光线并不难。获得最佳的光源调节方法不一定要花重金聘请灯光师。打开摄像头，进入直播试播模式，再用另一个手机进入直播间，看着直播间效果调节灯光布置，实践就是检验一切理论的最佳方法，也是最省钱、最高效的方法之一。实体门店没有那么多事无巨细、分工明确的专职员工管理灯光，需要因陋就简地做好调试工作。效果不好，随时微调。熟能生巧，长期坚持复盘调试整改，一定可以成为适合自己门店灯光调整的高手。

灯光的布置方法如图 1-41 所示。

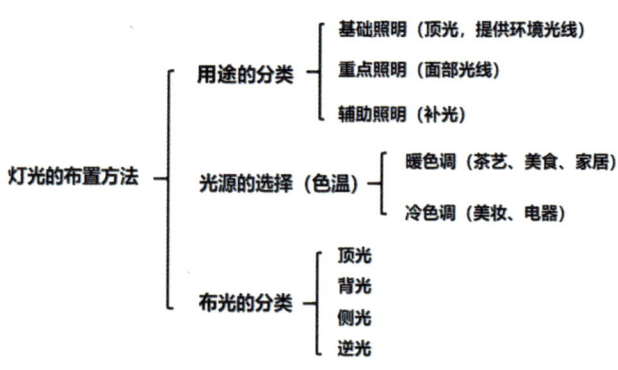

图 1-41　灯光的布置方法

1. 灯光设备

接下来认识一下灯光设备，一般情况下，一套完整的灯光设备包括环境灯、主灯、补光灯及辅助背景灯。

（1）环境灯。

环境灯的光是背景光，起照明的作用，负责整个直播间的亮度，一般指的是直播间的顶灯或者 LED 灯。光源的色温不同，带来的感觉也不相同。一般情况下，实体门店内有固定的不可调光的吊灯等多种光源。那么环境灯的设置就要兼顾室内已经存在的光源。已经存在的光源是维持日常门店运营的，属于日常运营时的合理设计。但是在直播的时候，由于多种客观原因，有可能存在光源照射不足的情况，如果光线较暗，直播间的效果会发暗、发乌，这时候就需要准备一些额外的灯光进行补足。光源色温越低，色调越暖（偏红）；光源色温越高，色调越冷（偏蓝）。使用环境背景光可以使直播间的各点照度都尽可能统一，起到让室内光线均匀的作用。环境光要尽量简单一些，不要太复杂。

（2）主灯。

主灯的主光源建议使用打光效果最柔的球形灯，放置于主播的前、中、后位置。不建议使用环形灯和摄影灯。

（3）补光灯及辅助背景灯。

补光灯及辅助背景灯主要是用来增强立体感，起到突出侧面轮廓的作用。使用辅助背景灯的时候要注意避免光线太暗和太亮的情况，光度不能强于主光，不能干扰主光正常的光线效果，而且不能产生光线投影。辅助光有射灯、壁灯等。

2. 灯光方案建议

（1）三灯方案。

当主播站立直播时，可以采用主灯＋辅灯＋地灯的布光模式，如图 1-42 所示。

一般这种直播的模式适用于服装类目，进行过款版式展示。

主灯：照亮主播头发和面部，并且充当眼神光。

辅灯：主播右前侧补光，包围补光，同时充当一定环境光。

地灯：打亮主播腿部，避免走动展示时画面亮度不均匀。

图 1-42　三灯方案

（2）四灯方案。

适用于面积为 15～30 平方米的直播间，4 盏灯的灯光可以完全覆盖 15～30 平方米的面积，四灯方案如图 1-43 和图 1-44 所示。

适用于家居、服装、小家电等产品的直播，空间较大，所以灯的数量和功率也要增加。

主灯：打亮场景，为主播脸上补光，使得主播脸部光线更加均匀。

辅灯 1：主播左侧补光，同时充当一定环境光。

辅灯 2：主播右侧补光，同时充当一定环境光。

两盏辅灯不用对齐，一前一后即可。

轮廓灯：置于主播左后侧，充当轮廓光。

图 1-43　四灯方案 1

图 1-44　四灯方案 2

070

第 01 章
基础入门——手把手教你做直播

1.3.5 高效利用直播辅助

1. 直播伴侣

一键开播，为抖音直播间推流，免去输入推流码的烦恼，一键开启直播，快捷高效。

点击相应链接（http://streamingtool.douyin.com/docs），可以获取官方教程。

2. 抖店

点击登录链接：https://fxg.jinritemai.com。

点击相应链接（https://school.jinritemai.com/doudian/web），可以获取官方教程。

3. 巨量引擎

点击登录链接：https://www.oceanengine.com。

点击相应链接（https://school.oceanengine.com），可以获取官方教程。

4. Vmix

Vmix 是一种多路相机信号及素材整合软件。

点击登录链接：https://www.vmix.com。

1.3.6 总结

实体门店店主在决定直播前一定要避免走入一个误区，就是在人员技能未到位，套路没摸清楚之前，先大张旗鼓地搭建直播间，设备买了一大堆，却没有实际应用起来，结果会得不偿失。

实体门店刚开始做直播时，要先抛掉媒体流量思路，采用最简约化的

设备来搭建直播间，用分发电子传单的思路快速上手是最有效的运营方式。越简单，越容易跑出结果。本节介绍的基础简约直播间设备采购方案适用于初学者。等到直播经验成熟了再根据需要进行迭代，这符合实体门店的实际情况。切莫看到高大上的直播设备套餐就心动。"单反毁三代"的理论，想必大家都了解。直播最重要的是播起来，而设备的好坏并不是先决条件。

无论是个人直播还是企业直播，都会经历三个时期，分别为测试期、放量期和稳定期。

刚开始做直播的时候属于测试期，一切以"小步快跑、低成本试错"的原则来处理。直播间的搭建也应该遵循这样的规则。

1.4 选品组品篇

1.4.1 抖音直播间的选品逻辑

新零售逻辑闭环如图1-9所示，这个逻辑贯穿我们整个学习的始终。在这个逻辑闭环里，涉及选品的内容就是"爆品做拉新"。

实体门店做直播，重要的不是卖货，而是如何做到门店引流，做到用户的真实触达。 而且直播的目标人群就是同城，甚至就是门店方圆6～10公里内的用户。因此，直播间要实现的功能，就是电子传单功能，让更多的人了解门店的优惠，传达"到店更实惠"的思路。

因此，直播间更多的功能是过款展示，给不方便来店的顾客当眼睛，不断地滚动展示门店的新品和爆品。传递本时段的促销活动和到店优惠政策，让更多的人愿意来店体验和购买。不断地强化门店的服务体验，不断地重复展示，占据顾客的视觉触达时间。

1.4.2 标签化选品分层和应用

强化实体门店的 IP 特点，在选品上，就重点体现为独特的选品思路。

和达人直播间一样，实体门店直播间里的商品也是分层次的，如图 1-45 所示。不同层次的商品，扮演着不同的角色。

引流款：大多数人想要，认知价格高，采购成本低，品牌优先，与正价款不冲突。

主力款：福利款，性价比高，不赚或少赚利润。

利润款：潜在爆款，正常利润。

潜力款：高价款，高利润。

图 1-45 商品分层

实体门店直播间的商品分层也有不同于达人直播间的特点。

引流款：非直播间付费款，需要消费者到店领取。目的是引导顾客成功到店体验。这款商品的作用就是电子传单，采用了"到店领福利"的思路。

主力款：各种过款展示，吊足观众胃口，可以使用猜价格游戏等互动方法。直播间游戏化，目的是下钩子，引导顾客产生兴趣，直播间成交付款，到店自提还有额外优惠。不同于达人直播间将顾客困在直播间的互动玩法。

利润款和潜力款：一带而过，模糊价格，和低价引流款混在一起，起到让顾客产生价格探寻和物超所值的价格优惠联想的用处。在直播间展示，但不重点展示，目的是引流到店后线下成交。

引流款与其他三款产品不是替代关系，以免影响正常售卖。

以售卖女装的直播间举例如下。

引流款：9.9 元的丝巾 / 冰袖。

福利款：看起来值三四十元的 T 恤，成本 20 元，实际卖 19.9 元（主力款）。

利润款：看起来值七八十元的 T 恤，成本 30 元，实际卖 49.9 元。

潜力款：看起来值两三百元的牛仔裤，成本 59 元，实际卖 99.9 元（战略款）。

通过一个极具性价比的引流款帮直播间引流，打破流量限制；当流量大花板被打破后，需要一个福利款作为爆款帮我们做承接来稳住直播间，在直播间基础数据稳定的同时还能为直播间打标签；之后我们还要有一些利润款，比如服饰等类目，可以用关联搭配的原则引导成交，提升客单价。

在刚开始直播的时候，选择性价比高的引流款、福利款打造直播间人气；待直播间稳定了，可以直接转正品模式，新品 + 爆款 + 利润款的排品逻辑；核心是掌握了玩直播间的逻辑，选品的逻辑就很容易掌握了。

1.4.3 直播选品 SOP（附实操落地表格）

下面的两个表格是实际选品过程中的步骤。

1. 分析和梳理粉丝画像

首先要分析实体门店和直播间的用户画像，弄明白自己的粉丝构成的情况（**主播 IP 纠偏，内容一定要和自己的产品相匹配**），如表 1–5 所示。主播的风格会影响直播间的粉丝特点。

表 1–5 直播间粉丝画像分析表

账号分析							
时间	总项目	序号	项目详细	相关负责人	完成度/%	未完成原因	计划完成时间
T–N	主播粉丝画像分析	1	性别分布比例	运营			
		2	年龄段分布比例				
		3	地域分布				
		4	视频标签喜好分布				
		5	商品购买需求分布				
			全部分类价格偏好				
	直播间观众画像	1	性别比例分布	运营			
		2	年龄比例分布				
		3	地域分布				
		4	粉丝地域分布				
		5	商品购买需求分布				
			全部分类价格偏好				
数据分析尽量结合多个平台数据，切勿只做一个平台数据							

在这里，我们要清楚一个观点，即抖音账号的粉丝画像和直播间的粉丝画像并不完全一样，甚至不是同一批人。

这个客观事实，大家一定要有清晰的认知。

短视频更侧重的是"种草"，而直播间则侧重"拔草"。直播间的观众大部分都是目标非常明确的购物者。所以，直播间的选品不仅要兼顾短视频的种草内容，也要兼顾直播间的拔草和重点引流到店的功能体现。因此，在选品前的账号分析中，就要对实体门店和直播间的粉丝画像进行详细的梳理和分析。

主播粉丝画像定位，要将选品和自己账号 IP 的垂直领域契合。尽量选择匹配账户垂直领域的，粉丝认同主播带货的专业度，切入电商相对容易。例如：美妆博主，以美妆护肤切入；吃播主播，以食品切入；户外运动主播，以户外产品切入。同时，食品、日用百货的适用对象更宽泛。

（1）粉丝性别比例。

1）男性较多，且消费能力低于女性，带货有难度，推荐品类：男士护肤、电子产品、食品等生活必需品，同时不要忽视少部分女粉丝的消费力。

2）女性较多，较为适合带货，可带品类较多，食品、日用、美妆、服装等，同时需要结合其他指标进行选品。

（2）粉丝年龄分布。

1）23岁以下较多，粉丝群体消费能力弱。推荐品类：以低客单价为主（价格在60元以内），食品、日用百货较为适合。

2）24～35岁较多，粉丝群体消费能力较强，易冲动消费。推荐品类：可带货较多，高低客单价相结合售卖。

3）36岁以上较多，此部分用户不易冲动消费，主播需有一定专业领域知识，商品要突出性价比。推荐品类：尽量选择日常必需品。

（3）粉丝地域分布。

不同地区品牌认知度不同，各地域人民消费习惯、口味偏好不同，因此需结合当地特色选品。例如，南甜北咸，东辣西酸，给四川用户可以卖辣味产品，给山西用户可以卖老陈醋。同时结合粉丝画像选品，容易产出爆品。

2. 开始选品

接下来，才开始真正的选品。

基于对表1-5的数据的梳理及分析，我们已经非常清楚投其所好的方向在什么地方了。这个时候的选品动作就非常直观简单了。一定要找到与自身主播和门店直播间的契合点，梳理好"钩子"和引导价格政策，并且通过门店用户的真实反馈数据，做最后的选品确认。

选品所用的三个表格分别如表1-6—表1-8所示。

表1-6 选品维度打分表

		产品1 农家蜂蜜 椴树蜜	产品2 服装 女裙	产品3 美妆 粉底液	产品4 女鞋 凉鞋	产品5 女包 饺子包	产品6 母婴 奶瓶	产品7 食品 薯片
品牌维度	名气							
	热度							
店铺维度	店铺综合评分							
	店铺装修美观度							
	店铺服务质量							
	发货时效							
价格维度	价差							
	赠品							
产品维度	产品评价	历史买家评价						
	产品特点	颜值						
		趣味						

077

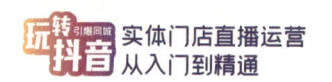

续表

			产品1	产品2	产品3	产品4	产品5	产品6	产品7
			农家蜂蜜	服装	美妆	女鞋	女包	母婴	食品
			椴树蜜	女裙	粉底液	凉鞋	饺子包	奶瓶	薯片
产品维度	产品特点	实用							
		口味							
		含量							
		成分							
		材质							
		科技							
	产品详情页	首图质量							
		卖点描述							
用户维度		粉丝匹配度							
		时节匹配度							
		决策成本							

表1-7 直播间粉丝画像

账号分析							
时间	总项目	序号	项目详细	相关负责人	完成度/%	未完成原因	计划完成时间
T-N	直播间观众画像	1	性别比例分布	运营			
		2	年龄比例分布				
		3	地域分布				
		4	粉丝地域分布				
		5	商品购买需求分布				
			全部分类价格偏好				
数据分析尽量结合多个平台数据,切勿只做一个平台数据							

表 1-8　选品 SOP

时间	总项目	序号	项目明细	相关负责人	完成度 /%	未完成原因	计划完成时间
T-1	确定产品类目	1	确定大致产品类目（商品购买需求）	运营			
T-2	确定预选品牌	2	锁定类目下产品品牌（根据明星或达人人设、年龄占比、地域分布锁定一种或多种预选品牌）				
T-3	确定最终品牌	3	确定最终产品及品牌（根据后台数据分析、粉丝年龄段确定最终品牌）				
T-4	预选产品	4	筛选预选产品（根据所选品类，参考数据所统计的价格偏好）				
T-5	确定最终详细产品	5	确定最终产品（参考预选品类的市场价值及消费口碑，最终确定详细产品）				

1.4.4　总结

实体门店的直播选品更加突出引流到店的工作内容。 所以，深耕直播间粉丝分析，投其所好的工作是要做精做深。

例如，可以针对不同社区或者不同级别会员开设直播专场。实体门店的直播间要和实体门店的运营结合在一起。如果说在达人直播间中看不清直播间观众的精准画像，那么在同城直播间里，互动的观众有可能就是门店的熟客或老会员。因此，实体门店直播间的互动需要更精准，选品也需要更接地气，更贴合同城消费者的爱好和购物习惯。

同城直播间的选品还要增加上互动功能、在直播间增加许愿池功能以

及在短视频的评论区留下许愿池功能，形成账号（直播间）和实体门店之间的互联互通。

1.5 文案与脚本

1.5.1 爆款素材的选题及框架

> 终局思维＝变现方式（先想清楚怎么赚钱、赚谁的钱）
> ＋精准流量（DOU+正确方法找到精准流量）
> ＋批量变现（稳定流量直播间稳定成交）

文案和脚本的制作，必须要有终局思维。以终为始，设定好选题的逻辑和框架。

做内容之前，一定要有一个对内容进行自检的过程。很多人在写文案和脚本时都遵循着"大师"法则，即千古文章一大抄。抄是没错的，但应该有鉴别、有选择，而且应该要建立在自己的逻辑之上，而不是内容的堆砌。做内容要遵循电商内容的四大核心创作理念：真实、专业、可信、有趣，这是万变不离其宗的法则。

2021年6月，抖音电商发布了《电商创作者管理总则》，明确了商家内容创作的原则和底线。2022年3月，抖音电商再次发布了《抖音电商内容创作规范》，明确强调了电商内容的四大核心创作理念：真实、专业、可信、有趣。因此，要以终为始做内容。

内容自检表如表1-9所示。作为实体门店，不能玩虚的，且要分享同城的信息，面对真实的顾客，具备浓厚的地域特点，不能完全照搬平台的热门视频文案和脚本，要做到本地化的洗稿，二次创作。因此，内容要结合同城的热点、同城的风土人情，要充满生活气息和互动性。

表 1-9　内容自检表

自检项目	自检任务
信息有效	内容是否让用户觉得有用、有趣、有共鸣
信息关联	内容与精准粉丝关联度高吗
内容趣味	内容是用户觉得不枯燥的吗
行动成本	内容是用户很容易就能理解的吗
发生频次	内容是用户频繁发生的难题吗
内容持续	内容是可持续延伸的吗
内容价值	内容是能够落地解决问题的吗

1.5.2　短视频带货——自己会卖货的文案

冲动性购买是指消费者在进入消费场所或者浏览商品之前并没有购买计划，最后因购物环境的影响、产品的刺激激发了强烈的并且无法克制的购买欲望，产生了购买商品的行为。它是一种突发性的，虽经过大脑的思考，但仍是一种非理性的心理状态所催生的购买行为。

我们的文案与视频画面相结合，就是要刺激并引导这种冲动性购买行为的出现。

而无论短视频还是直播间，其实无法真正地做到用户触达，也无法产生像实体门店一样一对一的销售咨询交互。因此，在直播文案上就需要下功夫，尽可能让你的文案促成自动成交。

在准备文案时，可以对标竞品，找出评论人数多、点赞率高的评论，整理其内容，并配以标题，必然会爆火。

当创作者在创作过程中存在自我创作话题，偏离真实用户需求时，评论区就成为观众/用户最真实的意见反馈来源。特别是那些获得众多点赞和回复的评论，更是自带流量的热点话题，具有较高的关注度和影响力。当然，这里你得学会区分付费购买的评论与真实评论。

高评高赞的短视频内容的文案筛选其实是有窍门的。首先，抖音平台本身就具备非常强的数据筛选能力。学会如何运营抖音平台的大数据筛选功能，能够有效地获取高效的文案，可以减少创作时间和降低创作难度。

针对短视频带货的实体门店，这里提供了创作文案的几个技巧，大家有则改之，无则加勉。

（1）标题抓人眼球：新闻社论、好友对话、实用锦囊、惊喜优惠、意外故事。

（2）激发购买欲望：感官占领、恐惧诉求、认知对比、使用场景、畅销、顾客证言。

（3）赢得受众信任：权威转嫁、事实证明、化解顾虑。

（4）引导马上下单：价格锚点、算账、正当消费、限时限量。

"兴趣电商，通过将商品内容匹配兴趣用户，形成发现式消费。"这句话一定要牢牢地记住，这是兴趣电商成交转化的核心逻辑。

1. 沉浸式购物体验

利用"通感"营造氛围感，激发购买欲望。

兴趣电商的用户画像首先是感性的，观众原本没有明确购物目的，却因为氛围的营造、烘托、诱导产生购物欲望，从而实现发现式消费的过程。

客观而言，氛围感是看不见、摸不着的东西，但是不可否认的是，氛围感可以影响人的判断。就像恋爱中的女生，要求男生制造浪漫、有仪式感和小感动。可是营造氛围感具体的操作很难有标准答案。但是氛围的营造一定会将消费者的停留时长拉长，增大成交概率。

在营造氛围方面，口红一哥是绝对的优等生。他的直播间和短视频文案都是最佳的示范。建议同学们可以去他的直播间和短视频里感受一下氛围。行内流传这样一句话，能够在口红一哥直播间待着不买东西，就证明你有着钢铁般的意志！

沉浸在代入感极强的氛围里，口红一哥的文案中，每一个字都在撩拨着消费者的心。让你觉得置身于那个美好的场景中，与这么美好的产品擦肩而过，错失良机，都是对自己的一种辜负。

这种"场景搭建式"的直播带货文案不仅可以让消费者看到商品的卖点，还能激发他们的使用体验，从而产生较高的转化率。

例如，某知名主播在推荐香水时，他会把香水的味道用文字语言表达出来，营造出使用的场景，而并不是香味本身让你直接代入那种体验的氛围感里。

（1）很高端，很fashion的味道，很贵的味道！

（2）你不惹我，我不惹你；你敢惹我，我就把你咔嚓咔嚓的那种味道。

（3）恋爱中的少女，开心地去找男朋友，那种很甜的感觉。

（4）泻湖花园香水，男朋友怀抱的味道。

再例如，某知名主播在推荐口红时，用的文案明显就更加入了强烈的角色代入感，让你觉得买的不是口红，而是像战袍那种武装设备。

（1）Dior 999这支口红给人的感觉就像"甄嬛上位"以后回眸一笑，对着那些人说"老娘赢了"。

（2）当你想要秒杀全场的时候，就涂307号色出门。

（3）出门干什么都可以涂808，秋冬天你用这支颜色，你就炸了。

（4）爱马仕在你的嘴巴上啊！

（5）颜色也未免太新鲜了吧，太樱桃了吧，所以是会被男人吃掉的颜色。

（6）人间水蜜桃啊！让人有一种莫名其妙的可口感。

2. 数字量化顾客的收益——"我有什么好处"

顾客是否购买的终极判断其实就是价值判断，因此将产品所带来的价值更直观地展示出来，辅助顾客判断是非常必要的。

所以，在视频**文案里要尽可能多地进行价值比对和价值感呈现，甚至可以精确到具体的价格，让顾客有眼前一亮，这便宜不得不占的那种不容错过的购物冲动**。

例如，这款豆浆粉的厂家就是给肯德基、永和豆浆大王供货的供应商，一大袋有20小包，折合一杯才3元钱。一样的商品，不一样的价格。店里一杯的价格，咱们自己在家里冲着喝，够喝3天。而且这个分量比其他品牌的袋装多出1/3的量。真的是物美价廉，加量不加价。3杯××店里的价钱，在家自己冲够喝一个月！今天再加赠3日量的赠品装！数量不多，就1000份，手慢无啊！

换成这样描述商品时，是不是更有诱惑力？让观众看了，是不是就会有想点开链接，抢购的冲动？

跟我有什么关系？我为什么要买？是不是得赶紧抢？一定要通过这样

精准量化的利益描述，才能撬动顾客的抢购欲望。

3. 要说人话，不要当产品说明书的复读机

直播时要有充满画面感的描述，而不是简单地介绍产品功能、价格。

无论是短视频还是直播间，顾客对产品的了解是看得见，但是摸不到（触感），闻不到（嗅觉），也品尝不到（味觉）的，需要通过短视频或者直播里主播的讲解展示进行了解。而且要说人话，即用最生活化的语言把它描述出来。

让顾客身临其境，仿佛通过你的描述，完全感受到了这个产品。

避免使用抽象、专业的词汇。为产品寻找对标物，用大家已经认识、熟悉的物品去描述一个陌生的产品。

例如，对无人机的描述，大疆就给出了很好的示范。

在无人机刚刚上市，大众对它还不了解的时候，很多人都认为无人机就是无人驾驶飞机，对它的实用价值很难有直观的感受，很难激发出大众的购买欲望。

而"会飞的照相机"这句话一下子让场景化出现了，那种视角就应该像鸟瞰一样的视野吧，会飞的照相机，一下就把客户的体验感和场景感拉了出来，购物的欲望也就很容易被激发了。

再比如，笔者曾服务的一个客户——才子男装，在对全国门店的员工做的抖音培训会上用了这样的案例。

做销售飞人的生活，就是旅途中拎着行李箱，疲惫不堪地在各个城市辗转，但是客户不会谅解你的一点点纰漏，甚至要在你的纰漏里捕捉并暴露你的弱点。这时候，你不是孤军奋战，你还有时刻给你底气和自信的战袍——才子男装免熨烫系列，无论你的旅行箱塞进了多少东西，哪怕让这套衣服在有限的空间里艰难生存，但穿在你身上的那一刻，没有褶皱，无须熨烫，一切都像是全新的开始！高品质的商务形象，才子随时相伴。

描述商务人士最大的烦恼和困难，一定要**放大这个问题带来的痛苦，进行详细的细节描述，代入观众的情绪，沉浸式体会**。由于没有时间打理衣服，或者因酒店没有提供熨烫服务，造成衣服来不及熨烫导致形象打折

扣，甚至会因此失去订单，而通过才子免熨烫系列，一切问题迎刃而解，为出差带来轻松和愉悦。

这样的沉浸式体验的细节描述，而不是免熨烫系列的功能、原理、材质的说明书式的描述会让观众产生购买冲动。因为很多人对这种描述的困境感同身受，困扰良久，见到解决方案了，没有理由不去解决这个问题。

其实，这就是我们说的兴趣电商的精髓所在。很多人可能并没有明确的免熨烫系列的购物需求，甚至不知道免熨烫系列，但通过文案的描述展示，产生了发现式购物消费冲动。

4. 货比三家，物超所值，有买有赠，迎合人性的文案才能抓住人

你可曾见过测评类的短视频？比如卫生巾的品牌，会罗列出奶奶用的、妈妈用的、姐姐用的，每一句文案都很简洁，直击症结所在。然后也不过分地夸耀自己推荐的产品，只是一一比对呈现。

有对比，才有鉴别。省略了观众四处比对的麻烦，而且将商品有意突出的地方以田忌赛马的逻辑进行讲解，不需要贬低竞品，通过实事求是的文案平铺直叙，就能彰显自己推荐的产品的优势。

将销售推荐做到无痕。而这种类型的文案是特别容易得到观众高完播率、高评率、高点赞率、高收藏率、高转发率的方案。

5. 闺密间的友谊，假吐槽，真下单

女人间的友谊如何快速升温？一定是有共同的爱好，分享秘密，且有一起吐槽的人或者事。这一点，很多知名主播深谙其道。

他们会在推荐产品时推心置腹；在分享一些小 TIPS 之余，还会向你安利各种避坑的私房秘籍。

这种方式是先将"自己人"的人设立住，接下来的产品推荐都是姐妹间的小分享，推销的痕迹已经消失得无影无踪。

和顾客站在同一边，而不是对立面。先声夺人的气势一定要打出来。

6. 上热门的爆款原则与套路

选择比努力更重要。

首先我们要确认的是，短视频的标题到底有多重要。

短视频的标题文案，首先是写给平台看的，其次是给用户看的。给平台看可以获得平台更多精准推荐；给用户看可以让看到的用户点击视频。

在 1.1.3 小节中，我们重点介绍过抖音的推荐机制和算法的底层逻辑。首先，短视频要过的审核是机器审核，当视频的播放量到达一定阶段时，才会触发人工审核。也就是说，没有感情的机器审核是作品要过的第一关。

很多人不熟悉这个规则，就卡在了第一关的机器审核上，连到人工审核的机会都没有。所以，我们的标题首先是要给机器看，其次才是给人看。

抖音和头条一样，用户和作品都会被打上相应的标签，然后依据作品标签推荐给相应标签的用户，若受这部分用户欢迎，则会继续推荐。

受欢迎的三个关键因素：完播率、点赞量、评论量。

做原创作品是一件非常痛苦的事情，不仅需要大量的时间、精力，而且需要有一定的综合素养。而实体门店的从业人员，文化水平普遍都难达到大学以上学历，基本不具备创作热门爆款文案的能力，而且门店的运营不可能花大量的资金去投流、上热门、出爆款。那么基于这种现实，我们就需要学会借势。

我们都知道借势的重要性，但是真正能够"实时"把握热点的人少之又少。等到全世界都在发同一个段子再去借势，也就失去了借势的意义。

所谓热点，就是在抖音平台，蹭当下最热门的挑战、爆款贴纸、热门音乐等话题、玩法及事件。通过蹭热点，快速进入热搜流量池，实现同城流量引流，获得更多曝光量，增加内容趣味。

当然，并不是所有的热门话题及事件都贴合自己的品牌风格和门店 IP 的格调，所以，蹭热点要遵循"五蹭五不蹭"原则。

（1）五蹭原则如下。

1）经营范围内的行业热点事件，找到契合点后要积极蹭，标题文案要直接与热点话题或特殊节日的热点相结合，同时推出门店自身的促销政策和优惠方案。

2）符合同城居民喜闻乐见，已经上了同城热搜榜的社会类新闻，从热点话题界面的摄像机图标口直接进入，自动挂话题。

3）商圈话题及时更新跟进，别家非竞品类同行促销话题上热门后，也可以话题搭车抓紧蹭同城流量，共享该话题标签用户的精准流量。

4）社会热点问题，积极正能量的可以蹭。爱国、爱党，军民鱼水情等热点话题，都可以积极跟进。

5）同行非同城竞争对手的爆款视频，可以以合拍方式进行二次创作，进入合拍/拍同款的话题流量池，继续蹭到额外的流量。

（2）五不蹭原则如下。

1）事关国计民生的重大国家政策新闻热点不能蹭（政治敏感，容易触发限流）。

2）涉及法律法规，民生纠纷热点不能蹭（就业难、就医难，负能量情绪传播，易限流）。

3）与自己账号所属行业风马牛不相及的社会热点，哪怕流量再大，也不能蹭（如女装行业的账号蹭食品安全的热点，会影响账号标签，引流的精准度会受到很大的干扰和伤害）。

4）同城突发刑事案件、车祸等惨烈场面的不能蹭（太过血腥或者引起强烈不适引发限流）。

5）尚未定性的一些社会焦点热门问题，**尤其是针对职能部门的内容不能蹭**（个人号可以表达观点，但是门店的账号还是要以销售经营为主，不要代入太多个人的价值观和情绪，**以免引发账号限流封号**）。

除此之外，还有一些挖热点的方法如下。

（1）每天早晨打开今日头条（同城）、抖音的同城榜，上面会更新近两天的同城新闻趣事、娱乐八卦、市井杂谈等，根据你的产品特性找到某一个热点结合写文案，你就能成为抖音同城榜热搜体质。

（2）多浏览微博热搜，微博的人流量相对来说最多，找几个热搜排名靠前的内容，与产品相结合即可，届时你的文案也一定能够得到大家的转发和呼应。

（3）充分利用抖音热点宝。借势的意义在于最快、最新、最精，如果做不到借势借得非常精彩，那我们把握最快、最新也算是一个优秀的文案了。

给大家展示一个 2022 年 9 月 13 日一天内，爆了千万热门的真实的账号案例。热门的力量由此可见一斑，具体如图 1-46 所示。

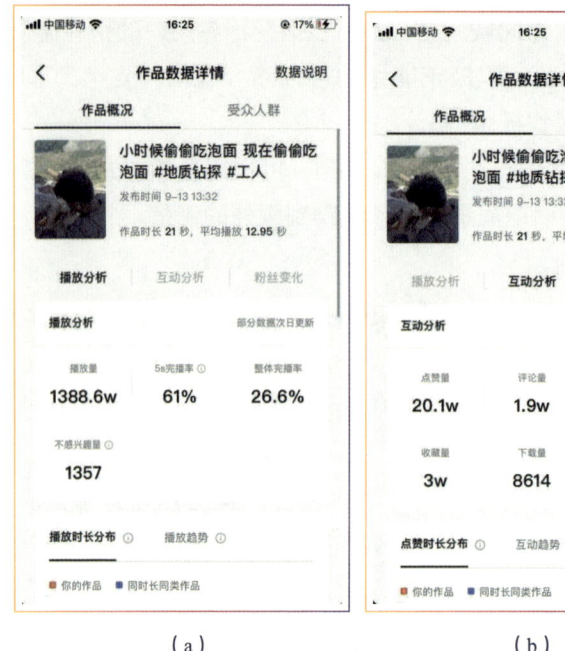

(a)   (b)

图 1-46　借鉴火过的视频二次创作，成为爆款短视频的后台数据

图 1-46 中的视频本身并不是多么出彩，作品时长 21 秒，画面内容就是在农民工施工工地的现场抓拍的几个镜头，且没有剧情、没有对话，就是几个镜头的堆砌。这条视频近 1400 万的播放量、点赞量超过 20 万的原因就在于文案的力量。

短视频标题和文案大字字幕在黄金三秒的时间段里，迅速地抓住了观众的眼球。而且这个文案也不是来自原创，是从高赞高评的短视频文案中直接复制过来的。

图 1-46 中的文案就是被平台大数据验证过的流量文案。它具有共情能力和共鸣效果。这段文案不仅仅体现在标题文案中，也通过大字幕的方式呈现在短视频里，造成视觉冲击，能够更直观地被推送到对应标签的人面前。

而且原来是评论区的高赞评论，被拿来做主文案，遵循人性原则和火过的必然再火的原则，这段文案又一次在这条视频的评论区火了。

这条文案的原创作者已经上过热门，25 万的点赞量已经被验证过是可以火的文案了。里面的交互性和共鸣都已经被真实验证过。那么再用一次的效果呢？

这条素材内容经过新的创作后，远远超过了原创作品。

被拿来作文案的评论如图1-47所示，具体内容如下：

小时候偷偷吃泡面，是幸福。现在偷偷吃泡面，是心酸。以前特别喜欢一个人是美好，现在特别喜欢一个人是孤独。以前谁也看不上是自信，现在谁也看不上是自卑。以前无话不说是开朗，现在无话不说是寂寞……

该短视频的点赞量超10万了，这条评论也获得了5158个赞。由此可见，**激发共情的文字，一定会引起共鸣。**

图1-47　点赞量高的评论

7. 同城门店带货短视频的文案设计建议

完全照搬照抄文案是不明智的，因为观众对套路的了解和熟知是很快的，使观众保持好奇心和新鲜感，一定不是学模板，而是学角度、学逻辑、学思路。

下面几种文案视角的代入感很强，大家可以参考！

（1）顾客视角的探店型文案最火爆。

1）管不住嘴、迈不开腿，又想减肥的姐妹们，必须安利你们这家艾灸体验馆。

2）今天我遇到了这辈子最后悔的事儿！我怎么早不知道这家店，花了这么久的冤枉钱！

3）99元四菜一汤还含酒水？我不信！走，今天我就替你们体验一下！

（2）顾客视角的文案——买家秀分享系列。

1）"真的是后悔死我了！"（精彩画面片段前置，情绪夸张演绎，顾客街采式现身说法）之前老板不断给我推荐，我都不为所动，今天参加这个沙龙我才明白我错过了什么！

2）早一点选择了××品牌的护臀霜，宝宝的小屁股就不会受这么多罪！

3）种草了，种草了，种草了！这次再抢不到我真的要疯了！上次领了试用装，我真是挖到了宝！

（3）店家视角的文案。

1）过分了啊！这就有点儿过分了啊！降价的时候不买，你这是等涨价吗？

2）街坊邻居们，今天老板又喝高了啊！全场酒水免费，夜市8点开始！

3）今天要得罪咱们××市的同行了啊！都是街坊邻居，必须货真价实！今天咱们就扒一扒××里的猫腻！

（4）热点事件关联视角的文案。

××知名演员，罹患肝癌，离开了我们，享年68岁。

1）日常护肝尤其重要（带货护肝产品）。

2）××叔走得太匆忙，没有来得及留下遗嘱，对亲人的最后的爱，应该是一份寿险（保险公司的寿险产品）。

3）悲剧原本可以避免，每年一次系统体检尤为重要（卖体检服务）。

4）少饮酒，不熬夜，多运动（健身房拓客）。

（5）运营视角的文案。

1）要拉完播率。例如，"视频中1分20秒的人是谁，大家知道吗？""熬夜三大好处90%的人都不知道，第三条简直绝了！"（引导看完短视频，提升完播率。）

2）要拉互动，大众共鸣直击痛点。例如：你结婚的装修预算是多少？评论区里留言晒一晒。（家装建材类的精准筛选引流。）

3）要拉收藏、转发。例如，两人同行一人免费，评论区@你闺密，申请免单资格。（拉评论互动，拉转发，拉收藏。）

4）要占据SEO的搜索关键词。例如，在写标题时，根据自己定位的领域，布局一些常见的行业关键词。

自己所在城市+行业领域名词，增加话题搜索的热度。使得算法会将你的短视频推荐更加精准，达到营销目的。例如，#宁波童装、#杭州健身、#南京大排档、#石家庄小烧烤等。

（6）用户心理的视角——不要通篇讲产品。

刷抖音的用户主要以娱乐为主，顺带买买东西。如果短视频拍得像一条名副其实的广告一样，只是复述产品说明书，加上"我家产品就是好"的不断自我表白，是非常容易引起用户反感的。再者，如果让观众烦到直接标记不感兴趣，那么之后你的短视频就不会被推送给这位观众，甚至他关联标签的推送都受到影响。所以，一定要注意产品宣发的比例，要控制好时间和节奏。

短视频面对的是人，因此人是第一关键，而不是你的产品。要先取悦人，才更能传达产品新信息。尊重用户心理也是非常重要的文案处理先决条件。

8. 知名博主的带货脚本逻辑参考

以终为始，形式是为内容服务的。

所有脚本的目的就是为了直播带货，那么所有的带货脚本无外乎去营造人、货、场这三个要素，达到精准用户人群引流，最终实现转化变现的路径。

我们可以从成功者的经验里去发现一些端倪。任何成功其实都是有迹可循的，又或者说是遵循人性，套路使然。

接下来研究一下抖音平台成绩非常厉害的7个MCN（MCN机构是服务于新的网红经济运作模式的各类机构总称，为网红和自媒体提供内容策划制作、宣传推广、粉丝管理、签约代理等各类服务）常用的脚本框架结构。

（1）王七叶（500W 粉丝）。

内容框架：反常 + 反差 + 反转。

脚本结构：爆点前置 + 人物出场 + 油腻事件 + 槽点植入 + 尴尬跳舞收尾。

（2）疯狂小杨哥（7000W 粉丝）。

内容框架：家庭人设 + 整蛊 + 夸张道具 + 停顿冲突。

脚本结构：开门进场 + 反转整蛊 + 吐槽共鸣 + 夸张停顿 + 反转结尾 + 多反转营造。

（3）小鱼海棠（1700W 粉丝）。

内容框架：阐述目的 + 说服拍摄 + 成品展示。

脚本结构：抓帅哥开场 + 寻找过程 + 远处观看帅哥 + 鼓起勇气说服 + 卡点展示成品。

（4）大 LOGO（2700W 粉丝）。

内容架构：同一个形象 + 爆点前置 + 食物悬念。

脚本结构：第一人称对话 + 展示高端环境 + 点菜环境 + 展示食物 + 价格悬念。

（5）狄仁杰探店（825W 粉丝）。

内容框架：情绪吐槽 + 价格展示 + 食用点评。

脚本结构：爆点吐槽 + 与摄影沟通 + 点菜评论 + 客观评价 + 互动引导。

（6）垫底辣孩（1000W 粉丝）。

内容框架：挑战拍摄 + 品牌效应 + 邋遢冲突 + 高级感。

脚本结构：今天要拍的是 + 粗糙道具收集 + 邋遢与高级感的反差。

（7）大蓝（600W 粉丝）。

内容框架：大众话题 + 焦虑引导 + 引导互动。

脚本结构：反认知观点前置 + 讲故事 + 暴躁情绪解答 + 互动结尾钩子。

1.5.3 直播带货——多维度脚本策划

直播间的脚本和话术结构的核心就是两个词：利他和信任。 用户来到你直播间究竟能够获得什么？为什么他需要停留在你直播间，并且还要在你直播间购买产品？你需要把五个点讲清楚：第一，他需要；第二，他喜欢；第三，他买得起；第四，他买得值；第五，他只有现在买得值。每个部分去填充一到两分钟话术，注意不要说废话，没有人喜欢听废话，要做到说的每句话都有目的性、有价值。表达方式一定要直接，不要去高估消费者的理解能力，越简单越好，越直接越好。把你的重点、你的产品亮点突出出来，而且只需要突出一个重点，因为如果一套话术都是重点，就等于没有重点。

1. 直播脚本的重要作用

（1）提高直播筹备工作的效率。

在直播之前，直播运营团队需要事先做好充足的直播规划，不能临近开播才去考虑直播主题如何设置、直播场景如何搭建、相关优惠活动如何设置、直播人员如何分配等问题，这样容易出现人员职责不清、相关细节考虑不周等问题。在开播之前制作直播脚本，能够帮助参与直播的人员了解直播流程，明确每个人的职责，让每个人各司其职，从而保证直播筹备工作有条不紊地展开。

（2）帮助主播梳理直播流程。

直播脚本能够帮助主播了解本场直播的主要内容，梳理直播流程，让主播清楚地知道在某个时间点应该做什么、说什么以及哪些事项还没有完成等，以免主播在直播中出现无话可说、活动规则解释不清楚等情况的发生。一份详细的直播脚本甚至在主播话术上都有技术性的提示，能够帮助主播保持语言上的吸引力，游刃有余地与粉丝进行互动。

（3）控制直播预算。

对于中小卖家来说，直播预算可能有限，可以在直播脚本中提前设计好自己能够承受的优惠券面额、红包金额、赠品支出等，从而提前控制直播预算。

2. 运营带节奏的话术设计

运营过程中，对带节奏的话术设计，要遵循急病快治五原则。

（1）你有病：结合消费场景提出消费者痛点以及需求点。

（2）快死了：放大问题，把消费者容易忽略的地方尽量放大，再结合产品介入。

（3）别害怕：以解决问题为出发点，引入产品。

（4）我有药：提出了产品的卖点和优势之后，接下来要给出非常详细的证据。

（5）赶快吃：压单，成交。

3. 直播实战脚本参考

下面介绍一些直播间常用的实用话术，主要有开播话术、互动话术、成交话术、催单话术、下播话术等。

（1）开播话术。

直播开场，主播一般都会说：欢迎×××（名字）进入直播间；欢迎朋友们来到我的直播间；主播是新人，希望朋友们多多支持，多多捧场哦！这些话术如出一辙，那么什么样的直播话术才能让用户进入直播间后不会立刻退出呢？技巧是让用户知道你发现并关注了他。

所以，在欢迎用户进直播间时，可以点出他们的昵称，并向他们提问，像拉家常一样，先和用户拉近距离。如果发现有老粉丝进入，可以引导对话沟通，形成互动，也有利于吸引其他用户停留关注，也可以与新进入直播间的用户进行聊天互动，同时介绍今天直播的主题与福利。常用开播话术举例如下：

1）欢迎刚来的宝宝，点击"关注"主播，关注达到100人时就发红包（或者右下角点赞到1万的时候就发红包）。

2）欢迎×××（ID名）来到直播间！

3）宝宝们，8点半我们有发红包活动，9点半我们有个10元秒杀活动哦！

4）非常感谢所有停留在直播间的粉丝们，我每天的直播时间是××点—××点，风雨不改，没点关注的记得点关注，点了关注记得每天准时来哦。

5）各位宝宝们，今天开场给大家炸一单，出厂价589元的产品今天给你9.9元炸一单！如果你们觉得主播的这个价格给力，请把"给力"两个字打在我们的公屏上面。

6）欢迎×××大驾光临，你的名字也太有个性了吧，看来是位有个性有故事的老兄。

7）欢迎×××进来捧场，看名字应该是老乡/喜欢旅游/喜欢××游戏的，是吗？（找共同点。）

8）欢迎这位×××进我的直播间，你的名字居然和我以前取过的名字一模一样，我们俩是多有缘分！

9）欢迎×××来到直播间，点击"关注"，关注主播不迷路！

10）欢迎大家来到我的直播间，希望朋友们多多支持，多多捧场！

11）进来的帅哥美女，刷刷弹幕，让我看到你们！

12）欢迎大家来到我的直播间，我是一名新手主播，请支持我20分钟，停留20分钟送300个亲密值！

13）关注我，加入我的粉丝团，立刻活跃你的账号，增加你账号的权重，让你发布作品的时候，更加容易上热门。

14）刚进来的小伙伴，可以等一下后面的朋友，没有点关注的，给主播点点关注。

15）欢迎新来的朋友，不要着急马上走，人间自有真情在，点点红心都是爱，天若有情天亦老，来波关注好不好。

16）欢迎×××回来，每次上播都能看到你的身影，特别感动，真的！

（2）互动话术。

直播开场和观众互动的时候，很多直播新手比较被动，有人问就回答，没人提问就让直播间冷场了。怎么做才能不冷场呢？**主播和粉丝之间你来我往，才能营造出更火热的氛围**。这时候可以利用互动话术吸引粉丝进行评论，深度参与到直播当中。

常用的互动话术举例如下：

1）对粉丝的提问，如果你觉得自己答得不好，可以在直播间向其他粉丝请教，让粉丝帮你回答，回答后可以适当回报一点奖励，提升粉丝的参与感。

2）在直播时，常常提出刚刚给大家分享的小技巧大家学会了吗，你们能听到我的声音吗，这款口红大家以前用过吗等问题。这类发问式抖音直播话术，答案只能是肯定或者否定，观众打一个或两个字就能发言了，主播也能快速得到粉丝的答案，不至于在等答复时出现冷场。

3）类似于"想吃的扣1，想看我吃的扣2"这类选择性抖音直播话术，就是给观众抛一个选择题，答案ABCD都可以，发言成本很低，能够迅速让观众参与到直播互动里。

4）想要的宝宝在评论区扣1。

5）大家扣1，让我看到你们的热情，热情越高我给的秒杀价越低！

6）想看××的刷1，想看××的刷2。换左手这一套衣服的刷1，换右手这一套衣服的刷2。

7）易烊千玺的粉丝在不在？在的话在评论区刷易烊千玺！

8）感谢××哥送的100的小心心，还没停吗？150个了，200个了，哇，完全停不下来！非常感谢。

9）宝宝们，如果你们想要这款产品，把"新粉"两个字打在屏幕上，没加入粉丝团的宝宝们没有参与资格哦。

10）宝宝们，你们想要这款产品吗？如果想要这款产品，把"想要"两个字打在屏幕上面，我们现在开始计算有几个宝宝想要，我们就给到大家几个产品名额。

11）来，宝宝们，我们现在要开始做炸单活动了，在公屏上打666，我们现在要开始9块9抽上衣。在线50人炸第一单，在线100人炸第二单，以此类推，在直播间的宝宝们千万不要离开，今天的福利是你想也想不到的！

（3）成交话术。

1）这款产品之前我们在××已经卖了10万套！

2）我自己就在用，已经用了10瓶了，出差也天天带着！真的特别好用！

3）某猫旗舰店的价格是79.9元一瓶，我们今天晚上买两瓶直接减80元，相当于第一瓶79元，第二瓶不要钱，再给你多减2元，我再送你们雪花喷雾，这一瓶也要卖 79.9 元。

4）老板，你看粉丝这么热情，今天的粉丝都非常信任我们，也非常希望能够多给一点福利。这个产品我们再多送十件行不行，如果行，我们就让工作人员上链接。

5）我们直播间比免税店还便宜！

（4）催单话术。

如果引导下单还不足以让粉丝剁手，在人气旺的时候就可以开始催促粉丝下单了。

1）不用想，直接拍，只有我们这里有这样的价格，往后只会越来越贵。

2）今天的优惠数量有限，只有 100 个，这款衣服这个颜色就只有最后 ×× 件了，卖完就没有了！

3）还有最后三分钟，没有买到的宝宝赶紧下单、赶紧下单，时间到了我们就下架了。

4）这次活动的力度真的很大，您可以再加一套的，很划算，错过真的很可惜。

5）真的是最后两件了，喜欢的宝宝抓紧拍，因为这个系列以后不做了。

6）宝宝们，我们这次活动的优惠力度是今年最大的了，现在拍能省 ×× 钱，直播间还赠送一个价值 ×× 元的赠品，这个赠品也非常好用。喜欢的宝宝直接拍！

（5）下播话术。

1）感谢 ×× 位在线粉丝陪我到下播，更感谢从开播一直陪我到下播的粉丝 ×××、×××（榜单上的，点名就行），陪伴是最长情的告白，你们的爱意我记在心里了。

2）今天的直播接近尾声了，明天晚上 ×× 点 ~ ×× 点同样时间开播；明天会提早一点播，×× 点就开了，大家可以点一下关注哦，各位奔走相告；明天休息一天，后天正常开播。

3）我马上就要下播了，希望大家睡个好觉做个好梦，明天新的一天好好工作，我们下次见。

4）主播还有20分钟就下播了，非常感谢大家的陪伴，今天和大家度过了非常愉快的时光，主播最后给大家抽个奖好不好？大家记得关注我，下次开播就会收到自动提醒信息，我也会想念大家。

5）今天直播间一共进入了××人，榜单有××人在帮忙邀请，第一名邀约了××，比预计的少了一点，我要更努力一点才行。

6）轻轻地我走了，正如我轻轻地来，感谢各位的厚爱！其实不想跟大家说再见，不过因为时间关系，这次直播马上要结束了，最后给大家唱/放一首好听的歌曲，让我们结束今天的直播。

1.5.4　创作灵感的应用技巧

在抖音App的首页点击右上角放大镜，并输入"创作灵感"四个字进行搜索，你会看到相应界面。这个功能是 **AI机器人给每一个抖音创作者的隐形福利。**

在这里，不同账号搜索"创作灵感"出现的页面内容是不一样的。其实，这就是AI根据你日常的浏览抖音内容和你的创作内容进行的标签分析后所做的性向分类。所谓的打标签，在这里其实就非常物化地体现了出来。

创作灵感不仅仅是简单地展现，抖音会根据你的账号内容类型，推荐当前更适合你的创作选题。创作灵感的首页面出现的4个主题，就有可能是你最容易火、最容易成为爆款的作品拍摄方向建议。

比如笔者的第一个抖音账号（图1-48），是服务中国知名的床垫厂商的全国门店抖音培训期间使用的。我不仅搜索相关的内容，还用这个账号进行示范式作品发布。当时抖音给我的账号打的标签一定是和床垫、睡眠相关联的。打开"创作灵感"搜索，果不其然，全部是与床垫和睡眠相关联的推送主题。

而笔者的第二个抖音账号（图1-49），是在给国内知名品牌"才子男装"做抖音培训期间使用的。大量的男装内容的搜索和发布，系统就会默认我的账号是和男装相关联的。同时，我还在做电商方面的运营培训。结果，用这个账号搜索"创作灵感",就是与男装和电商相关的内容了。

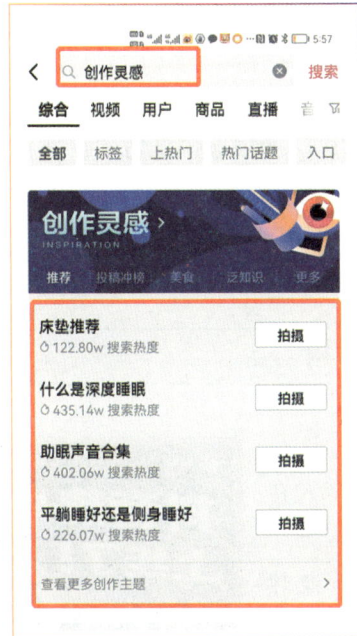

图 1-48　搜索结果 1

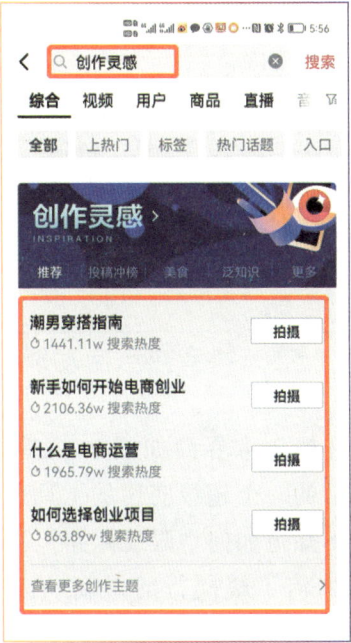

图 1-49　搜索结果 2

能够正确合理地使用"创作灵感"这个功能,就可以依托系统给出的推荐进行相关创作。毕竟是系统给你选的,远比自己瞎猜方向来得更准确。你可以选择比较有感觉的选题,点击立即拍摄并发布,即可获得对应选题内容的流量扶持。

在"创作灵感"栏目如果想查看更多主题,点击主题栏中相应主题,除了推荐以外,还有美食、泛知识、兴趣爱好、时尚美妆、娱乐、游戏、体育、情感心理、旅行、汽车、科技、动植物、家居装修、健康、亲子等 15 个主题类型,你只需要选择感兴趣的主题点击进行查看即可。

同时,还可以在顶部点击"创作灵感"进

图 1-50　投稿界面

行投稿，点开之后出现的界面如图 1-50 所示，这里有相关内容的主题，从这里进行拍摄并发布，就自动参与了比赛，能够获得抖音平台官方的 DOU+ 奖励支持。

除了列出的主题外，还可以继续点击放大镜搜索自己感兴趣的主题，如创意玩法、影集、道具、音乐等当前热门的视频创意方式，选择适合自己的主题使用即可。这些创意方式，不仅能让你的视频内容更加有趣、多变，还能获得官方对应的流量扶持。

1.5.5　抖音热点宝功能的应用

抖音热点宝界面如图 1-51 所示，这是抖音自带的一个超级实用的工具。很多人在创作中不知道如何"眼观六路，耳听八方"；不知道如何了解同行的最新动向、行业热点；不知道如何监控热词；对自己发布的内容存在撞大运的思维，不知道数据可视化的威力。

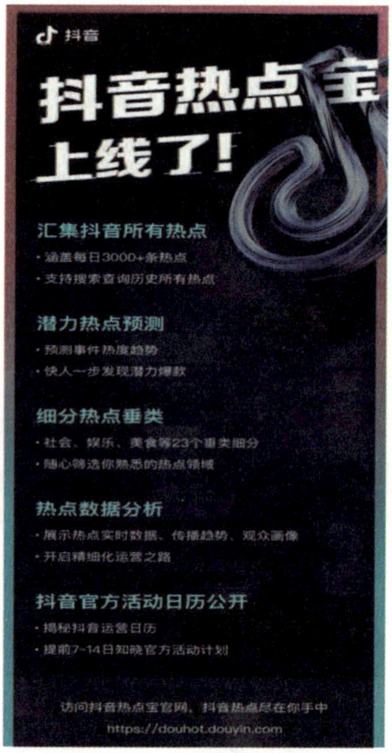

抖音是最大的大数据平台，强大的搜索引擎和大数据检测能力和整理能力都是不容小觑的。那么，我们一起打开热点宝，看看这个神奇的小功能，如何为你如虎添翼吧！

热点宝汇集了抖音当下所有热点，每天有 3000 多条的事件实时更新，并能查询历史的所有热点事件抖音。

图 1-51　抖音热点宝

它应用抖音背后强大的数据技术，显示每个热点的热度值、热度趋势，帮助创作者预判有潜力成为爆款的热点抖音。

此外，热点宝还提供抖音官方的活动日历。可以提前看到抖音官方在未来一两周中，计划重点运营的主题投稿活动，包括活动详情、示例视频等，创作者能够提前策划选题。

第01章
基础入门——手把手教你做直播

目前，抖音热点宝已上线，创作者可以直接在计算机上访问抖音使用热点宝。同时也可以在抖音 App 上关注"抖音热点宝"的同名公众号，还可使用"抖音热点宝"小程序功能。

那么具体如何操作呢？

打开抖音，点击页面右上角的放大镜，然后输入"热点宝"三个字。就会出现抖音黑科技的重要组成部分——抖音热点宝，如图 1-52 所示。点击"抖音热点宝"，进入界面，就会看到热点宝带来的各种超能助力模块了。

首先，搜索并进入热点宝界面，这里选择直接点击进入。首先是"热点榜"的整体数据展示，如图 1-53 所示。在图 1-53 的下方，有四个板块，分别是热点、观测、活动以及我的。在这里可以查看上升热点榜单、同城热点榜、热点总榜，进行热点分类，找到你账号定位的分类，去分类里面查找热门话题。在自己账号的运营里，可以使用这个功能。在这里面最有价值的是话题榜和搜索榜。

图 1-52 搜索"热点宝"结果

图 1-53 "热点榜"展示

其中，话题榜是一个很关键的榜单，在这里可以搜索到同行业的热榜热词，而且还可以了解相关优秀的作品进行借鉴。

选择进入话题榜界面，点击左上角"全部垂类"，如图 1-54 所示。根据自己的行业分类，选择相应项目，并点击"确定"。这时候就会出现你所选领域下面的高赞高热度的话题。这时，可以进行进一步的选择，点击右上角的"近1小时"，如图1-55所示，在弹出的选项中建议选择"近1天"，再点击"确定"，如图1-56所示。这时，出现的就是一天24小时之内的话题的具体热度波段。

图1-54 全部垂类　　　　图1-55 时间分类　　　　图1-56 时间选择

选择最热的话题，自己发布视频时，可以加上#优雅气质、#高跟鞋等，根据你的设置发现高热度话题。关联这些话题，能够增加你所上传视频被推送的概率。

同时，点开这个话题的图标，可以精准地查阅这个话题火起来的真实原因，可以在这里收获相关的信息，优化自己的作品。

通过分析作品的"数据概览"，可以看到视频的综合数据变化。通过该作品的"观众画像"，然后比对自己的作品和后台数据，就能够很直观地找到自己作品的问题和不足，如图1-57所示。更关键的是，当我们点击图1-58所示右上角的"话题详情"，就进入了这条话题的话题池，可以看到该话题的全网播放量是488.7亿次，以及城市情况的分析，如图1-59所示。那么自己的作品进行相关话题的绑定也会多一个流量入口。

第01章
基础入门——手把手教你做直播

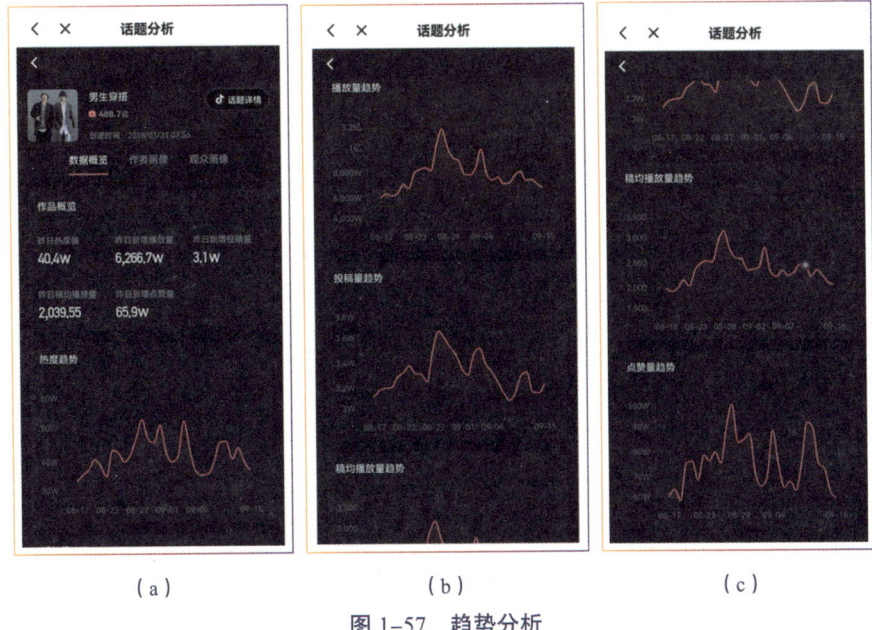

（a） （b） （c）
图1-57 趋势分析

在图1-60的下方，点击"立即参与"按钮，即可发布作品，而且在文案的部分就自动带上了"#男生穿搭"这个话题了。

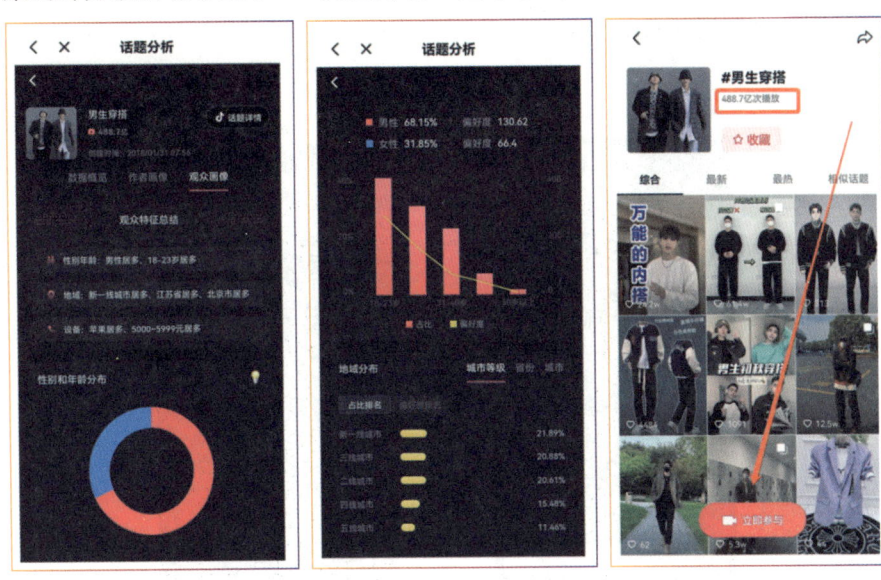

图1-58 观众画像分析　　图1-59 城市情况分析　　图1-60 话题池＆参与投稿

同理，搜索榜的应用，也是采用同样的操作。

103

如果话题榜是观众被动地被话题归集，那么搜索榜就具备了非常强大的主动搜索优势，它的权重也是显而易见的。在话题榜是被动推送，发挥作用的是标签，是平台推送。而在搜索榜里，记录的是抖音平台用户主动搜索的动作，那么，这些动作的发生、频次、时间段都藏着大量的商机和发布的秘籍。

我们经常会看到一些针对视频发布时间的笼统的介绍，比如早晨某个时间段发布什么比较好，中午某个时间段适合发布什么样的主题等。这些介绍不能说没有道理，但是毕竟是大范围内的估测，并不能精准到某一个品类，甚至某一个单品上。

但是在抖音热点宝搜索榜里，就提供了各种探索深层规律的功能。

打开搜索榜，也按照上面的步骤进行垂类归集，并且选择"近1小时"内的数据。接下来，我们希望看到的数据指引就来了。

这个功能可以精准到全天24小时，具体哪一个时间段搜索这个关键词的人比较多。那么与之相对应的就是我们可以根据时间段的热度值发布我们的相关作品，如此一来，我们挂上相关关键词或者话题的短视频就能够被更多的观众看到，从而增加我们的精准触达的播放量。而这些播放量集中到我们的短视频，也会无形中增加我们的账号的标签权重，反哺给账号，吸引更多的精准用户的到来，如图1-61和图1-62所示。

   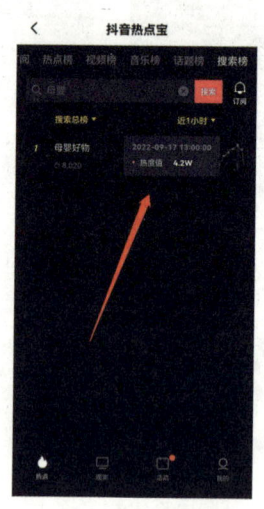

图1-61　选择检测时间　　图1-62　检测最高搜索量时段

1.5.6 总结

找话题本身是一门艺术,希望话题能够吸引观众的眼球,就要深入地研究人性。我们反复探讨关于如何通过内容吸引观众,其实并没有标准答案。南甜北咸、南粉北面,一方水土养一方人。真正做到内容创作可以投其所好并不是一件特别容易的事情,需要日积月累的经验总结和不断的试错,最终找到适合自己账号、适合自己城市、适合自己产品的风格。

内容产出是一件需要不断试错用时间来验证的事情。通用话题类型见表1-10。

表 1-10 通用话题类型

通用话题	类 型
大城市	房价、交通、雾霾
北方城市	暖气、降温、新闻
南方城市	高温、梅雨季节
男孩子	昨天发生的新闻
女孩子	星座
中年男女性	财富、公益慈善、育儿、教育、择校、置业、安全、移民
青年男女	梦想、明星、深造、相亲和择偶、电影和电视剧
外来人口	家、父母和远方

1.6 直播团队打造篇

1.6.1 全面成熟的直播团队构建及岗位职责

一场成功的直播,前提在场、核心在货、转化在人。直播间的人,是成功实现销售转化的最重要的核心力量。因此,直播间的人员分工与搭配组合都尤为重要。一支比较完备的带货直播团队，所需的人员岗位配置以及分工如表1-11所示。人尽其责，物尽其用，团队组合的力量和打法都会让整个直播间的人货场的体系搭建起到事半功倍的效果。

表1-11 直播间人员岗位配置及分工

	主播	活动讲解、产品讲解、高能带节奏 （1台观看手机，登录任意小号）
	副播	（1）回答屏幕区问题 （2）产品展示、辅助讲解 （3）活动演示、引导关注、演示点赞、加关注、演示领福袋、加粉丝团、演示购买流程（1台演示手机，登录任意小号）
直播运营	场控	（1）上讲解 （2）根据销售数据安排讲解顺序 （给主播写提示板随时提示，控制直播间的节奏）
	屏控（管理员/水军）	管理员： （1）刷屏活动信息 （2）黑粉禁言 （3）文字回复部分粉丝的问题 水军： （1）带头和主播互动 （2）提出粉丝关心的产品问题（事先设计好） （3）主动给好评
	短视频发布	（1）发布直播切片视频或提前准备好的视频存在抖音草稿中，每30分钟发布1条 （2）根据爆款视频数据，再临时加拍爆款；或主推款发生变化时临时补拍；或者用视频消重软件临时加戳 （需要1台手机，登录主账号）
	投手	（1）DOU+前半小时投人气（直播间有福利策划的前提下）；后面每小时100元，均投短视频或直播间 （2）Feed组合投放，开场拉人气，中后场跑投产：直播观看、直播间点击、直播间成单

续表

客服	（1）回复客户售前问题 （2）处理售后 （不要让有售后问题的粉丝在直播间带节奏，可以安排兼职直播间管理员）

1.6.2 简单的初创团队（3人）

并不是所有的团队都有很充足的预算来创建一个完备的直播团队，那么对于实施店播的实体门店，在人手有限、预算有限以及利润有限的情况下，如何做好门店的直播呢？

最基础的初创团队只需要3人，也可以将直播做到尽善尽美。

1. 主播（运营型主播）

基本职责：活动讲解、产品讲解、塑造价值、介绍品牌、介绍案例、回复评论等，高能带节奏（1台观看手机，登录任意小号）。如果运营不在，那么运营型主播就要发挥作用，即便直播间只有一个人，也要播。将运营功能最简化处理，具体的职责参照直播运营职责的内容。

2. 直播运营（身兼三职）

要同时关注PC端、2台手机（需要1台手机登录主账号，1台手机登录水军账号）。

运营角色：

（1）后台根据现场的情况，与主播随时互动，安排上小风车、小黄车、小房子等具体的促销链接。

（2）根据销售数据安排讲解顺序（给主播写提示板随时提示，控制直播间的节奏）。

（3）充当管理员的角色，要设置福袋、发红包和分担副播要做的事情。随时和主播做氛围互动，喊场喊麦，增加成交氛围感。评论区随时关注留言、做评论互动。有后台留资或者下单的用户，要第一时间进行相关沟通。

（4）直播间看到有黑粉互动要及时禁言，并且快速刷屏将信息冲掉。

（5）文字回复部分屏幕区粉丝的问题。

（6）随时录屏并截取高光时刻，发布直播切片视频或提前准备好的视频存在抖音草稿中，每30分钟发布1条。

助播角色：

（1）产品展示，辅助讲解。

（2）活动演示、引导关注。

（3）演示点赞、加关注。

（4）演示领福袋、加粉丝团。

（5）演示购买流程。

水军角色：

（1）带头和主播互动。

（2）提出粉丝关心的产品问题（事先设计好）。

（3）主动给好评。

3. 内容运营

内容运营是与各种短视频拍摄脚本创作、短视频拍摄、直播间话术整理等内容相关的工作。确保能够持续制作、编辑及推荐对用户有价值的内容，保证用户可以在产品中获取这些信息。

短视频能够自带成交功能。直播间话术能够起到促成成交转化的效果。

1.6.3　电商部各部门KPI考核表（运营、文案、主播、客服）

（1）短视频运营部绩效目标责任书如表1-12所示。

表1-12 短视频运营部绩效目标责任书

被考核人姓名			考核人姓名		有效期			
被考核人部门			考核人部门		考核期间			
序号	指标类型	指标名称	指定定义（计算公式）	评分标准	目标值	权量	完成值	实际得分	数据提供部门/岗位
1	关键绩效指标KPI（定量）	制作数量	数量	数量大于等于x 条为100分数量大于等于y 条小于10条为80分 数量小于y 条为0分	100	20%			
2		播放量	数值	总播放量不低于××万 要求至少有x条播放量破××万	100	20%			
3		粉丝数	数值	粉丝净增长××万	100	10%			
4		点赞数	数值	点赞总量高于××万 至少x条点赞量破x万	100	10%			
5		意见用户	评价数	意见评价数不低于××	100	5%			
			私信数	意向用户不低于××	100	5%			
			400电话	拨打400电话意向用户不低于××	100	5%			
			官网链接	有效报名不低于××	100	5%			
6	关键胜任能力指标	工作态度	基本素质	①处理问题能力；②沟通能力；③执行力	100	10%			
			日常纪律	①出勤；②提交日报、周报、月报	100	10%			

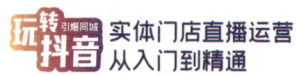

(2) 文案人员绩效考核表如表1-13所示。

表1-13 文案人员绩效考核表

任务指标：本月工作重点		考核周期：1个月		
1	页面停留时间	相关项目或任务		
2	静默转化率	执行能力		
3	访问深度	协作能力/服务性		
4	对工作进度掌握	提高性		
5	全店转化率	KPI值	达成值	

项目	指标	选取原因		衡量标准	A/B/C/D 原则	权重	数据来源	调整条件
1	页面停留时间	文案是否吸引用户	A B C D	待定	A=20 B=15 C=10 D=5	20%	管理系统	待定
2	静默转化率	文案的好坏直接影响沉默	A B C D	待定	A=20 B=15 C=10 D=5	20%	管理系统	待定
3	访问深度	文案是否吸引用户	A B C D	待定	A=25 B=20 C=10 0≤D＜10	30%	管理系统	待定
4	全店转化率	产品描述是否到位	A B C	待定	A=20 B=15 0≤D＜10	15%	管理系统	待定
				合计		85%		

110

续表

项目	指标	选取原因	衡量标准		A/B/C/D 原理	权重	数据来源	调整条件	达成值
5	执行能力	任务响应速度的执行力度	A	取决于日常工作执行力度	A=5	5%	上级评分		
			B		2 < B ≤ 4				
			C		0 ≤ C < 2				
6	协作能力/服务性	团队协作分享共同进步	A	取决于日常工作过程中的团队的协作能力	A=5	5%	上级评分		
			B		2 < B ≤ 4				
			C		0 ≤ C < 2				
7	提高性	改善上个月/季度考核中所存在的问题	A	大部分改进	A=5	5%	上级评分		
			B	改善部分	2 < B ≤ 4				
			C	全部未改	0 ≤ C ≤ 2				
				合计		15%		能力评估分值	

岗位绩效指标	
能力评估分值	总分
被考核者签字	开始日期
考核者签字	结束日期

111

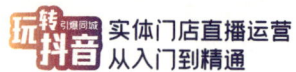

（3）主播月度关键绩效考核指标如表 1-14 所示。

表 1-14 主播月度关键绩效考核指标

姓名：			部门：		职务：		
入职日期：			考核区间：自 年 月 日至 年 月 日				
平台：			月度目标：				

模块	序号	KPI 指标	所占比	详细描述	考 核 标 准	分值	得分
KPI 绩效	1	业绩目标销售数据	40%	业绩达成情况	当月业绩目标达到 100% 或以上	40	
					当月业绩目标达到 90% 及以上	30	
					当月业绩目标达到 80% 及以上	25	
					当月业绩目标达到 70% 及以上	20	
					当月业绩目标低于 70%	15	
	2	直播时长	20%	每日直播时长不低于 4 小时，优秀为 6 小时每月直播时长不低于 26 天，即 104 小时和 156 小时	当月直播时长达到 156 小时或以上	20	
					当月时长达到 104 小时或以上但低于 156 小时	16	
					当月时长低于 104 小时，高于 91 小时	12	
					当月时长低于 91 小时，高于 78 小时	8	
					当月时长低于 78 小时，高于 65 小时	6	
					当月时长低于 65 小时	2	
	3	直播准备	10%	每次直播前准备工作	每次直播前均能 100% 准备到位	10	
					每次直播前能 80% 准备到位	7	
					每次直播前能 70% 准备到位	5	
					每次直播前能 60% 准备到位	3	
					每次直播前低于 50% 准备	0	
	4	直播状况	10%	每次直播时主播是否能按照脚本流程以及突遇直播危机时应变力	每次直播均能 100% 按照流程走以及应变能力强	10	
					每次直播能 80% 按照流程走以及拥有较强应变能力	7	
					每次直播能 70% 按照流程走以及拥有一定应变能力	5	
					每次直播能 60% 按照流程走，应变能力较差	3	
					每次直播低于 50% 按照流程走	0	

续表

模块	序号	KPI指标	所占比	详细描述	考核标准	分值	得分
KPI绩效	5	直播失误	10%	每次直播是否能不冷场且是否有失误次数	每次直播能做到100%不冷场且无任何失误	10	
					每次直播能做到80%不冷场且失误不超1次	7	
					每次直播能做到70%不冷场且失误不超3次	5	
					每次直播能做到60%不冷场且失误不超5次	3	
					直播时出现重大失误1次及以上	0	
	6	直播总结	10%	根据公司整体发展战略，制订部门月度、季度工作计划，定期召开会议总结上期工作	直播总结，工作计划且100%落实到位	10	
					直播总结，工作计划且80%落实到位	7	
					直播总结，工作计划且70%落实到位	5	
					直播总结，工作计划且50%落实到位	3	
					直播总结，工作计划低于50%落实	0	
额外加减分项	7	表扬	额外加分项	月度内个人在工作中有突出表现或进行了额外的工作，可由其直接上级及部门负责人酌情给予一定加分；月度内荐员工在工作中有突出表现或进行了额外的工作，可由部门负责人酌情给予一定的加分		(1–10)	
底薪系数				绩效考核最终得分			
运营评级							
主管评级							

被考核人签字： 直接上级： 部门负责人：

（4）客服绩效考核方案表和客服人员绩效考核表分别如表 1-15 和表 1-16 所示。

表 1-15　客服绩效考核方案表

方案名称	客服人员绩效考核方案	受控状态	
		编号	

一、目的

1. 规范公司网络客服部日常销售工作，明确工作范围和工作重点
2. 使公司对客服部门工作进行合理掌控并明确考核依据
3. 鼓励先进，促进发展

二、范围

1. 适用范围：公司网络客服部
2. 发布范围：公司网络客服部

三、考核周期

采取月度为主的方法，对客服部人员当月的工作表现进行考核，考核实施时间为下月的 1~5 日，遇节假日顺延

四、考核内容和指标

（一）考核内容

1. 服务类
沟通（咨询转化率、平均响应时间、客户流失率）
订单类（客单总金额、有效订单比重、付款比例、退款比例、客单价均值）
其他类（顾客投诉比重、异常订单比重）

2. 管理类
公司监控报表上交及时性、数据真实性、报表完整质量

（二）考核指标数据来源

1. 绩效软件实时监控
2. 绩效管理系统查询，公司主要通过绩效软件查询与核对
3. 公司内部对客服部进行抽查

（三）考核指标

客服人员绩效考核表如表 1-16 所示。部分为 100 分
客服人员绩效考核表（表 1-16）

续表

五、绩效考核的实施		
1.考核分为自评、上级领导考核及小组考核三种,其中小组考核的成员主要是由与服务人员工作联系较多的相关部门人员构成,三类考核主体所占权重及考核内容如下:		
考核者	权重	考核重点
被考核人本人	15%	工作任务完成情况
上级领导	60%	工作绩效、工作能力
小组考核	25%	工作协作性、服务性
2.客服人员考核实施标准		
项目	数据来源	抽查途径	标准答案
专业技能、专业知识	考核表单	公司、部门考试	按公司规定
迟到早退	公司	打卡记录	打卡记录
工作态度	公司抽查、客服主管	模拟接待场景	按公司规定
其他绩效数据	绩效软件	绩效软件	按公司规定

六、绩效结果的运用

1. 连续3个月(季度)评比结合排名,分别奖励300元、200元、100元
2. 月考核评比结合排名后三名,要求客服部主管仔细分析落后原因,针对其落后原因寻找改进措施,并在月工作通报下发后的一周内,将整改方案报公司
3. 公司将视情况对部分客服部经理及主管进行提交改进意见书及以上的处罚
4. 汇总月度考核结果,进行年终优秀员工评比

相关说明			
编制人员		审核人员		批准人员	
编制日期		审核日期		批准日期	

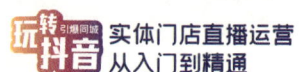

表1-16 客服人员绩效考核表

				考核周期：1个月
任务指标：本月工作重点				相关项目或任务
1	基准点：5个客户投诉KPI×50%，10个投诉KPI为0			零投诉
2	销售额/有效下单付款人			客单价
3	服务质量监测			上级评分(聊天抽查记录)
4	对工作进度掌握			咨询转化率、平均响应时间
5	公司月度业绩指标完成			销售额占比

								KPI值	
项目	指标	选取原因	衡量标准		A/B/C/D 原理	权重	数据来源	调整条件	达成值
1	客单价	销售额/有效付款客户数	A	≥100	A=20	20%	管理系统	下单客户数须大于200	
			B	80≤?<100	B=15				
			C	60≤?80<	C=10				
			D	?<60	D=5				
2	咨询转化率	对工作能力的掌握	A	≥40%	A=20	20%	管理系统	下单客户数须大于200	
			B	30%≤?<40%	B=15				
			C	20%≤?<30%	C=10				
			D	0≤?<20%	D=5				
3	销售额占比	个人月度业绩占比	A	≥20%	A=25	30%	管理系统	剔除病假内业绩影响	
			B	15%≤?<20%	B=20				
			C	10%≤?<15%	C=10				
			D	0≤?<10%	0≤D<10				
4	平均响应时间	对工作效率的掌握	A	60秒内响应	A=20	15%	管理系统	去掉自动回复	
			B	70秒响应	B=15				
			C	超过80秒	0≤D<10				

续表

项目	指标	选取原因	衡量标准	A/B/C/D 原理	权重	数据来源	调整条件	达成值
				合计	85%			
5	执行能力	任务响应速度的执行力度	取决于日常工作执行力度	A=5 2 < B ≤ 5 0 ≤ C ≤ 2	5%	上级评分		
6	协作能力/服务性	团队协作分享共同进步	取决于日常工作过程中的团队的协作能力高低	A=5 2 < B ≤ 5 0 ≤ C ≤ 2	5%	上级评分		
7	提高性	改善上个月/季度考核中所存	大部分改进 改善部分 全部未改	A=5 2 < B ≤ 5 0 ≤ C ≤ 2	5%	上级评分		
				合计	15%	能力评估分值		
岗位绩效指标								
能力评估分值								
						总分		
被考核者签字						开始日期		
考核者签字						结束日期		

1.7 抖音新手必备专业术语查询（依据网络素材整理）

1. 三频共振／四频共振

三频共振，即短视频爆了、直播间爆了、东西卖爆了，三者之间互相影响；四频共振，即短视频、广告投放、直播间、商品四个元素互相影响。

2. 起号 / 冷启动

从 0 到 1，启动一个直播间，并使其能稳定卖出去东西的过程。

3. 算法

抖音系统分发短视频或直播时，采用的计算机制。

简要过程：发布内容 / 开启直播→系统根据标签和权重推送到初始流量池→表现优异，继续推荐到更高级别流量池；表现拉胯，减少推荐或停止推荐。

4. 标签

通常可分为：①基础标签（年龄、性别、地域等基础信息标签）；②兴趣标签（美妆、旅游、汽车等浏览兴趣）；③交易标签（下单商品种类、下单金额、下单频次等标签）。

5. 权重

短视频 / 直播间流量层级，权重越高，其初始层级就越高。

影响短视频权重的三要素：完播率、互动率、转粉率。

影响直播间权重的三要素：平均停留时长、互动率、UV 价值。

6. 养号

玄学养号：没有任何数据或事实依据，故弄玄虚，认为可以通过小手段提升新号的权重，99% 是无效的。

正确养号：模拟真实用户的正常行为，刷视频直播、评论互动等，告诉系统我是一个正常的账号，不是灰产非法号。

7. 限流 / 断流

被关了小黑屋，限制推送流量甚至不推送流量。

8. DAU/MAU

日活跃用户 / 月活跃用户。对于活跃的标准目前存在分歧。抖音自称平均每天使用抖音时长超 76 分钟的用户为活跃用户。

9. 直播推荐 / 自然流量

直播间出现在推荐页 + 直播广场中。

10. 直播广场、直播 feed

直播广场：抖音首页点击左上角"直播"按钮或是在直播间点击"更多直播"刷到的页面，相当于抖音"直播"频道。

直播 feed：直播间出现在推荐页。

11. 付费流量

广告买来的流量，可分为随心推、巨量千川、品牌广告、搜索广告等 N 种。

12. 达人相似

投放广告时，选择投放给指定大 V 的粉丝，一次最多可以指定 20 个抖音号。

13. 莱卡定向

投放定向中，选择行为 + 兴趣定向。

14. ROI

广告消耗 / 广告直接销售金额的比值。

15. ATV

直播间平均在线人数。

16. GMV/LTV

GMV：直播间销售总金额。用户在你这儿买一次东西是 GMV。

LTV：用户终身价值。用户这辈子都在你这儿买东西是 LTV。

要从 GMV 思维过渡到 LTV 思维。

17. CTR

点击率。没加前缀，通常指直播间的点击率；也可以指小黄车点击率。

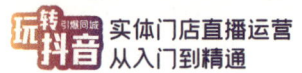

18. CVR

转化率，即直播间成交人数/直播间观众人数的比值。

19. UV（价值）

通常指直播间销售总金额/直播间总观众人数的比值，即平均每人下单金额。

20. PCU

直播间在线人数最多的数值。

21. GPM

直播间 GPM：平均每 1000 个观众下单的总金额，常用来衡量直播间卖货能力。

商品 GPM：单个商品，平均每 1000 个观众下单的总金额，常用来衡量该商品是否为爆款。

22. 憋单/放单

憋单：让一堆人在你的直播间等着买东西或是抢福利。
放单：又称打单，即喊完 54321，让大家赶紧去抢。

23. 选品/组品/排品/过品（过款）

选品：例如一个早点铺，选择卖豆浆、油条、包子，不卖面条、烧饼，叫选品。
组品：例如豆浆 2 元，油条 1 元，豆浆+油条一起卖 2.5 元，叫组品。
排品：例如先卖豆浆油条，卖完了才卖包子，叫排品。
过品：例如有人买了豆浆，问一句要不要买油条，可以优惠 5 角钱，叫过品。

24. 话术

主播/助播说的所有话都可称为话术。按功能可分为停留话术、互动话术、产品话术和逼单话术等。

25. 人设

人物设定，即赋予人物的身份、性格、爱好、代表符号等。

26. 直播切片

直播的同时，不断地拍摄并发布直播现场的短视频。

27. 蓝 V/ 黄 V

企业认证的抖音号为蓝 V，个人（专家大 V）认证的抖音号为黄 V。

一般来说，认证号和普通号在权重上无差别，但在功能上蓝 V 比黄 V 多。

28. 抖音小店

在抖音上开设的店铺，对应是营业执照，一个营业执照能开一个店，可以卖营业范围内的商品。

29. 商品橱窗

在抖音号上开设的带货工具，对应的是个人身份证。

一个身份证可以开一个橱窗，可以卖自己小店的东西，也能卖精选联盟里的东西。

30. 精选联盟

你有商品，且想找人代卖，卖出去了才给佣金，链接你的商品和达人的地方，即精选联盟。

31. 音浪/抖币

抖音虚拟货币，10 音浪 =10 抖币 =1 元人民币。

32. 福袋

官方提供的抽奖工具，分抖币福袋和实物福袋。

奖品是抖币的，即抖币福袋；奖品是手机等实物的，即实物福袋。

33. SKU

Stock Keeping Unit，一款产品就是一个 SKU。

34. DSR

卖家服务评级系统（Detail Seller Rating）也叫店铺体验分，与抖音小店挂钩，主要考核商品、服务和物流情况。

35. 口碑分

与抖音号挂钩的 DSR。

36. 挂铁 / 大头娃娃

挂铁：在直播间，挂了虚假的机器人叫挂铁。

大头娃娃：系统推送来的假人，往往都是大大的宝妈头像，统称大头娃娃。

37. 粉丝 / 粉丝团

关注抖音号的粉丝叫粉丝，关注抖音直播间的粉丝叫粉丝团。

粉丝团需要氪金才能加入，并且提供了各种方便氪金的特权及荣誉展示。

38. 抖音电商罗盘

抖音小店后台，是用来专门看数据的板块。

第 02 章

基础运营篇

2.1 抖音变现方式

2.1.1 拥有粉丝 ≠ 实现盈利

账号总粉丝量及销售额对比如图 2-1 所示。其中,步凡好物的总粉丝量 590 人,近 30 天场均销售额为 371 万元。

疯狂的柒弟(三只羊授权),总粉丝量 1657 人,近 30 天场均销售额为 217.8 万元。

莉竹好物(一元包邮),总粉丝量 677 人,近 30 天场均销售额为 99.8 万元。

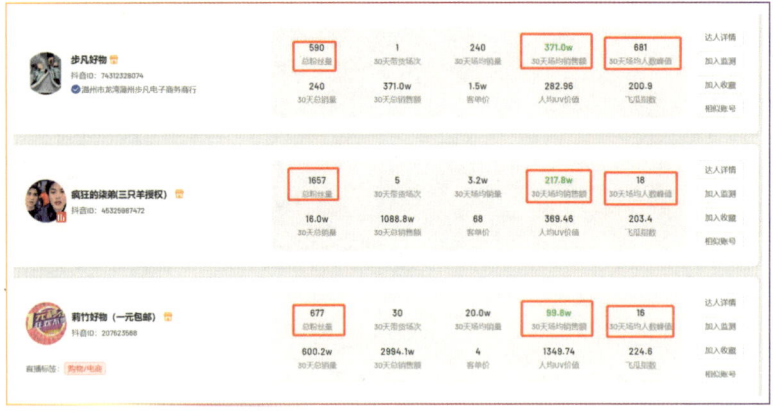

图 2-1 账号总粉丝量及销售额对比

其实如果我们不把目光集中在大主播的直播间里,会看到很多总粉丝量并不高的直播间在创造着惊人的销售额。这就是我们常说的"闷声发大财"。

总粉丝量大的账号不等于一定产生匹配的带货量,粉丝数量并不是流量变现最重要的环节。在这个瞬息万变的互联网时代只有通过精准的数据分析,更加注重精细化运营,包括直播业务的基础设施建设、提高活跃直播的主播总数以及可观看的内容市场,同时合作更多供应链,让人与货的匹配效率更高，才可以实现稳定的流量变现。

首先，不是所有的人都是内容创作者，尤其是实体门店的老板，术业有专攻，我们拍不出那么多的剧情短视频，员工可能也没有那么强大的表演能力和拍摄能力。

最关键的逻辑在于短视频账号的粉丝和直播间的粉丝并不是一样的人，存在两种不同的属性。如果我们没有天赋，也不可能短时间内变成短视频高手，更不可能花大价钱去雇佣专业团队来做这件事情，那么我们就认清事实，用最平和的心态来完成我们店播的学习。

2.1.2 抖音平台内部变现方式

直播带货盈利模式和变现路径无外乎以下三种。

（1）商家合作模式，其实就是广告推广。

通过和商家合作，在自己的直播间带货商品，获取推广费，就是我们常常听到的坑位费（推广代言费）。品牌方通过这种方式打广告，增加品牌知名度，抢占市场份额，触达精准用户。而**品牌方其实更多的是寄希望于直播间成交后的二次复购，在意的是直播间产生交易后的用户数据和市场份额**。

直播间的福利费用和坑位费是品牌方视作市场营销推广的费用。虽然包邮和秒杀款看似会赔钱，但品牌方将其视作以货抵广告费的形式，将成本核算纳入获客成本中。一单真实购买的福利品/秒杀品可以带来一个市场上真实的产品用户，为后续的追踪营销提供可能。付给大主播的坑位费被视同广告费，主播在直播中为品牌方打广告，而且直播后还有广告效应和传播效应。商家付费请大主播做专场，提供秒杀款和福利款，实际上是将市场费用、营销费用用在了直播途径上的一种营销行为，并不吃亏。

我们熟知的很多知名主播都主要是以商家合作带货为主。

特点：考虑到商品的推广效益，采用商家合作模式的品牌方一般会选择有一定粉丝基础和流量的账号来进行合作。

（2）纯佣金模式。

纯佣金模式是通过直播带货他人的商品，根据成交来获取佣金的方法。

大部分素人主播，从精品联盟里面选品，就是这种纯佣金模式。直播间推广产品，没有任何坑位费和推广费，只是产生销售后，会获得佣金的收益。就像是不用进货的推销员一样，推销成功挣佣金。推销不成功，就是白白替品牌方宣传。

特点：这是目前人人都能选择的直播带货模式。因为不需要营业执照注册、不需要交巨额的保证金（只需交纳 500 元信誉保证金即可，随时可退）、不需要有店铺、不需要找货源进货、不需要管物流发货及不需要负责售后。只要成交，就能收钱。因此这种纯佣金模式也是大行其道，只要**开通商品橱窗功能，就能添加商品至直播间，基本上无风险、无投资，是普通人最容易进入的领域。**

（3）实体门店带货模式，也是本书重点探讨的模式——实体门店店播。

直播带货可以卖别人的东西，也可以卖自己的商品。自有品牌的自播和实体门店的店播都是基于自己有店铺、有实体的事实。

特点：**这种直播带货盈利模式不仅可以为自己的店铺增加销量、获取利润，还能通过直播带货获取带货佣金！**

2.2 直播间粉丝运营

弄清楚短视频粉丝和直播间粉丝了，接下来的事情，其实就变得非常轻松简单。路径也非常明确。

抖音以内容为流量分发的主要逻辑，按流量集中算法分发。简单概括就是"物以类聚，人以群分"。

我们举个例子：假设 A、B 和 C 是同一类人，他们有相同的喜好；如果 A 和 B 点赞（喜欢）了某条视频，理论上 C 也会喜欢它。反过来，如果 A 和 B 看到某条视频后没有点赞（喜欢），那也不应该把这条内容推荐给 C。

在这种推荐算法下，算法不必知道某条内容是什么，只需要看到某一群人都喜欢这条内容，就可以把这群人归到同一类人里。所以，在这种推荐算法里，它的机制如下。

（1）喜欢了相同内容的用户被打上了相同的标签。

（2）当某条视频被该类人群的部分人喜欢后，系统会把这条内容推荐给具有该标签的其他用户。

你发布的内容是直接跟用户"对话"的，只有用户看懂了，愿意分享了，你的内容才能被更多的人看到，用户是整个内容传播过程中非常核心的因素。而在抖音中，与你"对话"的对象不再是用户，而是算法。你要先让算法理解你的内容（其实是你），才能把你的内容分发到正确的用户面前。

如果你的内容没有被算法识别，那么即便你笃定内容非常优质，它依然没有机会跟用户见面，甚至会出现"一条非常优质的机械键盘测评视频被推荐给亟须买支口红的女孩子"的尴尬场面。

2.2.1 深度挖掘粉丝画像

1. 抖音直播间的粉丝入口渠道

抖音直播的粉丝流量主要有以下三个入口，从这三个粉丝流入的入口出发，做到精准运营。

（1）短视频。当我们的视频上热门以后，别人刷到我们的视频时，就可以看到我们正在直播，可通过这个入口进入到我们的直播间。因此想做好抖音直播，结合抖音短视频的流量逻辑养号是必不可少的。

（2）同城附近的人。当我们开直播后，会向直播定位附近的人进行展示，所以附近的人会进入我们的直播。抖音的同城入口，主打距离社交。同城中的直播间，主要规则是：

1）基于同城内直播达人热度（打赏、观看人数、互动频次综合得出）。

2）基于社交距离（越近，越容易推荐给你）。

一般来说，城市里看抖音直播的受众会相对较多一些，如果主播在小城镇等地方做直播，不妨使用虚拟定位软件改变一下直播间定位，到抖音受众人群相对密集的地方更容易引流。

（3）直播广场。在直播广场中就可查看到所有的当前正在直播的网页，点击页面中对应的图表就可进入其中的直播间。

2. 粉丝人群分类分析

粉丝的相关数据在创作者服务中心（个人号）/企业服务中心（企业号）中可以找到，粉丝数据如图 2-2 所示。

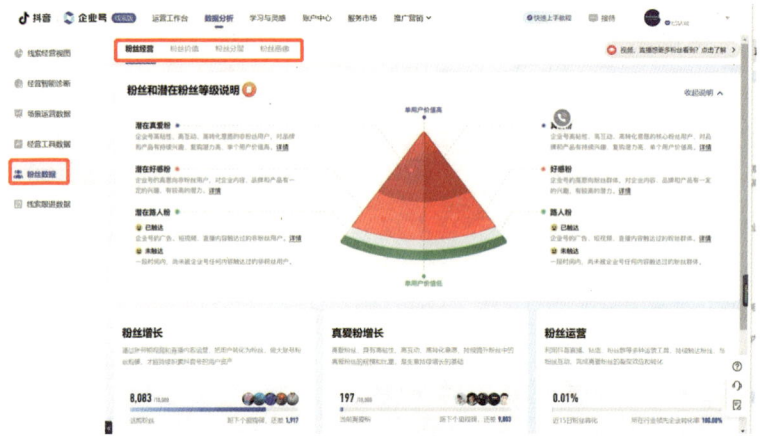

图 2-2　粉丝数据

在企业号的 PC 端，有着非常丰富翔实的数据分析模块。而且非常轻松的傻瓜式指引服务。这部分的分析非常贴合门店经营。在手机端，也可以登录进行相关的数据分析。企业号的后台里面，展示的数据如图 2-3~图 2-7 所示。

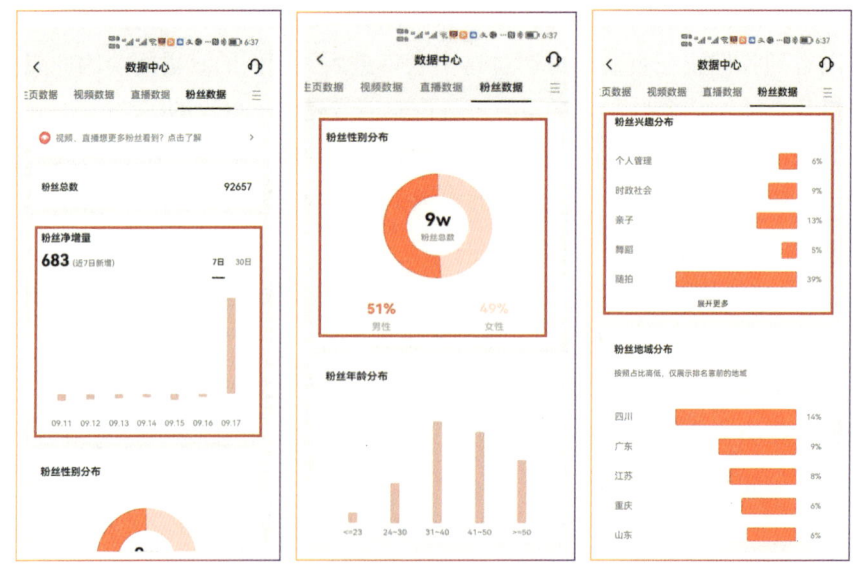

图 2-3　粉丝净增数据分析　图 2-4　粉丝性别分布分析　图 2-5　粉丝兴趣分布分析

128

图 2-6　粉丝年龄分析　　图 2-7　粉丝地区分布分析

按照图 2-3—图 2-7 中的详细指引，就能够非常精准地分析自己账号的问题所在。

做好粉丝画像的分析，才能精准地分析我们直播间的粉丝。我们希望吸引哪些人来，到底哪些人才具备变现能力，我们要针对粉丝的画像标签进行内容整合，才能投其所好，从而吸引更多的粉丝进入我们的直播间，才能更好地变现。

我们对于粉丝价值的判断，可以通过这一个公式准确地表达出来，即

品牌价值 = 粉丝数 × 平均购买力

研究直播间的粉丝画像，就是要精准地判断，有针对性地运营。

3. 粉丝运营六大驱动力

社交网络中有六大驱动力，分别是荣誉驱动、利益驱动、关系驱动、事件驱动、地域驱动和兴趣驱动。运用好这六大驱动力，粉丝必然运转良好。

基于同城实体门店，我们要放大地域驱动这个因素，基于门店的辐射半径，将同城用户引流到实体门店进行转化。在短视频或者直播间里将这六大驱动力发挥极致，逻辑其实可以如下设计。

（1）针对荣誉驱动，直播间里要引导直播间的用户关注主播，亮粉丝

灯牌进粉丝团、进群，并进行福利的领取。而且福利款只针对粉丝团成员进行销售发放。强调挂粉丝灯牌，就有专属卡牌了，昵称前有粉丝团卡牌的，就是一种荣誉，而且牌子前有粉丝级别的数字，也可以在互动成交中强调，只有咱们带着粉丝牌且等级是3级以上的粉丝才能进入高级粉丝群，享受更高的福利回馈。这样进行粉丝的漏斗沉淀，可以增强交互性和黏性。

（2）针对利益驱动，就是定时不定量地在直播间里推出秒杀款、福利款，而且可以发动直播间许愿种草，第二天直播兑现呼声最高的产品的方式进行深度捆绑，人为制造开播急速流和直播间自动推送的急速流进行叠加，拉升直播间的权重。

（3）针对关系驱动，其实就是深度利用抖音算法的推荐机制。在我们刷抖音时，你会经常看到一个作品的作者IP昵称上面会出现"您的朋友点赞过、有可能是你的好友、你们有××/××等4个共同好友等提示。那么这就意味着基于你的社交关系，不同权重层级的关联，这些作品被推送到你面前。包括我们经常听到的鱼塘起号等方法，都是强调的社交关联及自然流属性。

（4）针对事件驱动，有很多典型的案例。例如，2021年郑州水灾，面临破产还要倾家荡产捐赠物资的鸿星尔克，引发全网买空鸿星尔克的爱国购物热潮的案例，网友们席卷鸿星尔克直播间，就为集体表达对于爱国品牌的支持。当时鸿星尔克事件愈演愈烈，网友甚至点名一些名人网红，导致包括小米的雷军在内的大咖级人物都在微博发布购买穿戴鸿星尔克的图文，以示对爱国品牌的认同和支持。抖音上经常会出现大量的强推引导式的事件营销，带动了很多品牌搭车产生强烈购物风潮案例。能够合理引导网民的情绪，进而激发购物热情的案例也不胜枚举。

（5）针对地域推动，这个是同城实体门店最应该得心应手的事情。抖音有同城榜，每天都有同城的各种热点事件和新闻话题。点开放大镜的图标，进入的界面就是抖音热点榜的界面，拉到最下面，点击"查看完整热点榜"，就找到了抖音热榜的全部榜单，如图2-8所示。点击"同城榜"，就能看到当日的同城的热点话题，如图2-9所示。在拍摄短视频或者直播时，多与这个话题关联，也会带来相应的自然流量。

第 02 章
基础运营篇

图 2-8　查看完整热点榜

图 2-9　同城热点话题

（6）针对兴趣驱动，这是最后一个，也是最关键的一个驱动力。抖音是兴趣电商，每个用户都会有后台打上的标签，自己的内容与之匹配，也会带来相应的流量推送。因此，自己账号的标签与粉丝用户的兴趣标签的匹配，会带来对应的自然流量推荐和付费流量的精准推送。

"兴趣电商，通过将商品内容匹配兴趣用户，形成发现式消费。"这句话一定要牢牢记住，这是我们在兴趣电商领域做成交转化的核心逻辑。

如何弄清楚自己账号的标签呢？有以下几个方法（图 2-10—图 2-15）。

（1）创作实验室，查看是否有同类型作者，推测精准度五颗星。

（2）抖音热点宝，选择账号观测，查看粉丝感兴趣的是否是同类作者，精准度五颗星。

（3）用小号登录，去大号主页倒三角，查看是否有同类作者，精准度四颗星。

（4）通过创作灵感，查看系统推送是否是赛道选题，精准度三颗星。

图 2-10　创作实验室　　　图 2-11　标记相似作者　　　图 2-12　选择账号标签

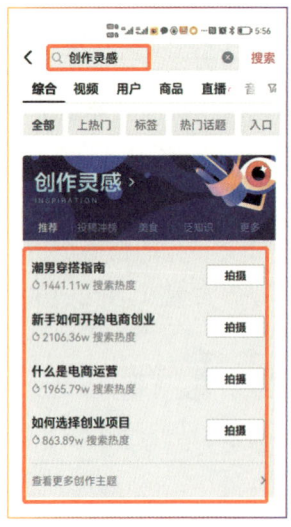  

图 2-13　创作灵感　　　图 2-14　对标账号　　　图 2-15　抖音热点宝

2.2.2 吸引粉丝的直播内容有什么特点

1. 具备趣味性

某抖音用户账号如图2-16所示,这个账号明显地具有吸引女粉的能力。该账号的粉丝画像的视频观众特点如图2-17所示,直播观众特点如图2-18所示。

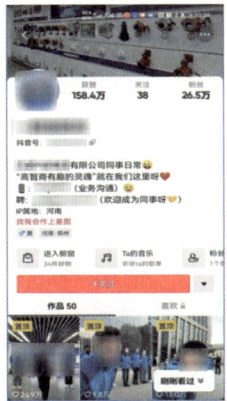

图 2-16　某抖音用户账号

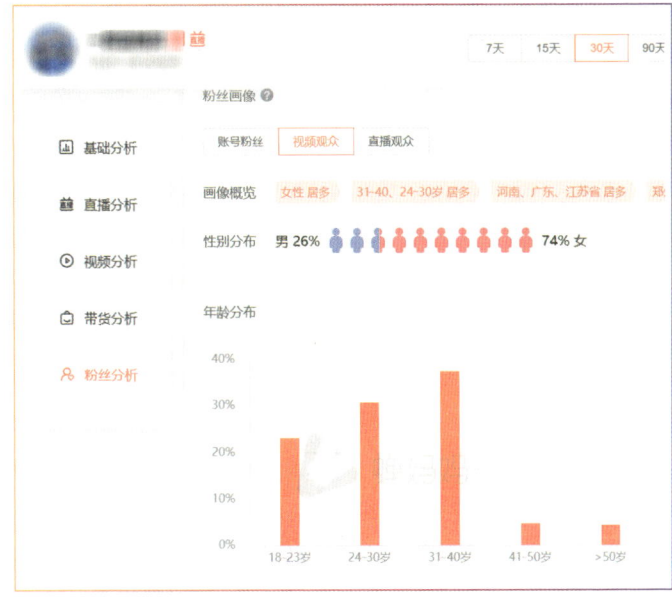

图 2-17　视频观众特点

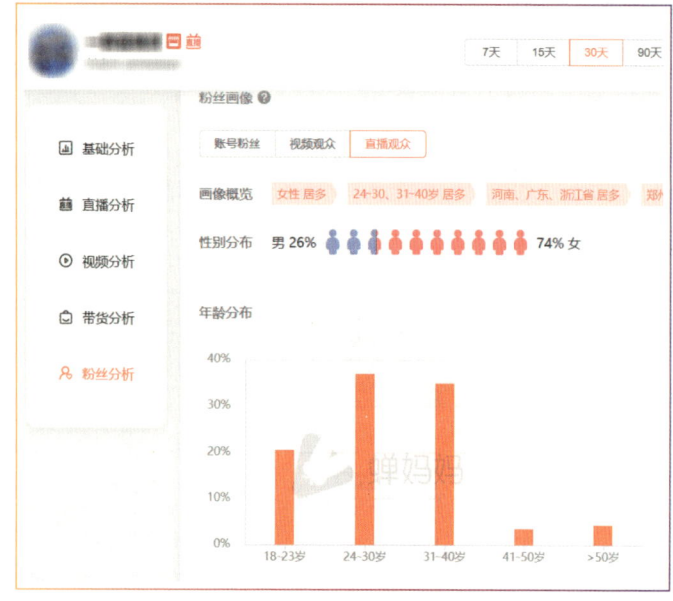

图 2-18 直播观众特点

通过图 2-17 和图 2-18 中的粉丝分析，可以看出这个账号的视频观众和直播观众都是女性居多。但是问题关键在于，这是一个工业品厂家的账号。工业产品厂家的账号都带货。**女性粉丝集中在 24～40 岁，是明显的优质购物粉丝群体，非常具有变现价值。**

这个账号的标签是"网络帅哥"。内容非常幽默风趣、定位精准，目标是吸引女性粉丝的关注。无论是短视频还是直播，都非常精准地吸引了目标人群。

2. 具备专业性

我们再来看一家国内知名家居建材类品牌的直播间，这个直播间的短视频粉丝画像和直播间粉丝画像存在明显差异。视频观众女性居多，而直播观众男性居多，该直播间的视频观众和直播观众特点分别如图 2-19 和图 2-20 所示。

这个账号的粉丝特点恰恰符合购物习惯。女性四处搜寻、种草，找到各种方案、各种品牌来作为备选。直播时，让自己的老公来做最终的决策。就像汽车用户的账号一样，女性只负责挑车的颜色和造型，而考察参数、性能的却是男性。成交动作在直播间，因此，直播间的男性粉丝数量会多于女性粉丝数量。

女性，打探消息，搜集情报；而男性，瞅准时机，立刻下手。

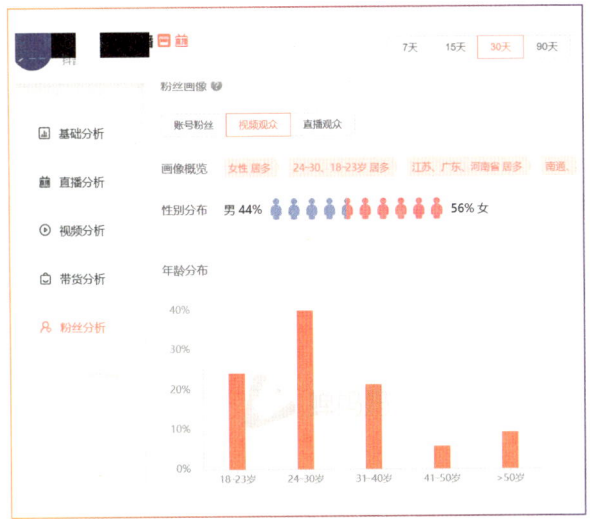

图 2-19　某家居建材直播间视频观众

其实，越是涉及专业性强的产品，尤其是偏耐销品的产品，其直播间一般男性居多。而越是涉及零食、美妆、衣服的产品，其直播间一般就是女性的战场了。

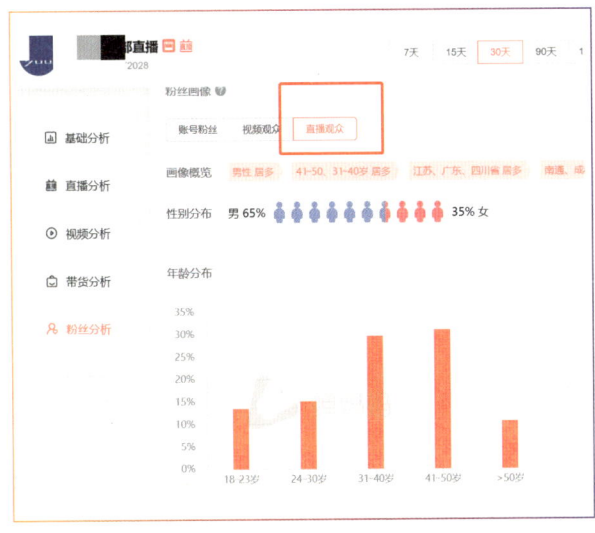

图 2-20　某家居建材直播间直播观众

3. 具备互动性

互动性好的直播间会产生大量的购买行为或者打赏行为。

比如娱乐为主的某直播间，其视频观众以 31 ~ 40 岁的男性为主要粉丝群体。互动性极强，主播不带货，只挣礼物的钱，每次直播的礼物就非常可观。这个账号的用户画像也非常清晰。

该类直播间的带货为 0，赚的是打赏的钱，如图 2-21 所示。

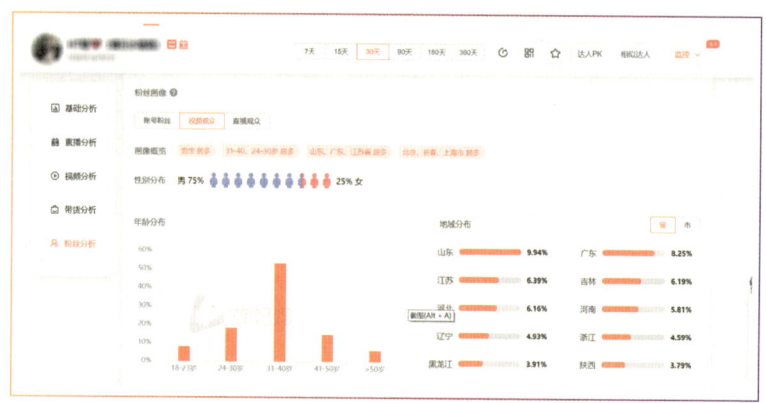

图 2-21　某个以娱乐为主的直播间

某个以售卖酒水为主的直播间，其粉丝几乎 90% 都是男性，因为其产品决定了其用户群体基本以男性为主，如图 2-22 所示。

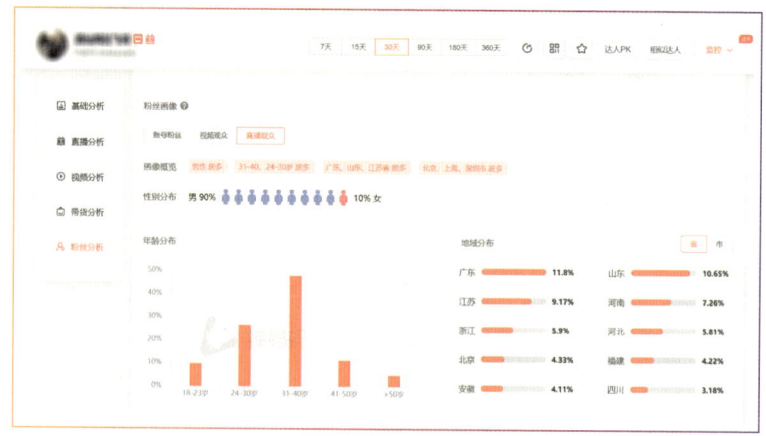

图 2-22　某售卖酒水直播间

该直播间的产品以酒水为主，必然会吸引男性。而且，该直播间互动性很强，男人们之间唠嗑聊酒，真的是男性荷尔蒙超足的阳刚级的直播间。强互动又将直播间的画像梳理到了极致。该直播间的基础分析如图 2-23 所示。

图 2-23　某售卖酒水直播间基础分析

2.2.3　提供粉丝喜欢的直播内容

直播间要提供粉丝喜欢的直播内容，同时内容也要和自己门店的产品精准地结合在一起，才能进行有效的销售变现；否则，就是热热闹闹一场直播，并没有什么销售。

不同类型的直播间，有着不同的粉丝定位和内容定位。

1. 追求轻松快乐：搞笑、吐槽、脱口秀

例如，属于该类型的某抖音账号，其视频内容中融入剧情、日常吐槽、各种金句，搞笑又蕴含人生哲理。以强烈反差的搞笑女兼名媛的身份，妥妥地拿捏了一大票的粉丝。其粉丝分析如图 2-24 所示。

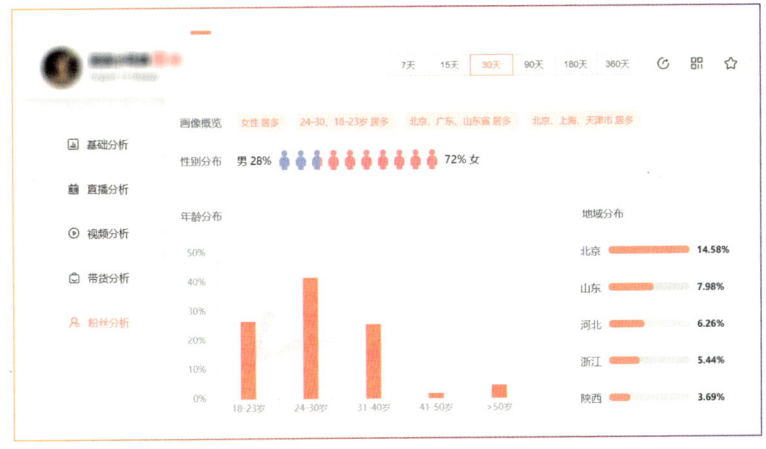

图 2-24　该抖音账号粉丝分析

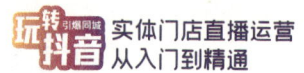

2. 追求视觉享受：展示高颜值的人与物品

这种类型的直播存在一定的风险，容易吸引来大量的男性粉丝，而无法完成销售转化变现的动作。例如，曾经出现的以驾校知识课堂为主要内容的某账号，引发了海量的男性用户的关注，但是，后台的销售转化并不理想。采用这种方式进行吸睛的账号，要慎重使用。

3. 利用好奇心理：揭秘、访谈、八卦

这种类型的短视频账号或直播间，吸引的都是泛粉，内容涉及同城八卦话题、本地生活新闻、张家长李家短等。**第一时间发掘本地精彩话题，会最大限度地触达本地的用户**。目前此类做到亿万级粉丝以及亿万级播放量的账号，就是"四川观察"，此账号开始以本地的各种奇闻趣事、八卦题材为主，到后来从四川观察发展为四处观察，成功将本地用户拓展到世界用户的量级。

4. 提升自我价值：教学、健身与减肥

示范案例——刘畊宏的健身减肥直播间（同城的健身房可以参照这样的模式，到城市的广场进行户外带操直播，以及健身房定时带操直播互动）。

5. 解决生活问题：情感咨询、身体健康

这种类型的账号大多是同城的婚介机构、同城交友机构，以女性群体为主要用户人群。该账号可以从直播间引导到线下沙龙，进行后续多产品成交转化。

6. 取得心灵共鸣：传递正能量，展示爱暖萌

该类账号大多为展示正能量的同城爱心账号，比如救助流浪猫狗的账号。直播间进行救助过程的追踪跟进，可以联合宠物医院、萌宠用品以及狗粮和猫粮的销售门店进行相关直播，导流效果非常明显。

7. 追求时尚流行：服饰介绍、化妆展示、好车推荐

这类账户对于主播本身要求比较高，要求有服饰搭配的审美素养，化

妆的技能技巧，或者对于汽车本身的专业知识。所以，这类主播如果做门店直播，那一定是门店里专业知识最扎实且非常有表现的员工。而且，**特别推荐由门店的老板或者老板娘来做这件事，其原因：从创业起家出发，老板和老板娘本身一定是聚焦这个领域深耕的专家，专业知识、经营的经验都是最丰富的，而且大部分实体门店的老板都是白手起家创业，有着非常扎实的基本功，打造门店团购本地生活的同时，也是在打造自己的个人IP，所以，这个对专业知识要求比较高的类目，建议老板或老板娘亲自上手。**

8. 展示格调情怀：小清新、优雅生活、怀旧、美文

这类账号适合咖啡馆、茶馆等小资文艺引流，而且适合展示各种自拍、摆拍的场景，配合经济划算的引流套餐，会引得文青小资们趋之若鹜。

9. 粉丝喜欢消费：种草、开箱、测评

这类做得最好的就是**火爆全网的探店账号，这类账号以参观者的视角进行体验式的切入，直观地介绍体验过程，能够抓住顾客的眼球。以探秘、验证、试错等理由进行精准人群的吸睛转化，效果非常好**。实体门店，尤其是自己不会拍短视频的实体门店店主，可以通过抖音来客 App 进行相关的达人邀约，来为你们的门店进行拍摄或者直播引流。

2.3 直播带货三要素

直播间正在成为各大品牌卖货的新战场；而直播带货正在成为今天商业世界中一个重大的机遇。这些主播网红的成功看似轻而易举、毫无含金量，但很难复制。他们不是单打独斗，而是背后有强大的团队支持；自身也在传统销售行业积累了很多经验；最重要的是风口来了，他们能牢牢抓住，并且日夜不停地拼命闯出来一条血路。大家都是普通人，不要认为他们的成功太轻松。

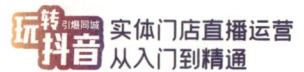

能不能像他们一样一战成名，请思考从这些新事物上需要学些什么。

2.3.1 人——什么人适合做主播

电商主播与秀场主播完全不同，电商主播以带货为目的，在直播间展示商品，促成交易。电商主播具有以下特点。

（1）能说，会说，爱说。
（2）有专业性，给人信任感。
（3）有一定销售技巧。
（4）有亲和力，接地气。
（5）能控场带节奏。
（6）内心强大，心态好，不会崩。

主播的直播要具备引导力、感染力，主播要能把控好节奏。对直播的产品具备提炼卖点的能力，并能根据实际的情况进行调整、强化互动、优化直播间话术。能与粉丝产生强交互，带动氛围感、憋单、压单、促成交、强转化。和我们的实体门店经营类似，不过，面对面的顾客变成隔着屏幕的 ID 账号，要让我们的<u>导购人员成功转型店播主播，必须长期锻炼他们的镜头感和网感，能够对着手机镜头产生强交互的沟通氛围</u>。这一点是需要长期训练培养的。一开始没有感觉，也没有什么问题，可以逐步在实践过程中寻求答案。

2.3.2 货——怎么挑，卖什么

与主播相比，货品同样重要，好的供应链能在保证质量的基础上最大限度地实现盈利。

（1）新主播可以根据自己擅长的领域挑选货品。
（2）选择评分不低于 4.7（抖店评分）的货品。
（3）价格有竞争力的货品（为了吸引更多人到店购买，可以增加低价高品质的到店领用产品，在直播中塑造价值感，诱使粉丝预约到店。同时，在直播时也可以互动，利用"种草"许愿的方式收集方法，做粉丝强需求

品、高赞品的设置，形成有效竞争力）。

（4）货品要丰富，多品类（清仓款、折扣款、引流款、上新款等，一定尽可能地满足进入直播间不同需求的粉丝，让他们在直播间尽可能多地找到自己的需求契合点，愿意付费或者留资，被我们成功引流到店，做留存转化）。

（5）适合开直播的货品（互动性强、性价比高）。

2.3.3　场——直播场地的重要性

直播间可以是实体门店店铺、工厂厂房、库房货仓、农场果园、达人探店走播等。直播电商是通过直播的形式进行卖货，无论选择何种场地、何种样式，最终的目的还是电商。因此，如何更好地展现主播和产品也决定了直播间成交的难易程度，不同的直播平台有不同的规则和玩法，在此基础上，直播间场地的设置也异常重要。而对于实体门店而言，最直接、性价比最高的直播间就是自己的实体门店。如何将自己的实体门店进行相关的直播间改造也尤为重要。

2.4　直播运营的复盘能力

2.4.1　流量来源获取

关于流量的获取逻辑，尤其是同城直播间的自然流量的获取逻辑的精髓是什么呢？

很多人看完直播大盘会产生疑问，为什么自然流量没有增长？自然流量的影响因素是精准的新用户在流量渠道的转化效率。

第一，标签要精准，而不是泛人群。

第二，要新用户而不要老用户。所以老用户成交过高会影响新流量推荐。要想办法在老用户购物后进行私域播转化，确保直播间的新鲜血液的存在。

第三，流量渠道是自然流量，自然只能通过自然推荐进行扩容（这里是指渠道，而不是指直播间的整体数据）。

第四，转化效率，也就是流量效率，这个在后台的直播数据大屏可以看得到，如图2-25所示。

所以自然流量获取要满足以上四点。总体上来说，就是渠道数据影响渠道流量的获取，自然流量增长过慢，去复查一下这四点。如果想要快速做投放，那么无论是随心推还是千川素材直投，直播间其他的短视频在有优势的情况下，自然流量承接要点就只有两个，即速度与激情。

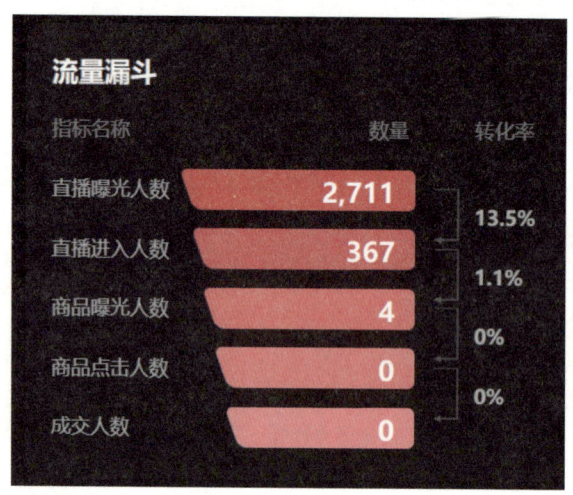

图2-25 转化率

2.4.2 留资类直播复盘数据表

留资类的直播不同于带货类直播，其销售数据转化明显。那么针对留资类的复盘同样要回顾整个直播流程，并列出犯错点，找重要节点及总结优点。留资类直播复盘数据表如表2-1所示。

表2-1 留资类直播复盘数据表

视频序列	曝光量（场观数）	互动率	互动量（评论数）	涨粉率	涨粉量	咨询率	咨询量	导流率	导流量（实际到店）	直播间导流比	停留时长	核算DOU+成本（Ecpm25元）
5月3日直播	1364	0.88%	12	33.33%	4	50.00%	2	100.00%	2	0.15%	2103	13.64
5月4日直播	8693	0.29%	25	48.00%	12	50.00%	6	100.00%	6	0.07%	2156	28.98
5月5日直播	14653	1.15%	169	33.14%	56	107.14%	60	60.00%	36	0.25%	2109	8.14
您的直播		#DIV/0!		#DIV/0!		#DIV/0!		#DIV/0!		#DIV/0!	根据转化率	
参考数据		不低于10%		不低于3%		不低于3%		低于80%				不投流不用考虑这个位置的数据
根据数据自查		直播间话术是否有用、有兴趣、有共鸣，主播的互动性、表现力、语言逻辑，留人的话术、憋单的话术等，继续优化人货场，服化道，重点优化主播话术		直播间所展示出的持久价值是否激发了用户短期内考察、购买的欲望，点赞关注、收藏加入比价备选方案之一，点关注号定位及直播间的引导策略		直播间话术设计没有明确的引流，直播间的政策同存在问题、激发顾客购买欲望，进行详细的介绍		门店的IP弱，打电话确认邀约时候的客服的沟通存在问题。要优化到店政策的诱惑力度，复盘优化没有成功转化的电话沟通话术			平均停留时长过低，优化主播留存话术	

143

续表

自己计算	曝光量（场观数）	互动率	互动量（评论数）	涨粉率	涨粉量	咨询率	咨询量	导流率	导流量(实际到店)	直播间导流比	停留时长	核算DOU+成本(Ecpm25元)
直播场次1	680	3.24%	22	72.73%	16	37.50%	6	83.33%	5	0.74%		2.72
直播场次2	5000	5.64%	282	50.35%	142	6.34%	9	88.89%	8	0.16%		12.50

2.4.3 带货类直播复盘数据表

带货类直播的复盘要回顾整个直播流程，列出犯错点，找重要节点及总结优点。下面给大家提供了直播复盘表，帮助大家能够根据数据变量，进行全维度的直播数据复盘。

抖音直播复盘表如表 2-2 所示，涵盖了全部团队应该关注的综合数据指标。

表 2-2 抖音直播复盘表

数据概览	账号		开播日期	2022.11.11	开播时长	8小时	直播时间段	下午1点
	观众总数	13000人	付款总人数	92人	付款订单数	204	销售额/元	3065.40

直播内容质量分析			
直播吸引力指标	关联因素	问题记录	复盘结论
最高在线人数	167人	流量精准度 选品吸引力 产品展现力 营销活动力 主播引导力	（1）男性占比下降20% （2）B款还不错 （3）过款的节奏可以快进 （4）是否提供运费险的解答	（1）信息展示吸引人，直播商品展示充足 （2）目前产品以 A 和 B 为主
平均停留时长	0.8分钟			
新增粉丝数量	683人			
转粉率	5.25%			
评论人数	571人			
互动率	4.39%			

直播销售效率分析			
销售效率指标	关联因素	问题记录	复盘结论
转化率	0.71%	流量精准 产品给力 关联销售 直播展示 主播引导	UV 价值太低，需要通过产品的选品和定价来设置过款顺序	重新优化产品组合
订单转化率	1.57%			
客单价	33.32			
客单件	2.22			
UV 价值	0.24			

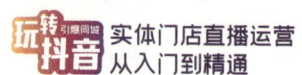

单品销售数据分析表如表 2-3 所示。

表 2-3 单品销售数据分析表

品名	购物车序号	直播间浏览量	直播间点击量	单品点击率	支付订单数	单品转化率	支付GMV	单品UV价值
A		9000	689	7.66%	30	4.35%	298.50	0.43
B		8000	2000	25.00%	153	7.65%	2534.00	1.27
C		6710	234	3.49%	14	5.98%	108.90	0.47
D		5683	52	0.92%	1	1.92%	69.00	1.33
E		5683	74	1.30%	1	1.35%	9.90	0.13
F		698	11	1.58%	1	9.09%	9.90	0.90
G		4532	76	1.68%	1	1.32%	9.90	0.13
H		2347	32	1.36%	1	3.13%	9.90	0.31
I		536	8	1.49%	1	12.50%	9.90	1.24
J		4231	31	0.73%	1	3.23%	5.50	0.18

单品分析与建议：
1. 除了第一个留人链接，其他的链接操作一致，其目的是不要引入变量，方便选品
2. C 和 H 没有讲解过，有自然成交，数据也不错。可以增加到选品中去

综合优化建议（执行任务）：
1. 直播时间贴纸问题：测试解决
2. 重点拍摄短视频的款
3. 秒杀 5 分钟一轮，其实有 10 分钟，衔接扣尺码 +111+ 同意好评扣好，拉互动
4. 开始在线 200 人没留住，因为秒杀的节奏太快。应该倒计时的时候直接过款
5. 可以延续的地方：每一轮多次提醒重新扣 666 报名秒杀活动
6. 直播方案中，要确定留人款 + 主推款
7. 主播重点塑造价值讲解产品卖点 + 辅播重点带节奏促单

直播流量优化分析表如表 2-4 所示。

表 2-4 直播流量优化分析表

流量来源	占比	人数	问题记录	复盘结论
视频推荐	11.02%	1573	（1）开始 200 人在线留不住，快速下跌 （2）四频共振起来了	（1）通过计时器 （2）要重视短视频拍摄发布
直播推荐	84.95%	12131		
其他	2.89%	412		
关注	0.88%	126		
同城	0.27%	38		
付费流量总数		73	一开始豆荚投不出去，去掉贴纸才投出去了	直播间画面不能出现营销样的贴纸、卡片等信息
DOU+ 短视频		0		
DOU+ 直播间		73		
Feed 直播间				
自然流量总数		12927		

短视频内容优化分析							
视频链接	完播率	播放量/获赞/评论/分享	总播放量	视频导流人数	视频点击进入率	分析与建议	
11.13 11:25C: 4 秒/15 秒	4.77%	1415/4/0/0（3 星）	65576				
11.13 11:29 爆款 A: 2 秒/23 秒		8172/8/0/0					
11.13 11:35 爆款 A: 2 秒/10 秒	3.13%	2822/4/0/0					
11.13 11:43 爆款 A: 2 秒/8 秒	5.95%	51382/61/0/0（5 星）					
11.13 11:49 爆款 A: 2 秒/9 秒	3.80%	1785/6/1/1（3 星）					

2.4.4 如何进行直播复盘，提升业绩增长

直播复盘流程

第一，要看账号定位是否清晰：简介、视频内容、封面、直播间场景、人设等。

第二，从人员分工的岗位责任制上来复盘：①主播复盘需要关注脚本、话术以及捧场的能力；②场控要关注整个流程设置、选品、排品、视觉效果以及各种重要数据维度；③运营要关注引流视频发布、投放效果；④助理要关注后台的操作及配合。

第三，要看直播规划是否清晰，每天开播场次、开播时长和开播时间是否合理。

第四，要找直播间短板，复盘多个关键指标的数值，如图2-26所示。

图2-26　复盘的关键指标

（1）互动率低，要复盘直播间脚本，重新重点优化主播话术。

1）写单品脚本时，要写的内容包括商品链接号码、商品名称品牌信息、商品原价、直播间福利到手价、优惠力度、赠品情况、库存情况以及产品卖点等。

2）看看话术问题具体出现在哪一个环节。

直播间的后台数据大盘是可以观测到每一个时间段的直播波段变化的，不同的时间段出现的直播间峰值人数波动与主播的话术有很大的关系。这里面，要跟着直播脚本进行比对，核对是哪个环节的话术出了问题。

（2）平均停留时间低——关注流量变化趋势、流量承接能力，优化主播留存话术。

直播间平均停留时长是衡量直播间水平和质量的重要指标。**停留时长越长，越有助于直播间获得更多的自然流量。**

直播间拉长停留时长的关键因素是主播，主播要针对观看粉丝设置规则，及时和打赏的粉丝互动，增进与粉丝间的感情，延长粉丝的停留时间。除此之外，主播在介绍产品时，要体现出自身的专业度，针对性地讲解后，再让助播上链接，引导大家抢购，没有抢购的同学就让他在直播间多停留，抢到的概率就会加大，以此来为直播间拉长停留。

（3）涨粉率低——账号的定位不精准、不聚焦，导致即便使用有效的方法引流成功，但是只能暂时激活我们的直播间，关键在于，如果自身的硬实力不够、知识储备不足，那么便无法持续产出内容，若没有可以激发用户长期关注的欲望，则依然无法涨粉。

第五，要复盘直播间流量：查看流量漏斗、流量来源，分析流量来源情况。

第六，看直播间商品，优化排品策略。

第七，看直播间互动情况。

第八，看同时段优秀同行的带货情况。

第 03 章

抖音本地生活直播模块——实体门店同城号运营操作指南

随着抖音的业务发展规模不断地扩展，抖音生活服务成为生活服务商家经营服务新阵地。

截至 2022 年 3 月，抖音生活服务的合作门店超过 70 万个，目前服务的门店所在的城市覆盖了全国一半以上的城市。2022 年 1 月，抖音生活服务 GMV（交易总额）对比去年同期增长了 234 倍。

为更好地支持生活服务商家经营，2022 年 3 月，生活服务商家专属经营平台"抖音来客"上线。

3.1 抖音来客是什么

抖音来客是为生活服务商家搭建的经营平台，在该平台中绑定抖音账号即可实现团购商品发布、客流数据管理等功能。抖音来客可以助力商家成长，致力于为商家提供一站式经营服务。主要提供了以下服务。

1. 门店管理

快捷入驻，轻松上手。抖音来客优化了入驻流程，新商家入驻后可以认领门店、管理信息和图片、上架商品，按照新手任务的指引，快速完成新手必备技能，帮助商家轻松入驻。

2. 账号管理

账号体系更完善，权限配置更灵活。抖音来客支持品牌连锁商家设置分门店账号，并支持多种账号身份，不同账号分配不同权限，行使不同职责。同时，账号关联抖音账号，进行直播、短视频带货商品，可以让商品与用户高效匹配。

3. 信息管理

消息分类更清晰，极速送达不延误。抖音来客对系统消息进行精准分类，使信息查找更加便捷；并支持短信等触达方式，重要信息不错过。

4. 数据管理

经营数据有看板，数据集中不迷路。抖音来客聚合多个数据看板，集中展示直播、短视频观看、带货数据、订单交易流水、用户数据分析等多维业务数据，帮助商家做好数据洞察，经营效果尽在掌握。

5. 用户管理

商客互动更深入。抖音来客支持商家针对用户评价进行回复，有助于建立用户与商家的联系，良好互动助力更好经营。

6. 订单管理

收益明晰，快速到账。抖音来客订单明细清晰，用户完成团购消费体验后，商家可以通过扫码或输入码的方式核销团购券，收益快速到账。

抖音来客 App 的功能如表 3-1 所示。

表 3-1 抖音来客的功能

门店认领	一键认领线下门店，让你的门店分享 6 亿日活
团购活动	可以配置团购优惠券，获得更多同城流量，线下引流
子母员工号	主账号可以配置多个员工账号权限，不用担心员工流动导致账号损失
平台活动	平台每个月都有扶持活动，享有更多流量
数据看板	从视频直播到门店营销，为商家提供集成式的经营数据看板，经营结果一手掌握
结算开票对账	结算开票对账一站式管理，程序安全
营销工具	入住即可在直播间发放更多团购福袋，助力涨粉订单爆表
撮合平台	提高达人撮合能力

第03章
抖音本地生活直播模块——实体门店同城号运营操作指南

抖音来客可以帮助商家提升线上经营能力，实现生意的创新增长。**本地化生活服务是抖音平台上线的一款线上营销工具，主要服务于餐饮、娱乐、酒店、旅游等本地生活商家，支持外卖服务和到店核销两种类型。**

商家通过蓝 V 认证后创建团购套餐，并在短视频或直播中推广团购信息，或是在抖音团购小程序上面投放，以此获取更多的流量转化。

不管是不是达人，都可以挂套餐链接，即商家认领 POI 和设置优惠套餐后，利用高质量的视频进行推广，然后引导顾客线下核销。顾客到店消费后引导客户拍摄（相当于客户自己的朋友圈，拍的角度不同，有上热门的可能性），实现二次引流。可以送客户礼品，或者是以打折方式引导客户拍摄。

抖音来客中本地生活业务开放类目有：汽车维修保养，孕婴童摄影，旅拍，婚纱摄影，婚纱礼服（婚纱/礼服、中式礼服、西式定制），水疗，熏蒸，推拿，刮痧，拔罐，艾灸，鲜花绿植，洗浴按摩（系统直接操作报白）。

抖音来客分为计算机版和移动 App 版本，PC 端的网址为：http://life.douyin.com/p/，登录界面如图 3-1 所示。

图 3-1　抖音来客 PC 端登录界面

抖音来客手机端 App 可以在各大应用商店中下载，其手机端下载界面如图 3-2 所示。

153

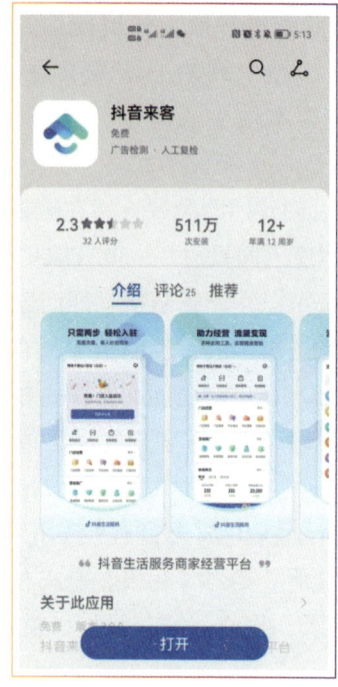

图 3-2 抖音来客手机端下载界面

3.2 抖音来客入驻流程

3.2.1 抖音生活服务商家资质要求及入驻流程

1. 资质要求

（1）入驻主体应为在中国内地地区注册的个体工商户或企业。

（2）入驻主体经营范围及经营时间在营业执照规定经营范围及经营期限内。

（3）售卖商品和服务包含在招商类目（后文标出）范围内，且具备相关资质。

（4）商品及服务必须符合法律及其行业对应的国家规定。

（5）**所有资质需提供原件或扫描件及加盖公司公章的营业执照复印件**。

2. 入驻流程

第一步，登录官网注册。

在手机应用商店中下载抖音来客 App 或者登录 PC 端抖音来客官网进入抖音来客，然后注册账号，即可进入门店认领流程。

第二步，完成认领门店并提交资质。

（1）单店商家：认领单店，PC/App 端均可操作。

首页点击"入驻抖音门店"→"认领单店"，进入门店搜索页搜索需要认领的门店，并确认门店信息。选择门店后，进入"提交资质"页，按提示上传资质材料及信息，并提交审核，流程如图 3-3 所示。

图 3-3　认领单店流程

（2）单门店商家：**认领连锁店，在 PC 端操作（不要在 App 端操作）**。

登录 PC 端抖音来客官网（https://life.douyin.com/p），点击"入驻抖音门店"，选择"单门店商家"，如图 3-4 所示。

图 3-4　选择"单门店商家"

选择"单门店商家"后，进入如图 3-5 所示界面，进行门店搜索。

图 3-5　搜索门店

如果你的门店已经在高德地图上认证过，那么就会显示在搜索结果中，直接点击进行认领即可。

而如果你申请的门店类型不属于已经开放的本地生活经营类目，也会在后面备注出暂未开放的字样，提醒你目前暂时无法入驻抖音来客系统。

如果你的门店并不在搜索的结果中，就会出现如图 3-6 所示的"没有找到门店，去新建"的提示信息，这时就需要进行新门店认领。

第 03 章
抖音本地生活直播模块——实体门店同城号运营操作指南

图 3-6　未找到门店

如果搜索结果中出现未认领的门店，则直接点击门店即可进入认领。这时如果没有其他异议，就可以点击"确认"， 如图 3-7 所示。

图 3-7　确认认领的门店

如果门店的信息需要修改，那么就点击"修改门店信息"按钮，进入修改页面，完善相关的信息，如图 3-8 所示。

157

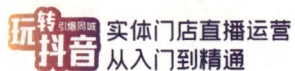

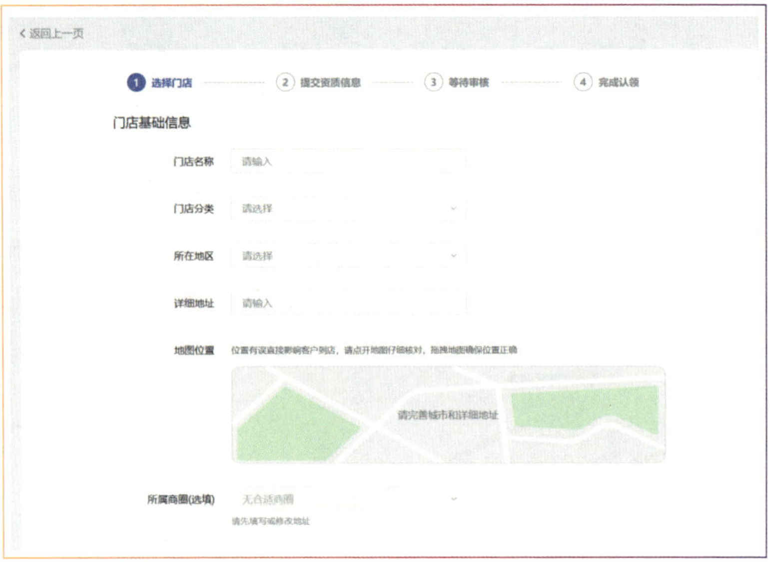

图 3-8 完善相关信息

填写门店基础信息，如图 3-9 所示。

图 3-9 填写门店基础信息

如果确认无误，点击"确认"按钮后等待平台审核即可。

如果你的门店并不在搜索的结果中，就需要进行新门店认领。

第 03 章
抖音本地生活直播模块——实体门店同城号运营操作指南

点击"新建店铺"按钮后，就可以进入如图 3-10 所示的提供营业执照界面。

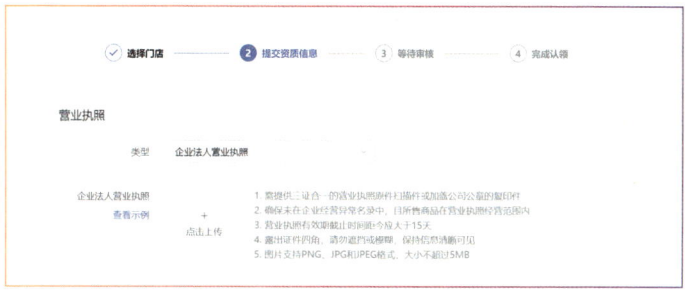

图 3-10　提供营业执照

提供相应的行业资质信息，如图 3-11 所示。

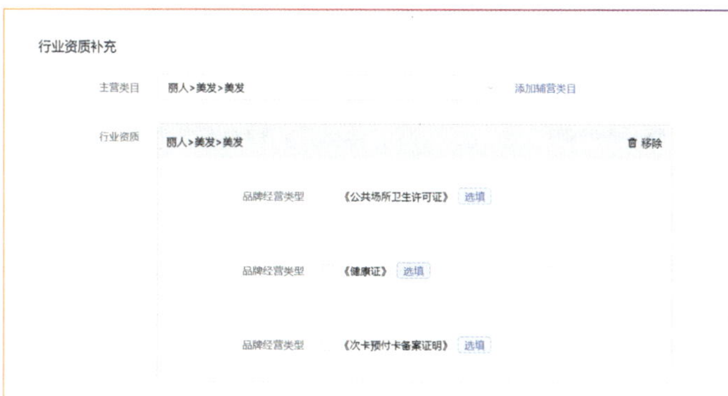

图 3-11　行业资质补充

提供法人实名信息，如图 3-12 所示。

图 3-12　法人实名信息

159

提供营业执照照片、行业资质补充、法人实名信息等相关资料后，点击"提交"后等待平台审核即可，如图3-13所示。

图3-13　等待平台审核

可以在首页查看"审核详情"，审核进度将会以短信的方式进行通知。若审核没通过，可以按提示修改信息后再次提交申请；若审核通过，门店入驻成功。

当完成认领后，就可以直接登录账号进入店铺管理界面了，如图3-14所示。

图3-14　店铺管理界面

第三步，绑定收款账户及绑定抖音号。

（1）绑定收款账户。

结算与提现更便捷：绑定收款账户后，即可对已核销收入进行结算或提现。

多门店管理更轻松：连锁门店收入结算可灵活选择，归属公司账户或实际核销门店账户。分门店账户可变更或解绑。

（2）绑定抖音号。

平台支持门店或公司绑定其唯一抖音号，即代表该门店或公司主体在抖音平台的官方身份。成功绑定抖音账号，即可获得"蓝V标识""内容营销""团购推广"等权益。

3.2.2 资料准备

（1）营业执照要求四角完整、照片清晰、三证合一，企业无经营异常。
（2）实名认证信息。
（3）行业资质。例如，餐饮业须提供食品经营许可证或餐饮服务许可证；住宿业，须提供公共场所卫生许可证、特种行业许可证或备案登记证。
（4）法定代表人或经营证件须提供法人身份证正反面，法人手机号及验证码。

营业执照和法定代表人/经营人身份证资质说明如表3-2所示。

表3-2 相关资质说明

基础资质	资质说明
营业执照	（1）需提供二证合一的营业执照原件扫描件或加盖公司公章的营业执照复印件 （2）所售商品在营业执照经营范围内 （3）距离有效期截止时间应大于15天 （4）证件须保证清晰、完整、有效
法定代表人/经营人身份证	（1）需提供身份证照片正反面 （2）身份证需使用二代身份证 （3）证件须保证清晰、完整、有效，支持彩色/黑白扫描或复印件（黑白色复印件/扫描件均需本人签字+手印） （4）企业需提供法定代表人身份证，个体工商户请提供经营者身份证 （5）需提供有效联系方式 （6）法定代表人或经营人未被列入失信被执行人名单

3.2.3 经营规则

1. 履约规则

在如今的信息时代，顾客的体验和口碑是决定企业生死的关键要素。

只有顾客体验好，才会产生口碑传播、复购、忠诚度提升、人均消费提升等对商家长久经营利好的行为。

基于对顾客投诉原因的梳理，平台确定出三大影响顾客体验的商户行为，分别是不接待、商户服务与产品内容不符及拒开发票。

2. 交易规则

商家在平台苦心经营，都希望持续有好的经营业绩产出。然而一旦涉及交易违规行为，例如刷单、刷评等，过往的所有努力都可能付诸东流。生活服务商家在学习常见的交易违规问题后，即可远离红线，长期有效经营。经营千万条，合规第一条，合规有道，经营提效！

3. 直播规则

目前抖音直播已经成为商家的带货利器，然而直播不规范，断播两行泪！商家辛辛苦苦一番策划，一定要避免因不经意的违规行为被断播和限流。学习直播当中的高频违规行为，才能提前避坑。

4. 价格规则

价格是影响用户购买意愿的关键因素，那么在发布商品时，价格一定不可以随意填写。关于商品的定价原则也需要商家提前了解。这些问题不注意就会变成价格欺诈。学习价格合规指南，规范经营。

线上经营准备

3.3.1 如何通过抖音来客获得更好的经营效果

门店认领成功后且绑定了收款账户的商家可以发布团购商品，可以由抖音生活服务业务人员帮忙开通团购商品，也可以联系业务人员协助发布团购商品。

第 03 章
抖音本地生活直播模块——实体门店同城号运营操作指南

团购商品发布流程如下。

手机端入口：

进入抖音来客 App 首页→点击上方"商品管理"后进入团购活动列表，点击"创建商品"按钮，即可创建一个新的团购商品，按照提示创建成功后，即可上架并进行售卖，具体过程如图 3-15 ~ 图 3-20 所示。

  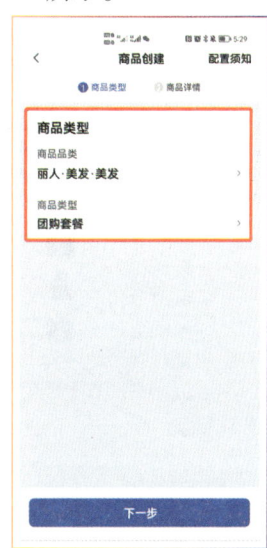

图 3-15　点击"商品管理"　　图 3-16　点击"创建商品"　　图 3-17　选择商品类型

图 3-18　设置商品详情 1　　图 3-19　设置商品详情 2　　图 3-20　设置商品详情 3

163

PC 端发布入口：

进入抖音来客网站首页→点击左侧列表"商品管理"→"商品发布"，进入团购活动列表，点击"创建商品"按钮，即可创建一个新的商品团购，如图 3-21 所示。

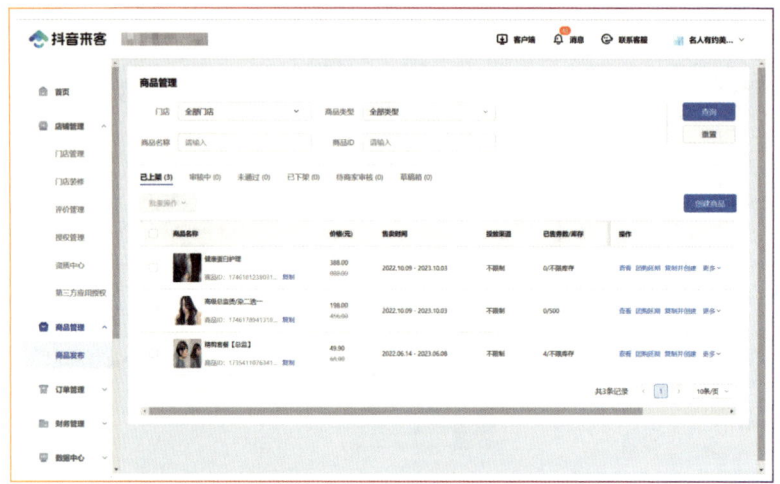

图 3-21　PC 端创建商品

3.3.2　门店的装修

1. 门店信息管理

门店信息包括门店名称、详细地址、营业状态、营业时间、营业电话及门店资质等。

手机端的操作：

（1）进入首页，在"门店经营"中，点击"门店管理"。

（2）点击需要修改的信息，进入编辑页。按提示修改信息后点击"提交修改"。

（3）在"门店信息"页点击右上角的"审核记录"，即可查看修改记录及审核进度。

（4）如需修改门店资质，需要在 PC 端登录抖音来客完成。

PC 端的操作：

（1）登录官网，点击"店铺管理"→"门店管理"，进入操作页面。

（2）PC端可用于修改门店资质信息（该功能即"亮照"），其他门店信息请前往手机端操作。

（3）对单个或批量门店，均可通过PC端补充或修改门店资质（亮照）。

（4）等待平台审核，审核通过后信息生效或（亮照）成功。

2. 抖音门店的装修

手机端的操作：

（1）在首页"门店经营"中点击"门店装修"进入装修页。

（2）点击需要配置或修改的信息，按提示完善信息后点击"保存"。

（3）需要配置或修改的信息保存后，在门店装修页点击"提交审核"。

（4）可以在"门店装修"页面底部点击"查看门店装修操作日志"。

PC端的操作：

（1）点击"店铺管理"→"门店装修"进入装修页。

（2）当前支持配置的门店装修信息包括基础信息（服务设施），基础装修（门店入口图、官方相册、外显小图、官方公告）。

（3）需要配置或修改的信息都完善后点击"提交审核"。

（4）可以在该页面右上角查看装修日志。

3. 抖音号装修

用于配置抖音号背景图、企业信息（包括营业时间、联系电话、查看地址）。

商家抖音号展示内容（团购套餐、门店列表、官方相册、推荐菜）。

补充的抖音号装修信息可以在绑定的抖音号展示，有助于增加门店及商品的曝光量。

补充

背景图：上传的背景图，如涉及明星、商标、手机应用软件、游戏、房产行业等内容，须补充相应资料以证明您有权使用。

团购套餐：团购套餐最多可配置20个，可设置将审核通过且正常生效的团购商品自动上架至商家抖音号。

3.3.3　通过短视频推广团购商品

商家绑定抖音号且发布了团购商品后，通过与其绑定的抖音号在抖音上发布短视频，发布短视频时可添加门店或团购商品（仅可以添加该商家认领的门店及发布的团购商品）如图 3-22 所示。

视频发布后用户在该视频页面左下角可以看到关联的门店或团购商品信息，如图 3-23 所示。

图 3-22　发布短视频时可添加门店或团购商品　　　图 3-23　门店或团购信息显示在短视频中

3.3.4　通过直播推广团购商品

1. 直播产品工具

在本地生活使用的直播工具和之前的直播通用版工具并不完全一样。

（1）抖音 App 直接开播。通过 App 点小加号，常规模式开播。

（2）本地直播专业版 PC（网址：https://eos.douyin.com）。播前准备、

播中管理及播后复盘均可使用"本地直播专业版",如图 3-24 所示。

图 3-24　本地直播专业版

和我们过往看到的蓝色数据罗盘不一样,这个本地直播专业版的大盘是红色底幕的。

(3)直播伴侣,打造专业直播间。

(4)抖音来客 App/PC,绑定抖音 App 账号,上架团购商品。

商家绑定抖音号且发布团购商品后,可通过与其绑定的抖音号,在抖音 App 或直播伴侣开播,对团购商品进行推广。

2. 直播流程总览

直播流程总览如图 3-25 所示。

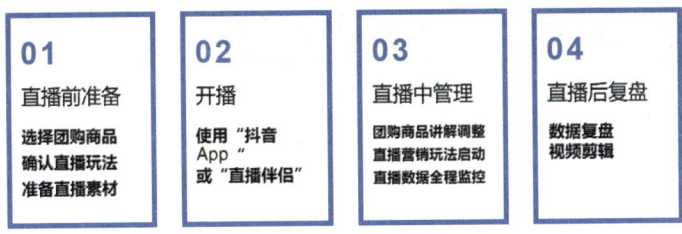

图 3-25　直播流程总览

（1）直播前的准备。

目前直播组货可分为两种。

第一种，直播计划（推荐）。主播可通过直播计划提前预配置多场次的商品，在开播前可直接调用已配置的计划，实现一键开播。同时直播计划支持重复调用，一次配置多次使用，大大节省开播准备时间，提升直播效率。

第二种，一次性组货。每次直播开始前进行配置，一次组货对应一场直播，直播结束后，货架清空。适合低频、临时及货品不固定的直播。

（2）开播的两种方式。

第一种，通过抖音App开播。其特点是方便快捷，可随时随地开播。操作步骤如下：

首先打开抖音App，点击最下方"+"→选择"开直播"；然后在屏幕上点击"团购"，可查看或编辑已组货完成的商品；最后点击"开启视频直播"，即可开启直播。具体如图3-26所示。

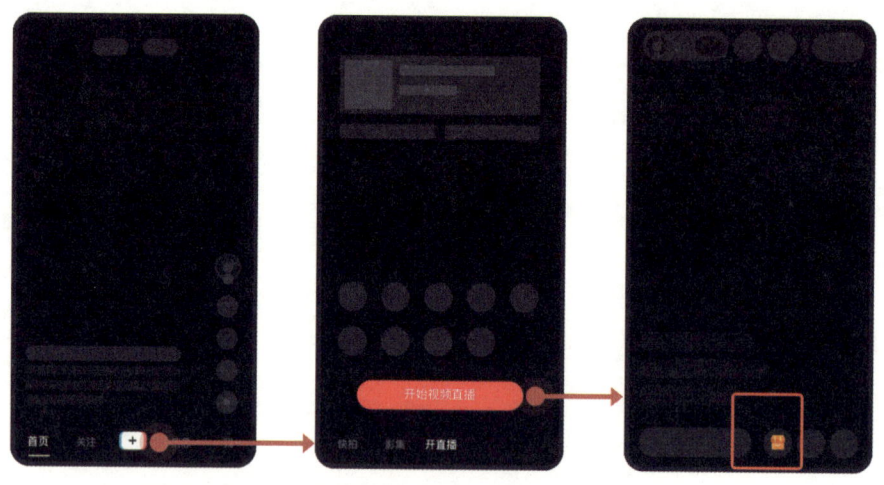

图3-26 抖音App开直播流程

第二种，通过直播伴侣-PC开播。其特点是可装修直播间，营造直播氛围，提升直播经营效果，如图3-27所示。

第 03 章
抖音本地生活直播模块——实体门店同城号运营操作指南

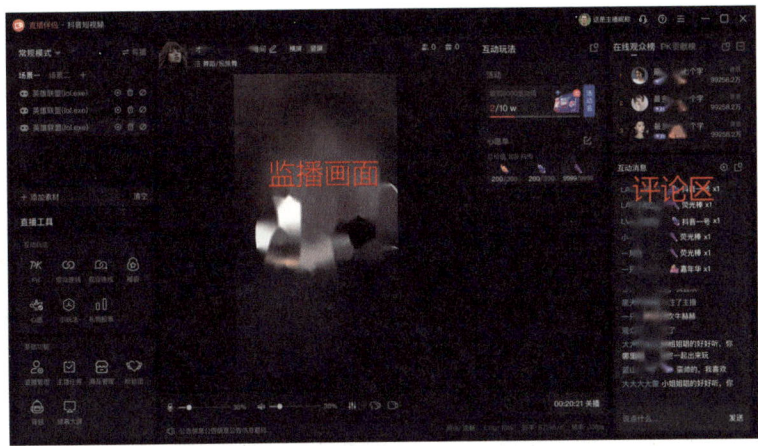

图 3-27　直播伴侣开直播

（3）直播过程管理。

在直播过程中，可通过本地直播专业版进行货架管理、商品详解、营销管理、数据管理及其他辅助管理。

本地直播专业版是一个全新的生活服务独立的 PC 直播助手。可服务于多人协作直播、复杂场景直播（如一带多），为主播提供更高效的直播管理能力。本地直播专业版提供更专业全面的直播工具，无论是小白新手还是运营专家，都能轻松上手。本地直播专业版商家入口：https://eos.douyin.com。

与 App 通用版对比，本地直播专业版的优势如表 3-3 所示。

表 3-3　本地直播专业版的优势

项目	App 通用版	本地直播专业版
定位	低门槛 随时播	更专业，适合多人协作
开播端	抖音开播	抖音或者直播伴侣开播
实时数据监控	无	直播大屏，实时关注直播数据
操作	手机便携	PC 端操作视野更大
操作人数	单人	支持多人协同，明确分工
典型用户	自助商家 & 达人	头腰商家 & 达人、机构、服务商
典型场景	单人自助直播、简单带货场景	走播 + 有助播，多人坐播，复杂带货场景

169

（4）播后复盘管理，如图3-28所示。

1）登录本地直播专业版首页→直播管理→直播记录。

2）点击"查看详情"可查看该直播具体数据情况。

3）也可以进入数据大盘，了解最近一次的单次直播情况。

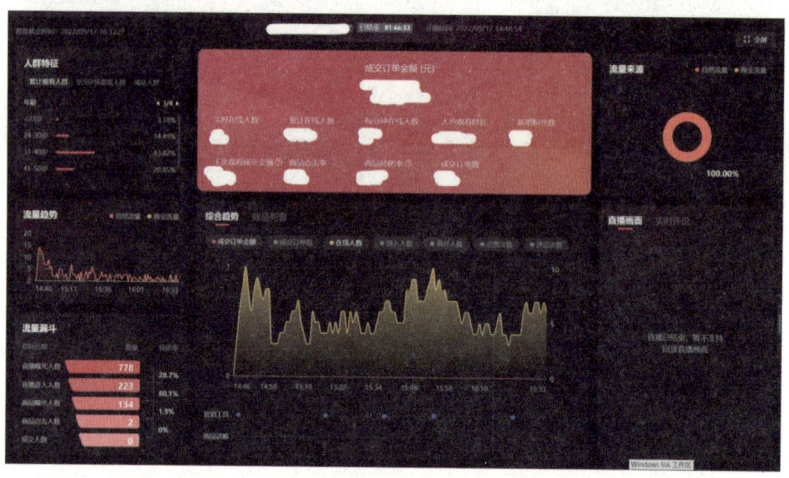

图3-28　播后复盘

通过数据大盘可以看到粉丝流量来源、流量趋势、粉丝构成等重要数据，便于直播后复盘，对下一次直播间引流，做出优化方案。也可以通过各种数据模块的维度去分析优化每一场直播的情况，做好深度复盘，如图3-29—图3-34所示。

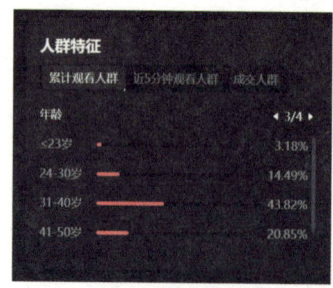

图3-29　复盘人群特征

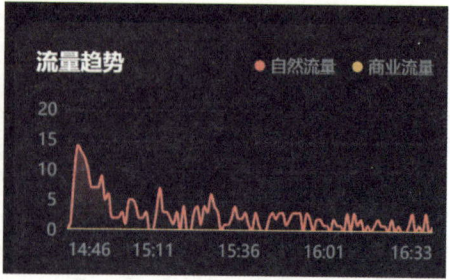

图3-30　复盘流量趋势

第 03 章
抖音本地生活直播模块——实体门店同城号运营操作指南

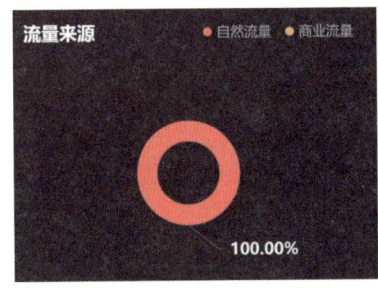

图 3-31　复盘流量来源 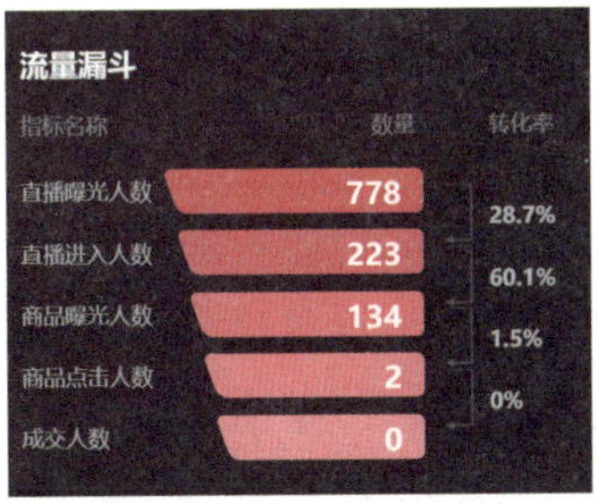　　　　图 3-32　复盘流量漏斗

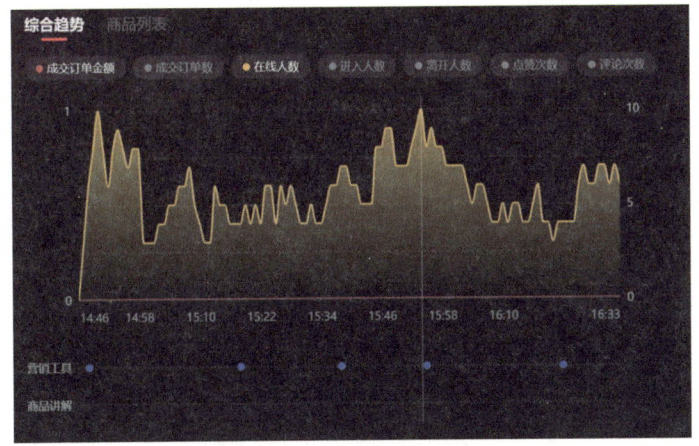

图 3-33　复盘综合趋势

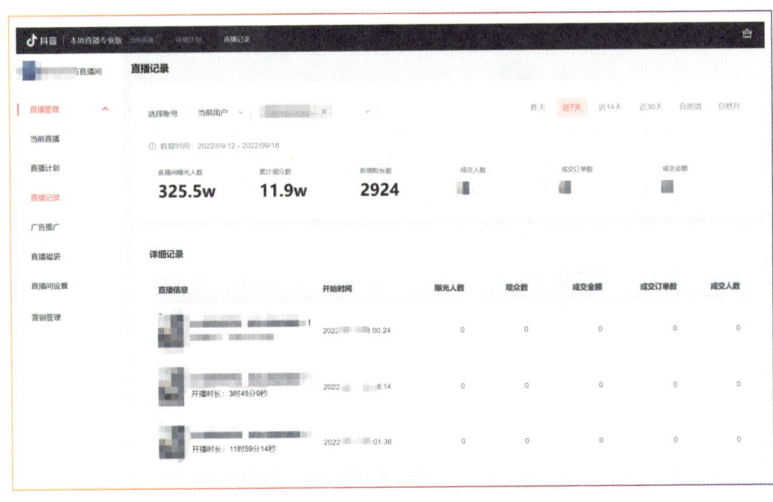

图 3-34　复盘直播综合后台数据

171

3.3.5 通过平台活动推广团购商品

进入抖音来客 App 端首页，点击"门店经营"→"平台活动"，选择想要参加的活动，查看报名详情，继续报名选择"报名商品"→"提交报名"，如图 3-35 所示。

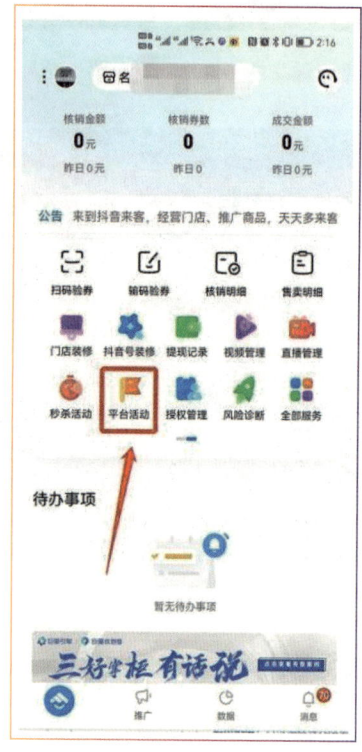

图 3-35 通过平台活动推广团购商品

3.3.6 营销工具

营销工具要用好，订单粉丝少不了！

营销工具，即营销玩法线上化的产品工具，旨在帮助主播提升直播间的互动氛围，增强与用户的互动，增加用户在直播间的停留时间，以提升直播转化效果。

第 03 章
抖音本地生活直播模块——实体门店同城号运营操作指南

1. 营销工具介绍

营销工具介绍如图 3-36 所示。

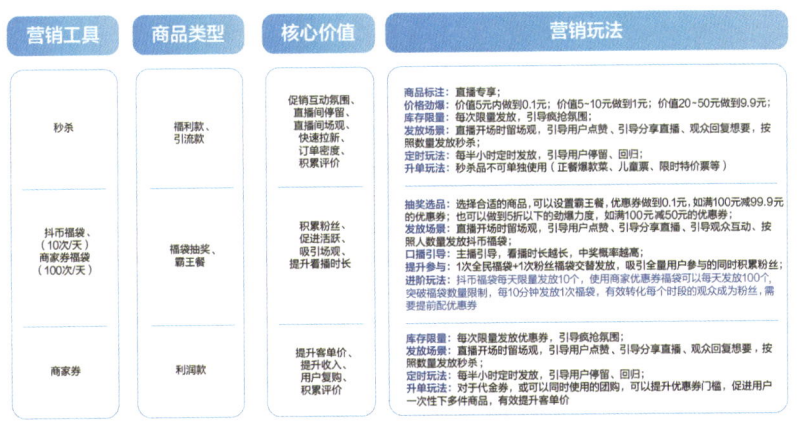

图 3-36 营销工具介绍

2. 营销工具使用介绍

商家优惠券功能：商家和达人分别如何配置与使用优惠券。

商家通过自行出资建券，投放到直播间、短视频、商品详情页等渠道，以提升团购商品的售出量。**商家可以通过优惠券功能获取新客，并带动直播间的互动氛围**。操作流程如下。

（1）用户：在抖音领取和使用商家优惠券的操作流程如图 3-37 所示。

（a）进入直播间　（b）点击优惠券　（c）页面示意　（d）下单使用

图 3-37 用户领取和使用商家优惠券操作流程

173

（2）商家：配置商家优惠券的操作流程如图 3-38 所示。

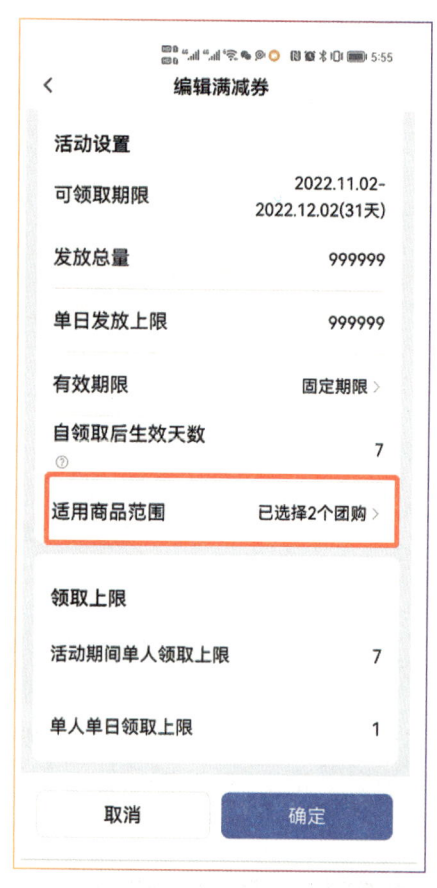

(a)　　　　　　　　　　(b)

图 3-38　商家配置优惠券流程

（3）达人：配置商家优惠券的创建方式如下。

方式一：本地直播专业版→运营中心→直播管理→发放优惠券。

方式二：达人登录"本地直播专业版"，如果确保目前的账号状态已经进入了直播状态，并且设置了团购的销售工具组件，即"小房子带团购"在货架中有商品，那么就会出现优惠券图标，如图 3-39 所示。

示范如何在抖音领取和使用商家优惠券，点击优惠券图标展开全过程，如图 3-40 所示，会出现可用的优惠券列表。

第 03 章
抖音本地生活直播模块——实体门店同城号运营操作指南

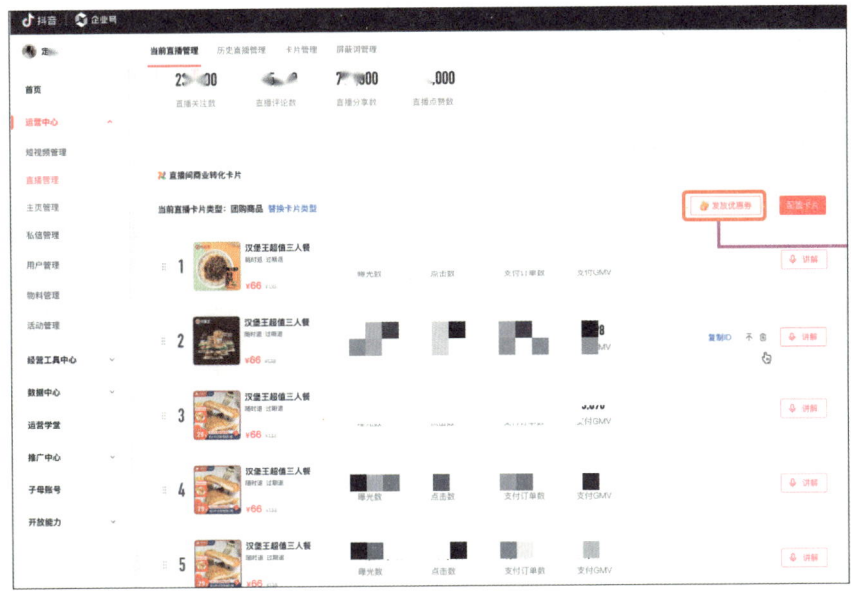

图 3-39　优惠券图标

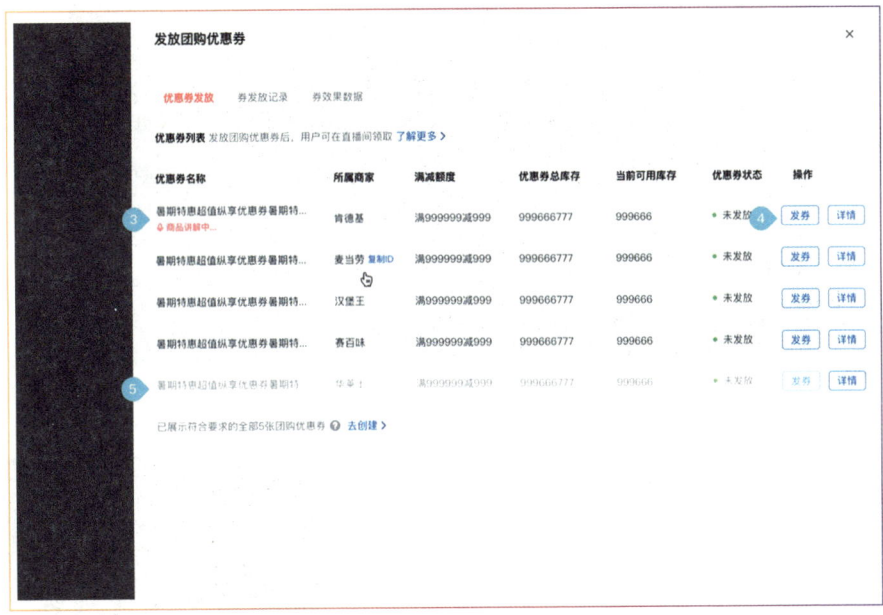

图 3-40　优惠券列表

（4）优惠券使用方法示例如表 3-4 所示。

175

表 3-4 优惠券使用方法示列

形 式	推荐场景	参考力度	适用的商品
限量疯抢券	提升转化率、提升订单密度	小额的立减无门槛券	爆款
提升客单券	提升客单价	满减门槛是使用商品的 2 倍 /3 倍，例如单价 100 元的商品：满 200 元减 15 元、满 300 元减 30 元	可以 2 张及以上同时使用的团购券，如代金券、轻食单品券等
大额券	提升客单价，提升高额商品的转化	满 999 元减 200 元价格比较高的团购套餐	价格比较高的团购餐券
霸王餐券	福袋抽奖	满 20 元减 19 元、满 50 元减 49 元	商品使用优惠券后，低至 1 元或者 1 分钱

直播间互动发券：利用优惠券稀缺性提升直播间互动效果，带动直播间交易。某直播间发券数与订单数量数据对比如图 3-41 所示。

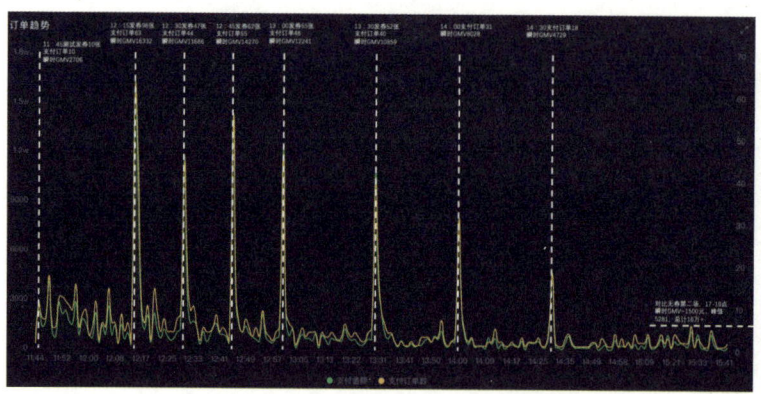

图 3-41 某直播间数据对比图

在某些达人或商家的直播间里，定时发放优惠券，瞬时订单数显著提升，订单趋势如图 3-42 所示。

达人发放优惠券时的注意事项如下。

1）时间设置：优惠券使用时间建议尽量在直播当日使用，营造稀缺感。

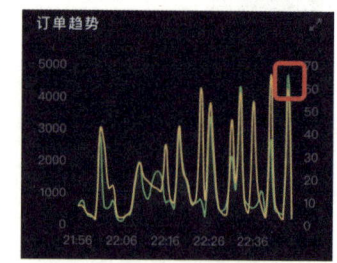

图 3-42 订单趋势

第 03 章
抖音本地生活直播模块——实体门店同城号运营操作指南

2)展示时长:设置券展示时间不宜过长,最好在 2 ~ 5 分钟,领完自动下架或手动下架。

3)发放目标:可用于引导用户互动、点赞、关注、亮粉丝灯牌等动作,发放规则及时间可不提前公示。

4)参考话术:有多少人想要平台券的,扣个"想要"我们看一下,小助理数一下,有多少个人就发多少张。

5)补优惠券:一定要有契机,在转化乏力、场观不够、缺少互动等情况下,一定要引导用户动作,让用户有参与感、提高转化。

3. 直播秒杀功能:商家和达人分别如何配置与使用秒杀

在团购商品的基础上,设置限时限量的秒杀价。**通过秒杀活动可以有效提升商品促销的紧张感、稀缺感;或周期性放出超低价,以持续拉动直播间热度和停留;或通过低价单品的秒杀,并搭配正常套餐同时消费,拉动正常套餐销量。**

直播间秒杀效果图和讲解卡秒杀效果图分别如图 3-43 和图 3-44 所示。

图 3-43　直播间秒杀效果图　　图 3-44　讲解卡秒杀效果图

(1)秒杀信息的展示规则如下。

1)秒杀预热时间:**不设置则不展示;若设置过,则预热时间在 15 分钟内,展示秒杀价为"未开始"和抢购倒计时时间。**

177

2）秒杀中：展示秒杀价格、结束倒计时、库存进度，根据规则有 3 个展示样式：样式 1，若秒杀库存≤100，或者已售大于 90%，则展示秒杀文案"仅剩××件"；样式 2，若秒杀库存>100 且已售小于 10%，则文案为"已开抢"；样式 3，若秒杀库存>100 且已售大于 10% 且小于 90%，则文案为"已抢××%"。

秒杀状态如图 3-45 所示。

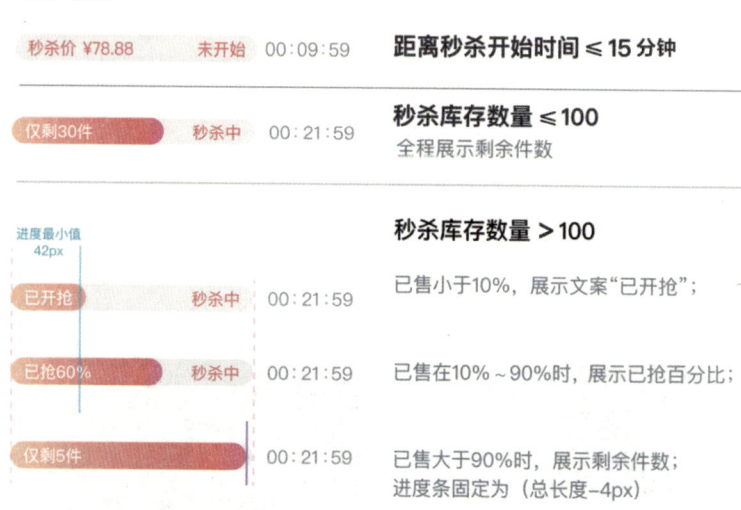

图 3-45　秒杀状态

（2）商家创建秒杀的方式有以下两种。

方式一：抖音来客 App →营销推广→ 限时秒杀。

方式二：抖音 App →企业服务中心→促营收 →线上成交工具→创建秒杀 (投放渠道可以选择商家渠道或达人直播渠道)。

（3）达人创建秒杀路径：本地直播专业版→运营中心→直播管理→发放秒杀。

达人主播被成功授权后，直播管理界面出现"配置秒杀"按钮，点击即可配置秒杀流程，如图 3-46 和图 3-47 所示。

第 03 章
抖音本地生活直播模块——实体门店同城号运营操作指南

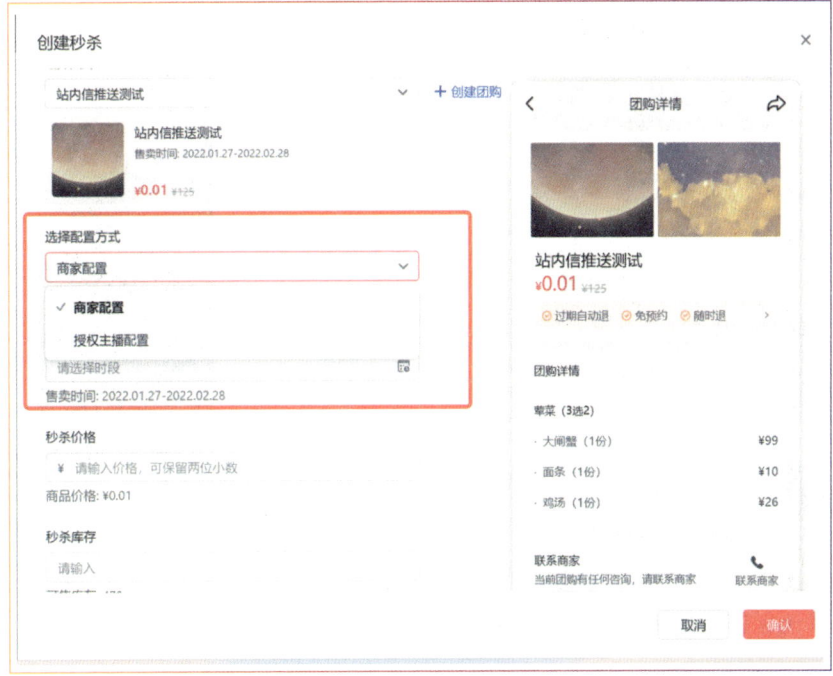

图 3-46　达人权限授权

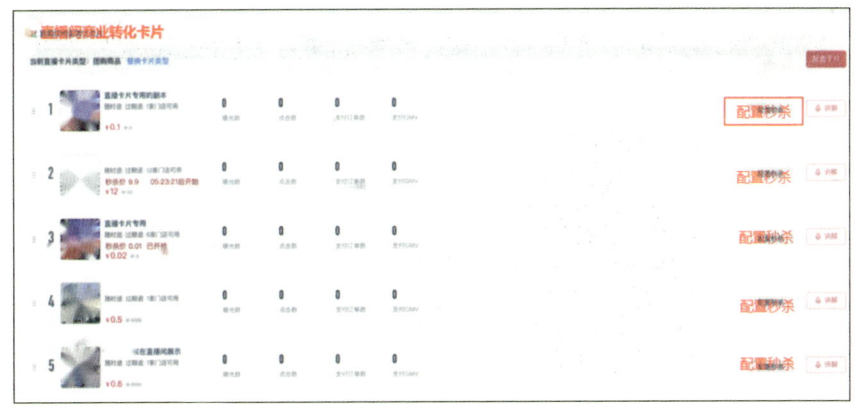

图 3-47　达人创建秒杀

创建秒杀并进行相应修改如图 3-48 所示。

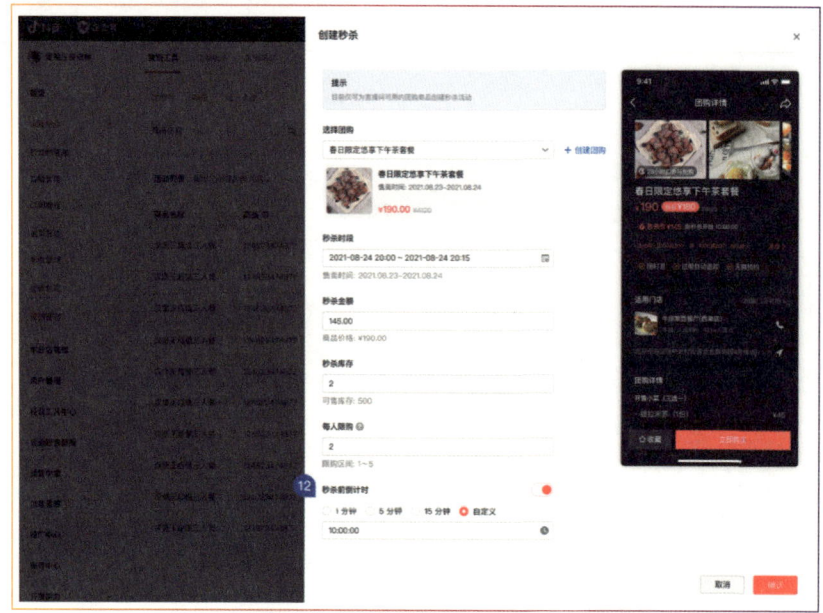

图 3-48 创建秒杀进行相应的修改

直播时,直接进行卡片配置,直播间直播时就会出现套餐的卡片。配置卡片如图 3-49 所示。

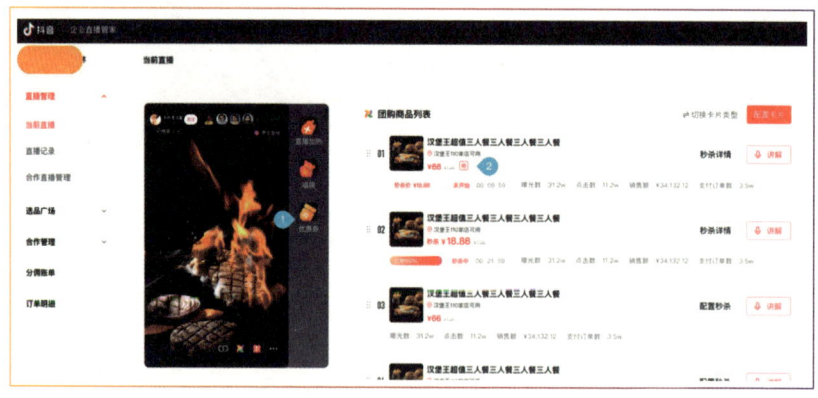

图 3-49 配置卡片

(4)秒杀玩法示例:周期性放出超低价,以持续拉动直播间热度和停留。

某直播间通过周期性放出秒杀,累计售出 500 余份 19.9 元的成人门票,带动人均看播时长达到 0.9 分钟(过往稳定在 0.6 分钟),帮助直播间场观持续稳定在 2000+（峰值 5000+），直播间 GMV 达 288 万+。如图 3-50 所示。

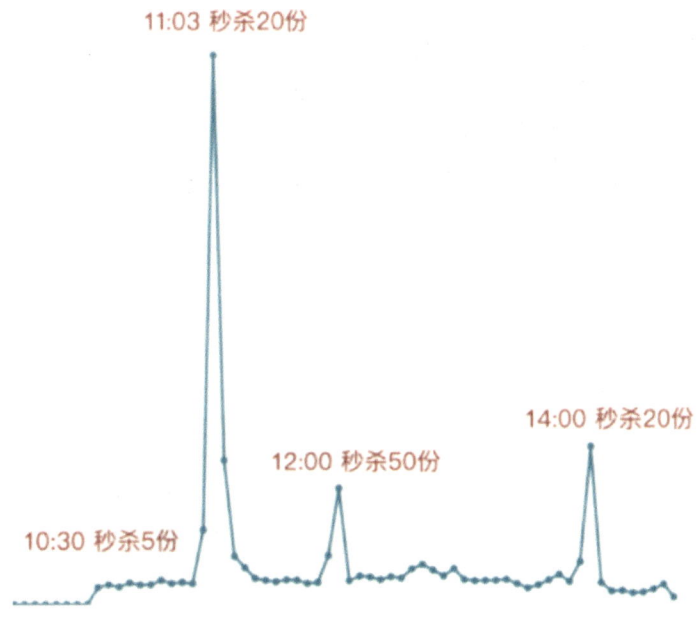

图 3-50　某直播间品牌秒杀情况展示

（5）福袋功能：商家和达人分别如何配置与使用福袋。

福袋即为优惠券福袋，在商家或达人直播时，可以通过 PC 端在直播间发福袋，用户领取福袋后，可直接在该直播间内购买团购商品。福袋分为"全民福袋"和"粉丝福袋"，**商家可以通过福袋工具获得新粉丝，并且带动直播间的互动氛围，从而提升直播间热度。**

抖币福袋每天限量发放 10 个，使用商家优惠券福袋可以每天发放 100 个，突破福袋数量的限制后，每 10 分钟发放 1 次福袋。通过福袋，可以将每个时段的观众有效转化为粉丝，使用福袋需要提前配优惠券。

1）用户领取福袋流程如下。点击直播间左上角福袋即可参与福袋活动，中奖后，用户点击"立即使用"，页面会直接跳转到购买页面。若没有抽中，则会提示"没有抽中福袋"。具体如图 3-51 所示。

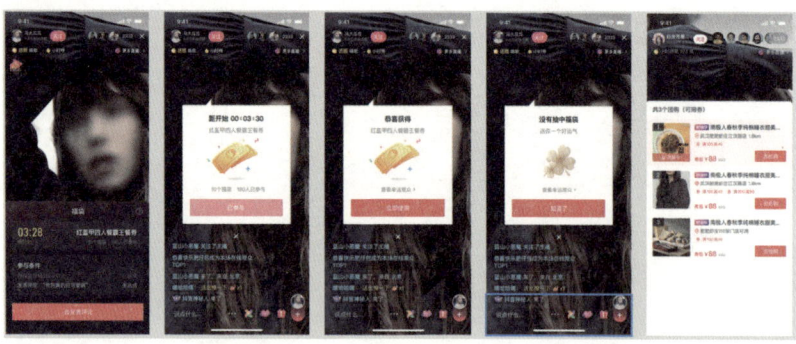

图 3-51　用户领取福袋流程

2）商家配置福袋流程如下。

第一步，创建优惠券。商家创建优惠券，选择"直播间福袋"功能，如图 3-52 所示。

图 3-52　选择"直播间福袋"功能

商家从抖音 App 中的企业服务中心或抖音来客 App 中使用本地商家后台更多工具中的营销工具，找到"满减券配置"，然后依次填写信息。注意投放渠道选择"直播间福袋"，注意配置券的可用商品（没关联券的商品不能用券）。

第二步，创建福袋。

入口：PC 本地直播专业版→运营中心→直播管理→当前直播管理，直播间商业转化卡片模块。使用条件：只支持商家自播，且商家的粉丝总量

第 03 章
抖音本地生活直播模块——实体门店同城号运营操作指南

有 1000 之后，可使用福袋功能。

商家开始直播后，在 PC 本地直播专业版的"当前直播"管理展示"发放福袋"入口，点击该按钮，打开"新建福袋"页面，开始填写相关信息即可，如图 3-53 所示。

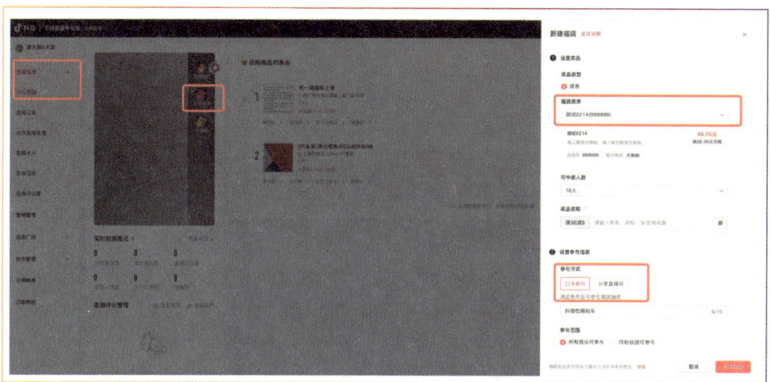

图 3-53　新建福袋

第 04 章

实体门店直播从 0 到 1，冷启动撬动自然流量

第 04 章
实体门店直播从 0 到 1，冷启动撬动自然流量

本章将讨论如何获取流量，尤其是免费的自然流量。获取流量也要坚持"少花钱多办事儿，不花钱能办事儿"的原则。

对所有实体门店直播来说，最头疼、最难的应该就是如何撬动自然流量和账号冷启动了吧？舍不得投流，也不敢投流。大部分的实体门店做直播时，都因为不了解流量而产生了畏难情绪。

本地生活领域里的同城实体门店做直播和那些达人的直播间不一样。**实体门店的直播要受自身的产品、属地范畴、利润点、现有门店会员的基础、现有门店员工的综合素质等客观的因素制约。对于最客观的投流问题，实体门店的运营思路和达人播的运营思路就不一样，狂砸投流是不现实的。**

本章要学习的就是实体门店如何实现从 0 到 1 的直播，通过撬动免费的自然流量，成功开播。

其实撬动自然流量的机会很多，本章将一一介绍。在介绍自然流量前，先看一下抖音起号。直播间起号的方法如表 4-1 所示。

表 4-1 起号方法

方　法	特　点
卡黄线起号	流量预分配，成功率高，适合各种品类
平播起号	成功率低，场观少，合适标品，不用太多展示
千川起号	人货场是否承接转化。低客单，高转化，性价比产品
短视频起号	随机性强、门槛高。适合所有类目、有爆款视频，脚本强
私域起号	风险高、成本高、不可控、高客单（家养/野生）

自然流量优化机会点如图 4-1 所示。

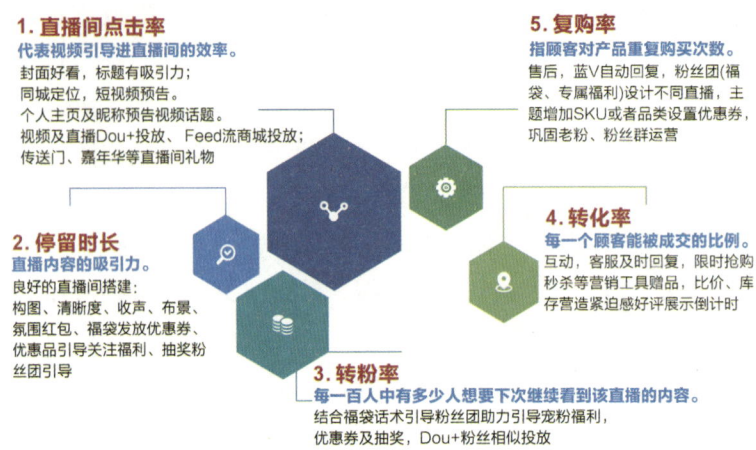

图 4-1　自然流量优化机会点

图 4-1 足以囊括所有关于直播间流量优化的机会点。本章会将涉及自然流量优化的所有的小技巧给大家一一拆解。

4.1 控流的基本运营要求

（1）话术：零粉新号开播，主播口播上牢记一个点，无论观众何时进来，一定要知道"我在卖什么、我在送什么福利、要求是什么"三个内容，**然后重复循环！**零粉开播，一开始不需要那么多复杂的话术，先混脸熟，反正直播广场进来的都是同城的人，哪怕划过一秒，也是看到了本城××门店也开直播了！只要达到这样的效果，就算阶段性成功。

（2）表演：主播与场控在实操时，必须要声形并茂，反复排练后再开播（能够体现差距最大的点）。

（3）套路：强概念。不断灌输、免费送、价格输出、福利福袋、新号开播。

（4）目的：互动扣××，达到多少个点赞上到××万，全场所有福利。只为点赞加关注，利用福袋引导加入粉丝团，前期不建议引导加粉丝团。

4.2 影响流量的六大因素

具体如表 4-2 所示。

表 4-2　影响流量的六大因素

序 号	客观板块	注 释	结 果
1	发挥滞缓	商品质量、物流服务、商家服务三大板块的综合评分持续下滑,且低至 4.4 分及以下	不给推荐,自然流量无法进入、巨量千川商流限制
2	违规过多	发不出货、不发货、预售未能按时发货,1 号店和 2 号店交互操作发货	购物车功能关闭、橱窗功能关闭、自然/商业流量截停、账号关小黑屋(24 小时甚至永久)
3	长时间不更新	同一个店铺,超两个月长时间不进行产品更新(秒杀品/爆款/新款/活动玩法/营销策略),就会失去同类竞争力	老粉失去购买力,复购占比就会降低,直接导致自然流量的占比成正比下降,粉丝的流失率高
4	直播间无任何节奏流程章法	直播间缺乏脚本和选品、排品的合理设计,主播、助播及场控等配合不足,主播仅凭自我发挥,导致现场混乱,直播节奏与运营数据反馈不协调,停留互动也存在问题	直播间缺乏趣味性、条理性和互动性,产品卖点和用户痛点剖析不深入,流程过于呆板,导致现场混乱,互动性差,观众参与意愿不强。老粉觉得内容老套,新粉无法找到兴趣点,导致观众流失严重,成交和停留时长下滑。复盘时存在责任推诿问题
5	直播的流程需要优化	流量进来后直播间没有任何转化,导致流量流失(直播的流程需要优化)	直播间配合度不高等原因,导致系统不再进行二次推荐,并且会根据实际情况等量定位账号流量级别
6	过了流量扶持期依旧没有提升	每个新账号在开播后的前两周都会给到相应的流量推荐,来激发一些优秀的直播间快速成长	平台会减少流量倾斜,转而缓慢地给到新流量,拉长商家的冷启动期

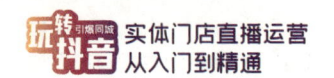

4.3 提高直播间流量的六个基本逻辑

直播间观众入场顺序一般为：**人进来→停留→点赞→互动→关注 / 加粉团→点击购物车→下单**。每一个环节的动作都会导致流量的提升或者下降。根据这几个环节提炼的基本逻辑，结合自己的产品和门店，做出优化直播间流量的方案。

提高直播间流量的六个基本逻辑如表 4-3 所示。

表 4-3　六个基本逻辑

序号	板块	注释
1	实时的销量和销售额	直接影响 uv（直播间人数）值，提高自己在带货排行榜的排名以及直播间的综合影响力，只有当你的销量和销售额拉升的时候，平台数据才会认为你是一个高质量的直播间，也才能给你匹配更为精准的流量来对你的直播间加持
2	互动数据	点赞、评论、拉高数据，可以在"巨量百应"后台检测实时流量进入以及互动点赞的数据，可以协助巨量千川进行流拉升
3	停留时间	用户的停留时间直接体现了直播间的内容讲解及货品组货的能力
4	关注转化、购物车点击率	直播最终的转化目的就是关注和下单，但是直播是被动刷到的，用户需要一定时间对你进行了解信任才会有下单动作。因此，关注是核心，点击购物车则直接影响了新流量进来的精准度
5	直播间封面和标题＋产品的主图和标题	增强和细化用户的判断能力和视觉感官，从而促进流量导入用户的停留时间，直接体现了直播间的内容讲解及货品组货的能力
6	商业流量	通过投流计划的配比来吸引前期的目标客流，从而带动自然流量

4.4 零粉丝新账号开播拉流

设计逻辑是根据抖音的数据智能分发的，前期的目的就是尽可能把账号拉到直播广场的流量，新账号第一次开播，系统一般会给流量，新账号很容易进入直播广场拉到几百或几千的粉丝同时在线。

<u>开播拉流的一般做法：点赞→互动→关注/粉团→点击购物车→下单</u>。

这些操作都是为了拉升账号的整体权重流量，这样，流量就会很容易拉起来了。这样的操作连续重复一个星期，各项操作都配合好（人货场+售后+豆荚（DOU+）=账号流量拉升），流量就可以得到有效提升。

这种做法的好处：涨粉速度快、出单量大、数字好看。

这种做法的坏处：商业属性粉丝定位已经固定；产品的价格区间一般会限制在 9.9 ～ 69.9 元（且产品性价比超高）；售后问题会让商家最后一道防线被打破（非良性的生意，守不住底线）；账号生命周期短（观众对新品要求很高，一旦长时间没有更新产品，观众就会转移）。

但是，客观而言，数字好会给门店的员工信心和后续的动力。前期起号，可以采用以上做法，阶段性拉起数据。

4.5 如何解决直播间在线人数少的问题

套路做法 1：品牌都有自家的私域粉丝，在做社群运营时可以直接导流，凡是关注官方抖音账号，就可以以 9.9 元或 5.9 元买到品牌库存货或几年前的款式，每周循环推出不同的货品。注意：社群运营团队千万不要认为是抖音直播部门在抢盈利，这样做的真正目的是全方位吃透粉丝流量。

套路做法 2：直播间 1 号链接，放低价品进行限时限量抢购，始终保持抢光状态。直播间的用户，始终觉得主播一直都在放单，上架特惠产品，可就是秒没。但下一轮发的时间很快就到，会认为等一下是不是就能够碰到好运等。人数下降时，主播开始拉流，目的就是利用福利拉升流量，保持节奏。

套路做法 3：推出免单福利。促发下单点击次数，短时间拉升账号权重，以及账号单量，如果现在只有十几个人，这个时候就在整点的 10 分开始拉免单活动，限制下单时间，此时开启大额福袋口令，如"全场免单福利，关注主播马上开启""我是铁粉，我想要免单"等，新进来的人这时就自动明白你在干什么，每五分钟提醒一次免单规则后反复催单（开启后没抢到的一定会退货，此时可推出第二波福利，例如，领取大额优惠券可 19.9 元抢某款链接商品）。

套路做法 4：拍 1 发多，单件秒杀，门店自提再加赠（省运费，加精准用户二次触达，升单复购机会）。

套路做法 5：迎合年轻人心理，直播间盲盒，线下到店抽取，或者直播间抽取，线下门店交付。

以上 5 种快速拉升直播间在线人数的方式，经过验证确实非常有效。但是还是建议品牌商家结合商业流量来进行，通过付费流量纠正一下羊毛党。因为一旦主播起量，很容易造成直播翻车，而且低素质观众在聊天区的表现也不好看。商业流量的意思是通过引入高质量的粉丝进来，买东西享受福利，而不是抢东西，在概念上一定要合理地结合投流方法来进行。

小额度投一些 DOU+，结合这个方法还是很有效果的。如果你的直播间流量一直都很成问题，那么可以试一试这种方法。

4.6 实体门店蓝 V 账号的正规玩法，公域必须导流到私域

在直播间里，通过各种做法，让直播间的观众尽可能地都加入粉丝团。

加入粉丝团后，利用抖音粉丝群内的交流，用非官方账号留言（小助理/小号身份发言）合理规避站外引流的监控，将粉丝导流到私域，在做社群的运营时直接导流。

推荐同时开展两种形式的活动：一种是引导关注抖音、加入粉丝团，凭截图享受微信端专属款式1—3折；另一种是凡是加入粉丝团的粉丝，只要截至月底××号升级到3/5/7/9/12级即可享受到××福利，给老粉丝一个"工资"（每天都要在直播间打卡、停留、互动等，帮忙做直播间数据，增加亲密度，这些是升级的重要指标）。

直播间粉丝昵称前面的数字号码，代表着粉丝等级，数字越大，等级越高。

4.7 一定要明白全部的直播流程（带动流量增量）

直播流程如下：
（1）直播节奏→直播福袋→福利款→大众薄利款。
（2）直播节奏→爆款主推→常规款→大众薄利款。
（3）福利款→爆款主推→直播福袋→常规款→大众薄利款→主推。
在直播中，可根据实际情况进行轮换调动。

4.8 直播间背景

直播间背景重要吗？答案必然是重要，而且相当重要！
（1）曝光量：划分推荐视频时，被划分到的概率就是曝光量。
（2）左下角显示直播中，中下方以"点击进入直播间"这个入口进入直播间，会被计算入自然流推送，如图4-2所示。

（3）做数据一定要刷进来，不要搜索进入，粉丝关注主页进入，这个进入的量最有价值。

直播自然流 feed 推荐，第一个影响因素就是背景。

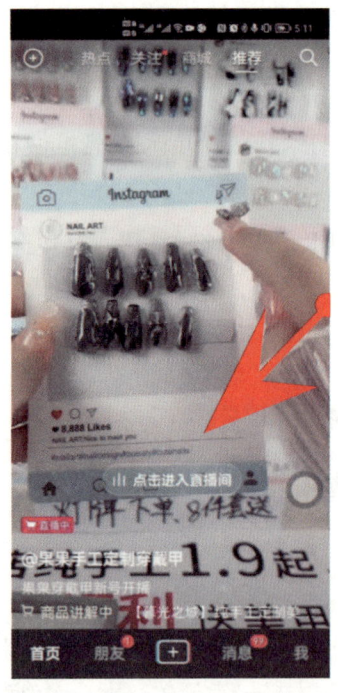

图 4-2　从"点击进入直播间"入口进入

4.9　话术

按照以下四个模块的公式去组合话术，会让你收获意想不到的效果。

（1）抛出问题。例如，失眠严重已经三天没合眼了。

（2）提及风险。例如，已经严重影响工作和生活，精神恍惚差点撞车，头昏恶心非常难受。

（3）说明原因。例如，工作压力大＋睡眠环境稍微有一点动静就会惊醒，不能深度睡眠。

（4）解决方案。例如，改善睡眠环境，提升睡眠质量，放松心情最有效。最后，直接推荐产品，例如×××品牌零压床垫、智能床、智能枕等。

4.10 直播话术的核心框架

注意顺序，一定按照步骤进行。

（1）活动话术——上人气。

（2）产品话术——塑价值。

（3）成交话术——做转化。

（4）逼单话术——做转化。

在直播中，用户往往不是因为产品性价比高，就会去买，也不是因为产品足够便宜，就认为值得购买，而是当你激发出用户"欲望"时，他才会"激情"购买。

4.11 销售额翻 10 倍的成交话术

销售话术的本质就是：解决痛点问题、展示产品价值、消除成交顾虑、营造成交紧迫感。

销售其实就是在解决客户的痛点问题，但是有时客户并未真正意识到痛点的存在，或者说没有意识到痛点的严重程度。话术就是要将顾客的痛点放大，然后看到推荐的产品的价值。这个产品本身就是顾客痛点的最佳解决方案。而且要打消顾客对于成交的所有顾虑，一旦发现没有顾虑，就要立刻成交，缓解因为没有购买而带来的焦虑。

销售话术举例如下。

好主播会有声有色地告诉你："哇，才过两秒钟，现在已经卖出1000单！1000单了！"

于是你会想，天哪，那么多人买了，产品一定没问题（取得信任），我也买一个吧！

"我在接单，请稍等一会儿！"

于是你会想，还真的有人买哎！69块买不了吃亏！买不了上当！我也来一个吧！

"最后倒计时，我来倒数，3……2……1……！"

于是你会想，天哪，马上就要卖完了！再不买好像损失了1个亿。

原本的纠结心理荡然无存，那一刻满脑子只有两个字——买它。

这是主播的惯用套路，**有声有色的逼单，为的是加强观众"想要"的欲望和紧迫感。**

4.12 直播间流量玩法的最佳配合——抽奖玩法（福袋/整点/红包/问答）

1. 福袋抽奖

核心目的：公屏互动→停留时间→口令引导→拉新流量。

充分地利用福袋时间，能够做多重引导，利用新进来的路人公屏互动，可以做不同利益的触发。

实操讲解：口令"福袋里有苹果手机"＝新进来的观众一进来就知道此时此刻的活动福利；口令"1号链接扣想要加库存"＝购物车点击率；口令"全场任意下单珍珠发夹"＝活动催单。

2. 整点抽奖

核心目的：停留时间→关注点赞→回头率。

整点抽奖的预告能够让用户在直播间驻足并等待直播说完内容。如果此时接近整点，用户会等待，如果时间还需要等很久，用户会先关注，等到整点时再回到直播间，多重来回提高整体权重。

实操讲解：提前做好 KT 版触发流量机制，拉升时下 gmv（直播间销售额）和 uv（直播间均观人数）价值，"每到整点抽大礼包" = 介绍礼包，拉长停留时间或引导至关注，回复 "21 点整抽免单" = 触发用户下单。

3. 红包抽奖

核心目的：停留时间→关注点赞→忠实粉。

适当回馈给粉丝的红包相当于给一些老粉或真爱粉一份"工资"，可以提高新进来的流量红包参与度。

实操讲解：新进来的家人，无论是走过路过还是一直坚守直播间的真爱粉们，今天红包的中奖用户不仅可以抢到抖音币，还可以额外赠送我们女神袜 5 双。

4. 问答抽奖

核心目的：互动→停留时间。

通过主播提问会产生大量观众互动，在等待的同时能够增加停留的时间。

实操讲解："1 号链接主播还有哪个码没放库存？" = 购物车点击率；"主播开播前是多少粉丝？" = 下一波拉关注铺垫；"今天几点抽免单？" = 预告下单福利。

4.13 直播间流量玩法的最佳配合——秒杀玩法（点赞/整点/关注/限量）

1. 点赞秒杀

核心目的：拉点赞。提升直播间活跃度和直播间停留时长，有机会获得优先展现权。

实操讲解：直播间所有的家人们，我们点赞还差两万，今天达到两万我们就给大家××品牌的福利（拉点赞）。

2. 整点秒杀

核心目的：关注粉丝的回头率，预告活动时间节点，去库存。我们直播间有多少人，就放多少产品。

实操讲解：离我们的整点还有十分钟，再过十分钟我们就给直播间的家人们做秒杀活动，记得在整点时返回直播间。

3. 关注秒杀

核心目的：涨粉。当涨粉达到一定数量时开始放单。

实操讲解：现在主播的粉丝数是2300，帮主播扣一波1，我看有多少，主播不奢求帮主播涨到2500，我给直播间现在的500人，新进来的家人们放200单，点多少上多少！

4. 限量秒杀

核心目的：续单量，拉高直播间点击率转化率。

实操讲解：我们把"想要"扣起来，满30个我们给大家放一波库存，所有人点击购物车，准备好手速，倒计时54321！

4.14 直播间一定要说"人话"

关键词：痛点、场景、有主次、有节奏、有故事

产品一上来，观众的注意力在哪里，直播的关键点就在哪里！把产品的应用场景演绎成跟朋友们分享的故事，娓娓道来；有的消费者有顾虑，我们就帮他从细节、材质、背书进行一一打消。

例如，卖智能零压枕，你要跟他分享自己使用的小心得、小体会；告

诉他为什么要给老人选择这个，里面成分是什么；关键是，可以实时检测老人的综合健康指数。做好系统化的数据梳理，在手机 App 里可以跟进。

4.15 允许有强烈的分享欲望，但不能把直播间当培训教室

直播间受不受欢迎，关键在于货是否受人待见，场域是否令人舒服，人是否让人喜欢。无论时代如何变迁，技术手段如何变化，在零售业，人、货、场三元素的协调组合永远是决定销售成败的原因。

把直播时间拉长，不一定会有更多的商品出售。只有当直播浏览量很好时，拉长直播才会有增加回访，带动销量的效果。但如果你的浏览量本身就很差，那么再多的直播时间都是毫无意义的。

第 05 章

运营型主播（超级带货王）的培养与打造

网红直播只是过渡，门店自播才是未来。

首先，我们要明确一点，网红达人直播的主流时代已经过去了，即时零售的发展，本地生活同城播的趋势，是今后新零售的发展趋势。

直播回归商业本质，曾经网红达人直播间抢走的是实体门店的销售量，随着直播形式的变化，即时零售的发展已经让实体门店有了和达人直播间抗衡的可能。

越来越多的品牌和实体门店不再依赖和网红达人合作，纷纷开启了门店自播。

在品牌自播的风潮开始流行前，大部分的品牌都会选择找带货主播进行合作，看似只需花钱就能达成目的，但背后暴露的问题始终难以解决。一方面，头部主播的优势在于流量，但论及专业性肯定不如品牌自己，并且影响力过大对平台来说也不是好事；另一方面，话语权强的主播甚至可以影响平台规则的制订，随着流量数据造假、直播翻车、带货商品翻车，越来越多的直播带货负面案例也正暴露在阳光下，品牌也愈发意识到主播带货这一新兴营销形式并非所有行业的"万用灵药"。

平台和商家更愿意将筹码掌握在自己手中，平台鼓励品牌布局自己的店铺直播，通过店播寻找新增长，留存私域。于是，品牌纷纷下场，自播开始成为常态。

知名经济学家刘润提出了自己的新观点：**直播的终局。未来，直播间会成为每一家公司、每一个门店的标配。**

在抖音直播间，我们看一个关键的数据指标——同时在线人数，也就是现在正在你直播间观看的人数。

平常我们每次直播，在抖音上的这个"同时在线人数"就很少。如果我们抱着媒体的心态去看待这个很低的数字，往往会陷入自我怀疑的状态，会认为这个直播没有价值。

但是你可千万不要小看这个很小的数字。经过测算，如果同时在线观看人数能有10个人，就已经能够养活一个3人组的直播间小团队了。

笔者曾服务的一家服装品牌企业，拥有全国连锁门店的总部旗舰店，5个主播2个运营轮流上线，撑起了日不落直播间。该直播间没有网红达人，只有主播们各自车轮战似的上线。适当的投流，就杀出了月均近千万元的销售额。

而笔者曾经服务的一些家居建材类的企业，这些耐消品与快消品无法比较。这种产品的顾客本身难以产生极强的冲动型消费。**直播间面对理性消费，在与直播间选品逻辑形成悖论的情况下，原本是高频低价轻决策才能通过直播产生销售的逻辑，现在是低频高价重决策的逻辑，依然获得了非常好的直播业绩。**

某家具家电直播间数据如图 5-1 所示，共有 11.8 万粉丝，直播场均人数峰值在线 16 人，直播销售 79.3 万元（30 天）。这些数据与那些大网红直播间数据比起来，几乎等于没人来看。但是这个数字是经过测算得来的。只要这十多个人是冲着你直播间来的，是真的进来买东西的，或者说以买东西为目的的，那么，对于一个普通的小店来说，这十多个人就已经足够养活一个直播间了。对实体门店来说，每天实际进店的人数又有多少呢？直播间的同时在线人数可能只有几十人，但成本却比实体门店低不少。

图 5-1　某家具、家电直播间数据

没有额外增加租金，就是在门店里直播；没有额外多雇佣员工，就是增加现有员工的工作饱和度，叠加了更多的销售。

某母婴连锁店是一家坐落在黎平县县城的母婴门店，其抖音直播间账号粉丝数 1192 人，30 天的直播销售 13.9 万元，直播了 8 场，平均直播时长 1 小时 32 分钟。最高峰值在线人数 61 人，平均在线 10 人。具体如图 5-2 所示。

大家也许看到这个数字并不激动，觉得不过就是 13.9 万元。但是，县城里面的母婴门店，平均月均销售额也就是 12 万元左右。一个月直播 8 场，每次直播 1 小时 32 分钟，且不是全天直播，就可以卖出线下门店一个月的销售额。这样的数字不是偶然的。

第05章
运营型主播（超级带货王）的培养与打造

图 5-2　某县城普通实体母婴门店的销量展示

大家感兴趣可以自己搜一下，或许在你们的城市里，有很多人都在偷偷地闷声发大财。

10个人，就能养活一个抖音账号。对日活跃用户已超过6亿的抖音来说，要做到直播间同时在线10个人，并不是太难的事。

店播，没有多么神奇，就是线下导购线上化的立体化新零售销售模式。

优化现有门店员工销售技能，日常营业时间同步开播，忙时零售，闲时直播。以不增加运营成本为前提，将门店直接作为直播间背景，拉长实际营业时长。素人主播+基础直播运营+社群运营，将公域引流、私域留存转化变现，实体门店承接服务呈现立体组合，完成门店新零售升级。

线下门店开门，线上直播就开始。关门下班，线上也一起停播下班。这就相当于在一家店里又开了第二家店，这两家店共用了一个大空间。

而第二家门店几乎可以全天候营业。不同时间段的用户具有不同的特征，对应不同的时间段的用户调整直播间的产品和直播节奏，就能将门店变成一个24小时全天候营业的门店，不错过任何一个可以成交的时间段和成交顾客。

（1）早上6—10点这个时间段，主要是什么人群来看抖音？是妈妈们。

有些全职妈妈们，把孩子送到幼儿园后开始有时间刷手机，来买孩子的东西。

（2）上午10—下午2点，中间有午休时间，上班族可以来逛逛。

（3）下午2—6点，这4小时大家在工作，可能卖得不是很好。

（4）晚上6—8点，下班和吃饭时间，大家在等待时可以刷会儿手机购物。

（5）晚上8—10点，这是真正的黄金时段，什么都好卖。大直播间都会强行占据这个时间段。大家开始抢时段了。

（6）到了晚上 10 — 12 点，这个时段卖情绪。经历了一天的奋斗，睡前大家能量比较低，很容易被抚慰人心的东西所打动。比如零食，用胃的满足填补空虚；比如情感直播间等和情绪相关的东西比较好卖。

（7）凌晨以后，尤其是凌晨 2 点半到早上 6 点，这 4 个小时直播的效率是很低的，属于垃圾时段。但是对新号起号却是最好的时段。

5.1 KOS 运营型主播的定义

KOS（Key Opinion Sales，关键意见销售），特指具备专业销售能力及大量垂类行业、品牌知识储备的强内容创作者。店播没有专职的主播设置，每一个员工都是直播的主播，就像我们实体门店的员工遇到客流大时一样，"接一待二招呼三"，每一个人都能独当一面。

上班就开播，客流多时就兼顾生意；客流少时就直播推荐产品。

5.2 运营型主播在实体门店最小化直播团队中的核心作用

运营型主播在最小单元的三人播直播团队里要发挥核心骨干作用。因为身兼数职，要将整个直播间的逻辑理顺，且日常的工作要做到统领。

运营型主播要了解直播间的观众人群以及他们的年龄、性别、消费习惯。由于直播间用户与短视频账号粉丝并不具备完全的趋同性，因此，作为运营型主播的首要任务，是弄清楚自己要面对的顾客到底是什么样的画像。要了解这些信息，可借助于直播间观众画像表、粉丝画像表、直播记录分析表，分别如表 5-1—表 5-3 所示。

第 05 章
运营型主播（超级带货王）的培养与打造

表 5-1 直播间观众画像表

序 号	项 目		统计数据	完成情况
1	性别分布比例	男		
		女		
2	年龄段分布比例	23～30岁		
		31～40岁		
		40岁以上		
3	地域分布 （城市及其占比）			
4	视频标签喜好分布 （排行前3）			
5	商品购买需求分布 大类（例如：零食）			
	全部分类、价格偏好 （价格区间）			

表 5-2 粉丝画像表

序 号	项 目		统计数据	完成情况
1	性别分布比例	男		
		女		
2	年龄段分布比例	23～30岁		
		31～40岁		
		40岁以上		
3	地域分布 （城市及其占比）			
4	视频标签喜好分布 （排行前3）			

续表

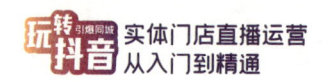

序号	项目	统计数据	完成情况
5	商品购买需求分布大类（例如：零食）		
	全部分类、价格偏好（价格区间）		

表 5-3 直播记录分析表（近 30 天）

序号	项目	统计数据	完成情况
1	观看人次		
2	人数峰值		
3	销量		
4	GMV		
5	平均在线		
6	停留时长		
7	UV 价值		
8	场客单价		
9	商品数量		
10	本场销量		
11	直播品牌		
12	直播间观众来源	视频推荐	
		其他	
		关注	
		同城	

有且不仅限于以上三个表格，还可以创建很多需要实际工作应用中总结且适合自己使用的表格。

运营型主播在直播时的工作并不仅仅是介绍产品，他还要将整个直播间管理起来，控制直播节奏，自己来复盘、做选品、排品等一系列工作。

第 05 章
运营型主播（超级带货王）的培养与打造

直播间的一切管理和调整都来自于对于数据的分析和掌控。直播远没有外人看得那么轻松，并不是看上去每天几小时面对着手机不停地聊天，直播之余要准备直播内容。但是，直播也没有那么难。就把它看作日常销售工作的延伸即可。

刚刚开始开播的时候，要调整好自己的心态。面对 0 人直播间或个位数直播间时，心态要放平。优化自己的服化道、人货场且耐得住寂寞，才能迎来成功。

5.2.1 增加用户的购买欲望

以实体店铺为场景，在店里面展示各种有趣味的玩法，一改平时门店迎来送往的死板状况。平时在门店很难展示的活动，在直播间里、短视频里是可以通过多种形式展示出来的。

大家都知道，实体店直播间里最重要的不再是商品了，因为抖音用户想网购，可以去大主播的直播间中下单，而且价格是比较低的。那么如何让抖音用户对实体门店的直播感兴趣并完成下单呢？

网购虽然方便，但是许多看起来也是套路式的脚本重复演戏，千篇一律。

即使对大主播再有兴趣再信任，他们毕竟都是手机屏幕里的人。而**实体门店就在同城和身边，不仅可以看到直播间，而且走几步就可以在实体门店见到主播，那种新奇感觉还是很有意思的。**

某官方 0 压床垫在实体门店展示躺气球不爆，脚踩生鸡蛋不碎，红酒放床上蹦跳不洒。直播间里挑战演示，不服的门店来战，眼见为实，那就亲自来试，还有见面礼。

用这种趣味的方式引流，不仅通过直播间展示了产品的性能，还邀约了客户到店成交。

5.2.2 促进用户的消费频率

直播间可以教顾客各种正确的、足量的使用产品说明，并且达到高频复购的效果。

比如海鲜产品的直播间中，场景设置在门店，直接上烹饪用的锅碗瓢盆，很多人喜欢吃海鲜但不会做，主播可以一边播、一边做、一边吃。

主播边播、边聊、边介绍、边分享。整个过程非常自然，在直播过程中介绍各种海鲜的做法、特点以及如何搭配购买、复购奖励等。无论是直播间，还是账号里的短视频，都是通过不断地引领渗透消费者，最后导致购买、消耗、复购等行为的发生。

运营型主播在这里采用强诱导的方式来进行长线成交。

该海鲜产品直播间人气峰值最高也不过平均 11 人在线，30 天坚持开播了 117 场，销售业绩 38.6 万元，具体数据如图 5-3 所示。

图 5-3　某海鲜产品直播间数据

5.2.3 增强用户的信任程度

要增强用户的信任程度，就要打造老板人设。抖音上的案例不胜枚举。比如，卖茶叶的 ×× （抖音账号：×× 茶叶），就是以奋斗的富二代形象出现在直播间。他以自家茶仓为背景，通过与顾客的诚恳交流相处，打造了一个淳朴实在、不甘啃老，努力靠自己的本事勤勤恳恳做事的人设。

该直播间 30 天直播 34 场，每场平均时长 5 小时，销售额 284.8 万元，具体数据如图 5-4 所示。

图 5-4　某茶叶直播间数据

5.3　运营型主播必修技能

5.3.1　取得用户的信任并拉近距离

主播是卖人设的，人设立住才能够长期发展下去。

某平台头部主播团队因为假燕窝事件而受挫严重，该主播退出直播间，其实是一个多输的结局。曾经最早的时候，像农民的儿子这样的人设，拉近了众多粉丝与他的距离，成就了他后面的直播帝国的精彩，用户们因为喜欢、欣赏、崇拜该主播而不遗余力地购买。但是做直播，最重要的就是信任感和人设问题。如果人设塌方，网民的反噬能力也非常强。所以，在直播间里取得观众的信任尤为重要。

因为网络匿名等多方面原因，直播也是人性最真实的暴露时刻。尤其门店直播依托的是实体门店，做的就是街坊邻居的生意，口碑尤其重要。

短视频与直播间的交互互动也是一种特别好的反馈，因为直播间就设置在门店里，而一边直播一边开店销售，无意间进入镜头的顾客、现身说法的客户见证，更能增强信任感。网红店之所以成为网红打卡地，很大原因是顾客帮助宣传的。

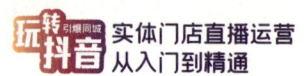

5.3.2 塑造产品的价值和亮点优势

销售从来不只是销售的产品本身，而是解决消费者遇到的某种困境或者问题而提供的解决方案。

顾客购买减肥产品，并不是因为单纯想减重，有可能是因为背后的故事，比如因为胖而失去了社交的勇气，因为胖而失去了一份感情，因为胖而失去了很多机会等。在塑造产品价值的过程中，要赋予它应该匹配的价值。

就像某减肥产品的广告语一样，减与不减，是一种生活态度。

我们可以展示包装，让中秋节伴手礼的产品体验倍感尊贵，送礼拿得出手，有面子。

我们可以展示功效，让粉底液立刻成为磨皮神器，自带滤镜。

我们可以分享感受，穿上就和没有穿衣服一样，超飘逸超自然，特别有"森女"的气质。

我们可以描述场景，这个口红颜色就像甄嬛环视后宫的感觉，"本宫不死，尔等终是妃位"。

主播应该用展示的动作和充满感染力的语气和肢体语言来展示产品独特的价值和优势。

5.3.3 抓住用户的痛点和实际需求

无论是线上直播还是线下销售，激发用户的购买欲望是非常必要的。只有你激发出潜在客户的本能渴望，生成购买的欲望后，他才会开启自我说服模式，这时你抛出无法拒绝的成交主张才有用。

所以我们不能停留在学习大主播直播间动不动就321上链接这样的环节上。否则，你直播间里所有的努力，在直播间的观众看来都是想套路他、赚他的钱而已。但是，如果先激发他的欲望，之后再介绍产品，他会认为你在帮助他，给他提供困扰他问题的解决方案。

5.3.4 筛选产品来增加用户满意度

现实生活中,大部分女生并没有如同模特一样的魔鬼身材,这才有了买家秀和卖家秀之间的对比。

比如某平台头部达人,虽然他不是专业的服装测评博主,但因为自己的身材特点,加上真实不做作的个人风格,和粉丝建立了很强的信任连接,他的很多短视频下都有用户求安利的留言。

一些身材普通甚至微胖的大码女装博主,以测评对比的方式,也将直播间变得热闹非凡。她们用自己略带缺憾的大码身材帮助消费者进行穿着示范,经过测评后,再进行推荐。这些微胖博主开小店、做直播、造品牌,她们正在以多种多样的形式,实现自己的财富梦想。某博主测评微视频如图 5-5 所示。

图 5-5　测评短视频

5.3.5 营造成交氛围,不露痕迹地憋单

实体门店的直播不能有任何一点作假。直播间的观众大部分是同城真

实用户或者潜在用户，虚假库存、断货等达人惯用的套路并不太适合实体门店。实体门店更多的是希望顾客到店成交。

达人直播间的成交氛围营造侧重于即时成交，因为他们不能确保这些此时此刻在直播间的人下次是否还会再来这个直播间。所以，抢到就是赚到。要激发观众的急切冲动，立刻下单。

但是，我们也会明显发现，直播间的退单率是非常高的。下播之后，只要消费者冷静下来，回翻一下订单记录，就有可能取消订单退款。所以，在抖音直播间里的成交订单，基本上都有很高的退货率，尤其是服装，退货率基本上在 50% 左右。

而实体店是不可以这样做的。如果只是简单粗暴地利用冲动式成交方法，憋单压成交。如果下次消费者走到门店发现还有货，价格也没什么差异，就会直接影响消费者心目中对于门店和品牌的信任。

因为在消费者的心目中，对于达人主播的包容度、认可度和同城实体门店店铺比较起来是不一样的。他们对于实体门店要求得更多。而很多时候在直播间，只能认倒霉，退货再赔上运费得不偿失，能凑合就凑合。

而对于实体店，尤其是同城实体店，消费者的观念是"跑得了和尚跑不了庙"，实体门店一般还有售后三包，假一赔十等。与达人直播间不同，实体门店直播在保障售后方面更规范，而且监管部门是可以随时到达的。

因此，**实体门店在做直播或者短视频带货时，在宣传逼单方面要极其谨慎**。

对实体门店来说，在直播中要学会营造成交氛围，不露痕迹地憋单。

例如：一招破局，带动引流＋连带＋提单＋复购＋养成长期趴直播间习惯。

直播间预约拼团、门店自提，有二次购物福利金奖励。开放 50 个名额且早到早得。老客户都知道诀窍，下一单再下一单连环购，循环三单，相当于现场打 7 折。

引流到店自提，引流目的达到。福利金循环购，连带目的达到。到店自提升单沟通，提单复购目的达到。而且不冲击现有门店的价格体系。不以断货为要挟，而以福利金循环购政策拉升紧迫感。

这样处理，可以营造出来紧张的成交氛围，而且憋单不露痕迹，可以减少消费者的抵触和反感情绪。并且这种处理方式还能养成消费者定时趴直播间等福利的习惯。

就像美团外卖，因骑手人手不够而造成延时送货产生大量投诉时，他们提出了一个新的解决方案，就是就近自提且享受外卖折扣价格。外卖派送费还是要收的，但是可以选择自提。很多就近就餐的人，选择了外卖的折扣价格（确实比实际堂食就餐便宜）和自提。其不占用外卖快递资源，还能得到更多的实惠。同时，对门店来说，原本要被占用的门店堂食的资源，用外卖自提的方式解决了，也缓解了门店饭口期的人手不够的难题。

5.4 日销千单的运营型主播主导直播间节奏的技巧

通过学习我们已经知道，**直播间一直都有脚本。按照脚本推进，所有的套路、技巧，甚至包括情绪都已经进行了精心的设计。**

比如我们剖析过的 ×× 茶叶的直播间。该主播就非常善于驾驭直播间的节奏。包括最近火爆全网的东方 ×× 直播间，也非常具有影响力和号召力。尤其是东方 ×× 直播间的董老师的控场能力，带动着直播间的消费者随时因为共情和共鸣引发购买。

大部分直播间里的常规节奏如下：

（1）开播第一分钟马上进入直播状态，然后签到，与最先来的粉丝打招呼。固定开头语根据自身需求"量体裁衣"，一般可以用"来了,老铁们！"等话术。

（2）开播 1~5 分钟采用近景直播，并开始互动。互动建议选择做每日任务、签到打卡、点赞抽奖，不断强调开播时间，等粉丝大部队的到来。

（3）开播 5~10 分钟，剧透今日主题、来宾，销售的主推产品和新品。

（4）最后 1 小时组织今天人气最高的返场。

（5）最后半小时教粉丝怎么领优惠券、怎么成功拍下、高人气商品购买路径、近期活动提醒等。

（6）最后 10 分钟剧透下期主题、来宾，销售的主推产品和新品。

（7）最后 1 分钟强调关注主播、下期开播时间，提示粉丝要准时参加、有关的下期福利，建议粉丝下播后去看下期来宾和商品简介等。

但是轮到实体门店自己直播时，可能就是"拎着产品就上，打开摄像头就播"的状态。虽说实体门店直播的直播间就是门店，因陋就简，可能确实存在随时卖货接待门店顾客，随时转过头来面对摄像头继续线上推广的情况，但是，如果没有好的脚本和节奏控制，直播也很难取得好成绩。

实体门店的主播身兼数职，因此必须用运营的思维来控制直播间的节奏。运营性主播在直播中除了掌握常规节奏，还需要搭建变现路径。因此，在实践中，主播还需要培养以下几种能力。

5.4.1　结合产品的实力展现效果

某茶叶直播的背景就是自己家的"万吨茶叶大仓库"。茶厂就是该博主的，自己本身就是妥妥的不啃老、努力奋斗的富二代，这就是在展示自己的供应链实力。

他一直在反复强调自己"源头工厂、源头货"的重度标签，一直在强调"去掉中间商挣差价"、忙碌的生产车间，直播时，让运营上链接的时候、问库房库存，都是拿着步话机那种。拿产品做福利，那种魄力也不是一般的主播能有的。源头工厂的实力，打压渠道的价格虚高，一元钱的福利茶一放，就可以放 4 万单出去。而且他怒怼同行，揭露业内的黑料，放话出去，可以随时来工厂看品质。溢出屏幕的是满满的实力自信。该茶叶直播间拆解案例如图 5-6 所示。

第 05 章
运营型主播（超级带货王）的培养与打造

图 5-6　某茶叶直播间拆解案例

5.4.2　围绕产品特点来策划话术，利用文案先声夺人

在某茶叶直播间，主播用自己独特的开场方式吸引顾客，重点介绍了茶叶的品质和认证，打消顾客的顾虑。

该主播有自己的特点，和东方××直播间的董老师类似的是，他也具备中英文结合的话术，但是，他的中英文结合的话术更像是不断抛出的爆梗，他说话幽默风趣带着押韵、表情丰富，一直都是满头大汗的模样，配着几缕因为汗水贴在额头上的刘海。

客观而言，他的直播间针对茶叶专业性的知识介绍得并不多。没有传统意义上的茶道、茶艺、采茶女、炒茶师父，没有各种高山流水的古筝音乐、优美的茶服以及茶艺表演。他用近乎癫狂的表演吸引观众，这种超能才艺展示也让更多人愿意在他直播间多做停留，留住人也就留住了财。

"恭喜你找到普洱茶的源头企业！"

"错过雪花可以重来，错过日落可以等待，错过这个×××，我告诉大家，它就不会再来了！"

"苹果好吃树难栽，恋爱好谈口难开，条索饼型都不赖，口感汤色包你满意，一人之下万人之上的班盆给你炸开花！"

213

"朋友们，合抱之木，生于毫末；九层之台，起于累土；千里之行，始于足下。一步一步来，Don't worry,don't worry。"

"我今天直接给你炸飞天，Lucy！给我炸，crazy！"

顺口溜加上他的中英文混杂的语言表达，还有他本身妖娆夸张的肢体语言、丰富的表情，都稳稳拿捏住了进入直播间的观众。

5.4.3 利用话题短视频和直播间连爆方式，针对标签用户精准营销

实体店要发抖音短视频，不要一上来就直接发，发了等于白发；要开直播，也不要一上来就直播，播了等于白播。这是为什么呢？

因为账号就像新开的门店，没打广告、没发传单，就没人上门、没生意。所以，无论是发布作品还是直播，都首先要蹭到同城的精准流量才行。

直播前，要在两小时内发布 1 ~ 3 条作品，起到连爆的效果，为直播间精准引流。

而短视频的发布，就更有技巧了。点击放大镜图标，搜索"同城精选"，选择"话题"栏，可以看到"同城精选"有 122 亿的播放量，点击"立即参与"，如图 5-7 所示。从这里面发布你早已准备好的短视频，然后我们就蹭到了同城精选的话题。可以在这个话题池中继续深挖，在相似话题里继续找到深入精准的子话题。比如某咖啡馆在上海，那么就要带上 # 上海咖啡。

在发布短视频时，除了要带上门店地址以外，还一定要带上门店的话题，例如加上 # 咖啡馆的名字。

为什么要这么做呢？带上同城精选的话题的目的就是在告诉算法，要给你推精准的同城流量，要让同城的精准粉丝来看你的短视频，进你的直播间。

当你的短视频发布了以后，并且在同城话题里上了热门，那么，接下来该如何开直播呢？

我们知道，直播很重要，尤其第一场直播。如果没有开好头，在直播间没有打造出精准的同城标签，那么后期很难变现。

第 05 章
运营型主播（超级带货王）的培养与打造

图 5-7　"同城精选"话题列表

开直播时，一定要让你的亲朋好友全部对你取消关注，不要点你头像昵称直接进入直播间，更不要点击你分享的直播间。因为抖音平台的 AI 机器人会将通过这些路径进入直播间的用户判定为无效的用户。

那么取消关注之后正确的做法是什么呢？

当他们取消关注以后，让他们拼命刷视频，大概率刷一两百条就能刷到你的直播间了。如果运气好，在他们的账号标签也比较精准的情况下，刷几十条就会刷到你的直播间。进入直播间以后，继续保持非关注的身份，然后帮你送红心，送小礼物，还可以主动购买直播间的产品。这时，你的直播间就可以打上精准的同城标签。因为有了付费行为和购买行为，算法就可以将你推给更精准的用户。

5.4.4　将产品融入场景引发购买

将产品融入场景，通过共情，为产品买单，也是非常值得推崇的直播间做法。

"人生30年没这么离谱过，我在直播间买了4袋大米！"这句在直播间的留言火遍全网。在该直播间中，娓娓道来的直播间风格，一下子拿捏住了消费者的心。直播间很少介绍产品本身，而是在不断地分享人生观点，分享感受，分享某一种场景下的所思所想。在直播间里带动着共鸣和共情，很多人纷纷下单，为的是寻找一个宣泄情绪的出口。

我们来看一下主播是如何控制直播间节奏的。

他用舒缓的语调，真诚地分享他的个人生活与感受。

推荐大米时，他讲述自己出身农村，说自己见证了每袋大米的背后，漫长的产业链上都有辛苦劳作的中年人；举着《平凡的世界》时，他分享自己读了六遍的不同心得，阐述"人有悲欢离合"的真理；他把一套《哈利·波特》拆封，一本本陈列到桌面时，他喊着"出发！出发！再出发！"转而又面向镜头，说这是送给屏幕前苦苦坚守与挣扎的中年人的激励。

他随口用"美好就如山泉，就如明月，就如穿过峡谷的风，就如仲夏夜的梦"来形容商品；他介绍铁锅，"是妈妈的手，父亲忧愁的面容，是老人盼游子回家的心"；他说食物串联人生，讲述火腿是风的味道，是盐的味道，是大自然的魔法和时光腌制而成的；等等。

5.4.5 展示用户体验，提高口碑

（1）直接展示用户体验的直播形式最适合门店的现场直播。老顾客来了可以邀约入镜，进行真实买家秀的分享。其实就是把探店达人的短视频形式、场景代入到直播间。

（2）用户体验分享佐证产品质量方面，这一点，某些直播达人就做得非常到位。在直播时跟大家分享，如果是某明星的同款，小助理立刻就会把明星使用的图片展示在直播间。最真实的强有力的证明是带动直播间节奏并成交的关键。

（3）明星效应售卖的核心是一种自我实现。"我没办法拥有某明星的车子、房子、容颜、名气，但至少我可以凭我自己的努力，拥有一支同款的口红、帽子、面霜""或许用了明星同款，我也能更漂亮一些，那样或

许也更容易成功，赚更多的钱"，在客户这样的心态下，明星同款的话术可以说是屡试不爽。但问题是太多主播在使用"这是与某明星同款"的话术，导致客户已经有了一定免疫力。所以讲到明星同款的同时出示证据效果会更好。

（4）安排小号水军在直播间里带节奏，和主播形成互动，不断地释放卖点。主播在针对性问题的互动中，不仅仅向直播间里的潜在消费者展示了直播间产品的品质、服务的优势，更通过水军顾客的互动，侧面佐证，并且能够带动引发真实消费者的互动提问分享。

（5）顾客主动分享的购买体验，不仅为直播间做了宣传，而且会成为顾客口碑中最高加分项。

在直播间会员群里，顾客们也跟操碎了心的老母亲一样，为主播出谋划策。这种始于颜值、敬于才华、忠于人品的过程，也是主播带节奏的天花板了吧！

5.4.6　用福利诱导用户购买产品

在直播间使用"秒杀、炸波福利、321 上链接"这样的招数已经泛滥成灾，很多消费者在直播间已经很难被这种招数带动了。而且抖音平台也做了很多的限定，严禁虚假利益诱导等行为发生。

但是，**从人性角度层面撬动冲动性购物行为这一步非常重要**。尤其是女性消费者，大都以感性为先，往往会因为赠品力度大而买回一大堆实际上用不上的东西。所以福利这个环节的设计其实也是非常重要的。

1. 要限定福利的条件

主播要告诉观众只有配合做了动作的人才能获得，而不是求着所有人赶快去抢。福利品要设置一定的数量，而且要多批次设立。

常见的福利形式有购物车一号链接秒杀、设置福袋、截屏抽取粉丝送福利等。

此时的话术举例：家人们，赶紧打开 5G 网络，在小黄车里先挑好款

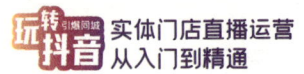

和尺码啊，下面我们要直接拼手速了！

2. 设定获得福利品的指令

主播去讲行动指令，例如想要的需要完成哪些动作。但是设置的动作不能过于烦琐，门槛也不能太高。

比较常用的操作有加入粉丝灯牌、加入粉丝团、点赞、留言关键词等。此时的话术举例如下：

（1）抽奖的口令是：××，把抽奖口令扣起来，抓紧时间扣起来。

（2）我们整点就要抽奖啦，没有点关注的点关注，没有亮灯牌的亮灯牌。

（3）大家多转发一下直播间，满××人我们来抽波奖。

（4）宝宝们，是新粉的扣个1啊，先给咱们新粉宝宝安排一波见面礼！

（5）大家喜欢1，还是2？大家喜欢什么我们就送什么！

特别提示：加入粉丝团要比关注的权重更高，也更能增加直播间互动率，优化转化漏斗，因此在直播间要尽量引导用户加入粉丝团。

5.4.7 泛娱乐性节奏，先拉高场观，再垂直转化

最近一段时间，顺口溜直播间风靡一时，引发直播间娱乐性吸粉，出现了不少现象级的直播间。普通实体门店也是可以借鉴的，破圈本地生活直播流量密码有四条建议，其中最后一条尤其重要。

第一条，内容迭代式创新。我们都知道，真正意义上的原创是很难的，但是"火过必再火"原则一直都在。

第二条，有政策流量扶植，有实体门店作为承接。本地生活赛道是抖音平台的重点扶植对象，平台最火的热词就是即时零售。直播时买，同城自提或配送。**原本没有购买意愿，被直播间激发后，很可能立即付诸行动。增量式销售而不是存量式销售，很容易出现爆品。**

第三条，最有效的电子传单。同城流量，更聚焦，更精准，直播间自然流量推荐，驾驭得好，就是井喷。一场直播，双频共振，几乎几分

钟发一条短视频，直播前疯狂发送多条短视频自然流精准引流输血直播间。

第四条，也是最重要的一点，优化人货场。主播应答有温度，强化直播间的辨识度，直播间的布置适合点击进入，引流产品价位定位精准等。

这种从泛流量、高场观聚焦转化的实体门店到店用户的转化率，具有一定的市场战略意义。

5.4.8 憋单节奏设计——设置悬念来吸引用户兴趣

首先，抖音平台是打击憋单做法的，但是憋单的运作却也真能在客观上提升直播间的人气和销量。因此，如何在不被判罚限流的前提下做好憋单并控制好节奏，也是非常重要的一件事情。

在直播的过程中，一方面，主播要口头表述玩法；另一方面，要将玩法直接呈现在直播间，可以放到背景墙上，也可以写在手持提示板上。

直播间进人之后，主播要不断重复憋单话术：欢迎新人进入直播间，介绍规则玩法，介绍福利产品，开始演示下单，引导观众下单等。

5.4.9 避免诱骗秒杀的参考话术

附上一些错误话术案例，大家自查。

（1）错误案例：新来的观众在屏幕打出"新来的"参加今天秒杀。

参考案例：新粉宝贝扣个"新"，这是我给新粉安排的见面礼。

（2）错误案例：点赞××才可以购买。

参考案例：喜欢主播的给主播一点支持和鼓励，动动发财的小手把免费的小心心戳一下，小心心到1000，咱们继续炸。

（3）错误案例：在直播间停留3分钟才可以购买。

参考案例：新来的姐妹们不要走开，3分钟后提醒我继续安排礼物。

（4）错误案例：拍了扣三遍已拍优先发货。

参考案例：拍到的宝贝，想要加急的宝贝，拍了以后回来扣加急，给自己加速。

（5）错误案例：新来的一定要扣666才能报名参加领取福利。

参考案例：想要体验我们家新品的，扣一波新品，扣了新品的咱们今天上新品。

（6）错误案例：扣5遍尺码加一个库存。

参考案例：想要什么尺码扣出来，来给××加一个S码，给××加一个L码。

（7）错误案例：不关注主播的拍不了。

参考案例：点了关注的宝贝去拍哦，卡了牌的宝贝去拍哦，点了赞的宝贝去拍。

（8）错误案例：今天××号链接有秒杀福利。

参考案例：今天××号链接有惊喜活动。

（9）错误案例：新来的宝贝加入粉丝团才可以参加今天秒杀。

参考案例：喜欢主播的卡个牌，卡了牌的就是我的人啦，那我的人我肯定得宠，给你们宠粉活动开一波。

（10）错误案例：点了关注的回来扣666给你送××。

参考案例：有多少点了关注的，这款××宝贝直接王炸补贴给大家，上架。

第 06 章

赢在店播——
实体门店直播运营

本章终于到了落地的环节，这里介绍的都是与实操有关的知识。希望大家能够对照着内容进行实际的演练，落实到自己门店的实际运营当中。

不要着急先风风火火地去拍短视频，或者找探店达人来帮忙拍探店视频挂团购，更不要着急先去找对标账号，不要先涨粉丝，更不要因为怕丢面子而急功近利地花钱买粉丝要给自己的门店做足面子。

在本书开篇时，就跟大家明确过这样一个概念：抖音的短视频和直播间就是你的电子传单。店没开且没弄明白卖什么之前，不要着急发传单。发传单是最后一步的事情！

6.1 你为什么做不成一个赚钱的抖音号（获利漏斗）

先做内容类似于先发传单，在没有产品的情况下就去发传单，当你把人招呼到店里，你会发现你没有产品可卖，你会变得更焦虑。

我们来聊一下变现的底层思维，抖音变现的底层思维就是用有价值的视频去服务自己有价值的产品。做抖音就像开线下实体门店一样，要先想清楚自己要干什么，再去进货，然后再去选人，最后再去发传单。

干什么就是定位；选址就是赛道；进货就是产品；选人就是用户；发传单就是做视频。这才是正确的做抖音的逻辑，没有之一。

1. 定位

定位分为商业定位、人设定位和内容定位。

商业定位有三句话：你要卖什么，你要怎么卖，你要卖给谁。要通过直播的方式卖，要卖给那些想要我的产品和服务的人。

人设定位也有三句话：你是谁，你的背书是什么，你能够帮助别人解决什么问题。以笔者自己为例，我为零售行业的国内外的知名品牌大厂做了多年零售管理，从一线做起到控盘全国市场，有非常扎实的实体门店管理经验。2015 年转型互联网电商，一直聚焦实体门店打通线上和线下销售的领域，笔者辅导了很多国内知名零售品牌做店播，培训或辅导数以千计的实体门店账号，积累了非常多的实体门店店播经验，可以在抖音上教大家做抖音的思维，教大家成为一个赚钱的抖音号。

内容定位只有一句话：你要解决用户的哪一个问题。

搞清楚定位之后再选择赛道。

2. 赛道

赛道的选择遵从三个原则。

第一，**我擅长，**且有长时间的投入钻研的背书。深耕本专业就一定会比其他人强，有自己独到的优势和心得，即便你不是行业公认的专家，但是你要比 80% 的人强。例如，我是每年在郑州卖出 1 万张床垫的辉哥或我是每年把 3 万只鸭子送进烤炉的明叔。

第二，**我喜欢，**真心喜欢并且可以全情投入的事情。爱好是核心的生产力，你不喜欢的事情可能无法坚持到最后，即使硬着头皮坚持下来，可能也不会有好的结果，因为没有可持续产出的内容与动力。创作陷入枯竭，内容容易粗制滥造。

第三，**我像谁。**假如你不知道你自己能做什么，你就看看抖音里面谁做的事情，可以去对标模仿，这点很重要。

3. 产品

接下来就是选产品。实体门店做团购，不要忘记初心。目的是引流，如果没有设计好产品组合，单纯只是为了做而做，很快就会被利润损失拖垮，不能坚持下去。没有准备好项目或者没有产品就去做抖音，就像你开了一家店，在没有产品时招呼人进来，最后的结果一定是一地鸡毛。

4. 用户

接下来你就要确定你的用户是谁，他多大年龄、喜好是什么、痛点是什么，你需要解决的问题是什么，他辗转反侧睡不着觉的原因是什么。只有找到他感兴趣的点或痛苦的点，你才能够做出他喜欢的内容，从而引起他的注意。

5. 视频

种草引流的短视频内容就是解决用户的问题，给到他解决方案，不要做自己想做的，也不要说自己想说的。用户需要的不是曲高和寡，不是阳春白雪，大多时候用户需要的就是接地气，需要的是能够听得懂的话。接下来才是找对标账号，**找到那个你可以模仿的、能够去模仿的、能够去对标的账号，这个账号可以帮助你节省三个月的时间。**

以上就是一个正确的做抖音的逻辑。

结合上面的逻辑，与同城播的获利漏斗逻辑结合在一起，就能清楚地找到着力点。同城直播间获利漏斗图如图6-1所示。

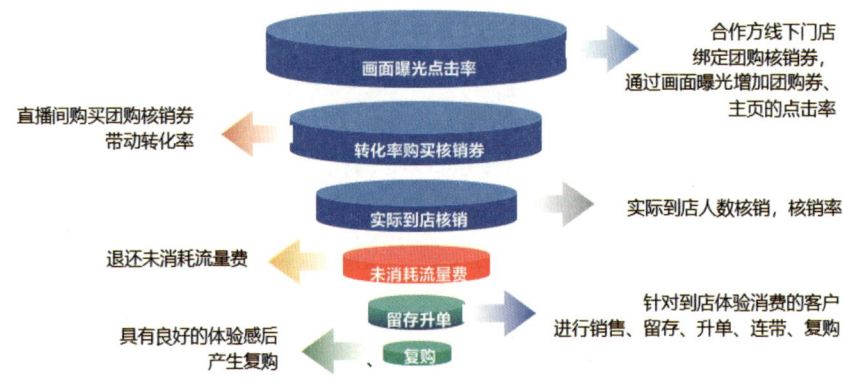

图6-1 同城直播间获利漏斗图

直播的功能在同城范围内倒更像是一张电子传单，它的分发宣传引流功能显然更具有实际意义。成交完全可以通过引流到店，进行相关的销售转化。

如果你注册了企业蓝V账号，那就可以发布相关的商业广告而不必担心被限流。到底开不开抖音小店，这个要根据各个门店的情况具体问题具体分析了。如果还不清楚自己的门店更适合哪一种账号，那么建议参考第1章的相关内容。

首先，开启同城直播号，直接注册企业蓝V账号即可。如果暂时还不需要使用更多的企业蓝V账号功能，而且自己门店的类目属于目前抖音来客本地生活的类目，建议就直接注册抖音来客。注册抖音来客App，免费赠送企业蓝 V。

抖音来客 App 中可入驻的行业类目如表 6-1 所示，如果在类目里，建议直接注册抖音来客。

表 6-1　抖音来客 App 可入驻的行业类目

一级类目	二 级 类 目
美食	地方菜、特色菜、自助餐、火锅、东南亚菜、日料、西餐、面包甜点、饮品、快餐小吃
住宿	酒店宾馆、客栈民宿、其他住宿
游玩	景点、动植物园、泛主题公园、展馆/展览、公园广场、旅游项目
亲子	儿童乐园、婴幼服务、亲子活动
结婚	婚宴、彩妆造型、婚礼跟拍、司仪主持
宠物	宠物店、宠物乐园、其他宠物
休闲娱乐	洗浴按摩、传统娱乐(网吧或KTV)、户外娱乐、DIY手工坊、电影/演出、休闲运动、图书馆
丽人	美发、美甲、美睫
运动健身	健身房、武术搏击、球类运动、综合体育馆、游泳馆、瑜伽、舞蹈、其他运动健身
购物	综合商场、花鸟鱼虫市场
生活服务	印刷摄影

6.2　抖音同城号引流

6.2.1　精准引流：打开同城流量入口，精准引流同城用户

同城号在未进行运营规划设计之前，其实只是一个企业蓝 V 账号，在

本身没有任何标签的情况下，短视频会推送到全国的泛流量。如何通过规划设计，确保让尽可能多的同城的人看到呢？实体门店做抖音的同城号，目的就是做同城的生意，其他地方的人看到对你来说意义不大。

那么，怎么样才能打开同城流量呢？

1. 开启同城开关

抖音的设置中有一个隐私设置，即同城展示开关，打开该开关，这样才能给你推荐同城的流量。

打开同城开关的方法：**设置→隐私设置→同城展示→打开展示作品直播位置开关**，具体流程如图 6-2—图 6-5 所示。

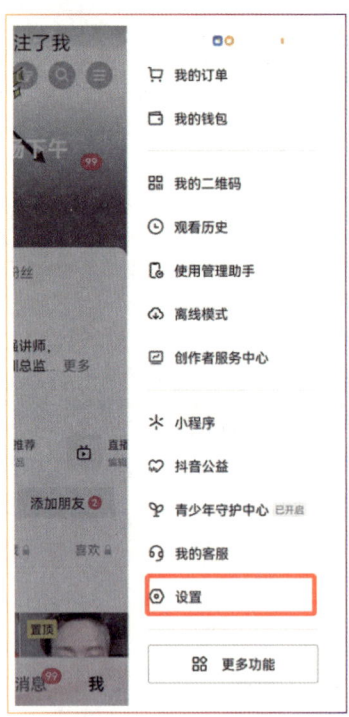

图 6-2 选择"设置"

第 06 章
赢在店播——实体门店直播运营

图 6-3 打开"隐私设置"

图 6-4 打开"同城展示"

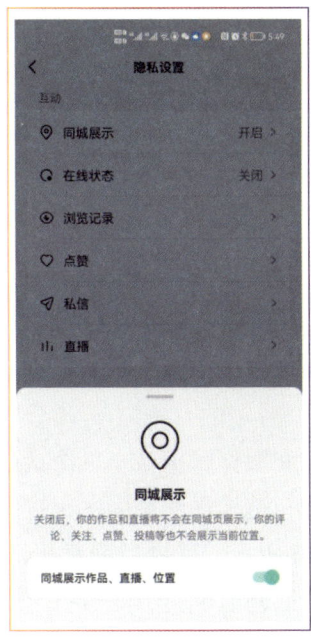

图 6-5 打开作品直播位置开关

227

2. 位置引流

发布视频时一定要带上你的门店地址，如果经营的范围就在本地生活类目中，就尽快注册入驻抖音来客 App 并开通团购，认领门店地址，这样点开发布短视频时就会挂上你的门店地址，就可以直接参加团购了。位置引流示例如图 6-6 所示。

图 6-6　位置引流示例

3. 话题引流

发布视频时一定要在文案标题里带上三个话题，分别是你的城市、你所在行业、你店铺的名称，这样操作是为了直接告诉系统你想要的是同城流量。如图 6-7—图 6-10 所示，话题后面都标注着近期的总播放量，显示着话题的热度。这样的话题池也会给账号打上有效的标签，进一步强化同城的概念，引导抖音的 AI 算法，将你的作品、直播账号推送给精准的标签用户。

第 06 章
赢在店播——实体门店直播运营

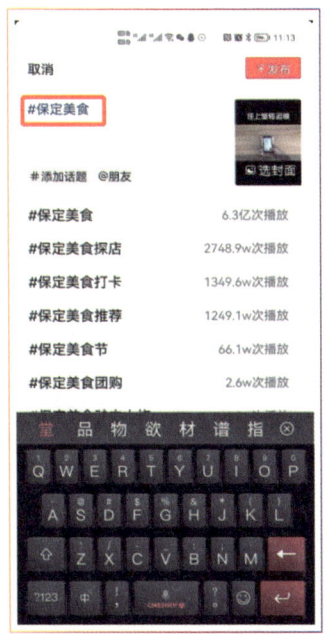

图 6-7 打开同城话题

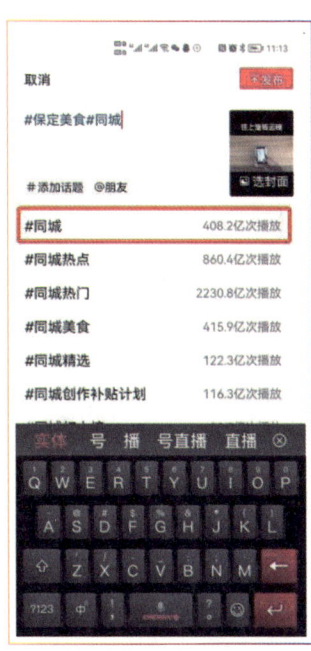

图 6-8 打开同城标签

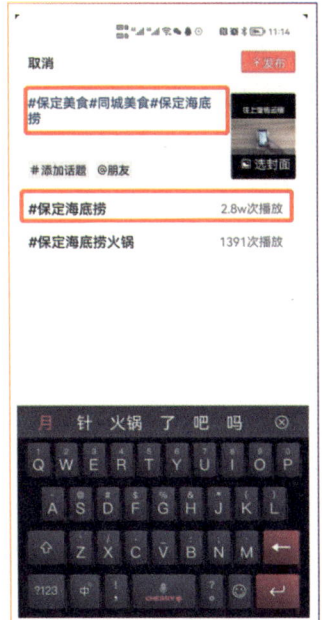

图 6-9 打开同城及店名

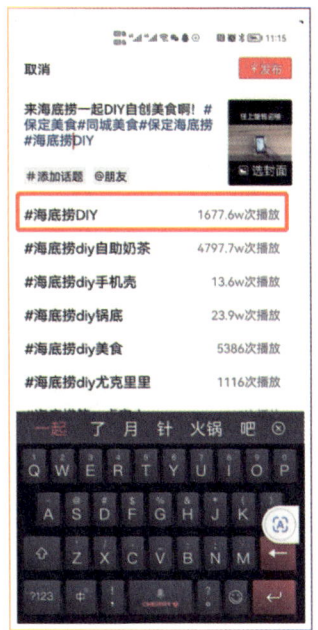

图 6-10 打开店铺名

4. 内容引流

就是要在你的视频标题和字幕文案中反复提及你所在城市，这样的字眼也可以很大程度上帮助算法判断你的内容，认为你的内容更适合推荐给这个城市的用户。

不断强化、重复使用同城的相关标签关键词，让账号带上更多的同城属性。而且在视频内容里，多增加互动引导，引导观众到评论区互动、评论。

5. 评论引流

现在的抖音都经过实名认证，而且 IP 都会带地址。短视频内容里，多在评论区与同城 IP 的用户互动（目前只精确到同省，但是后台粉丝画像可以看到同城），加强互动，添加重度关联点。根据抖音算法的分发逻辑，强互动会提高自然推送的概率，可以获得更多的自然流量。

6. 抖加引流

想免费获得同城展示要通过以上几个操作，让算法识别到你想要的是同城流量，从而给你精准地推荐同城的用户。如果要进行更精准的选择，就需要进行付费投 DOU+，选择门店进行曝光。

某小店花 500 元钱随心加热视频，换来 3000 次视频曝光，53 个点赞，8 个收藏，2 次分享，实际到店人数可能为 0。

然而，当使用抖音为实体门店提供的"巨量本地推"时，针对同城流量进行精准投放，所带来的价值就完全不同了。

100 元钱购买流量，进行账号精准投放，哪怕换来 1 个精准到店客户，价值都是无限的！

实体门店可以利用短视频投放领域，包括用户互动、门店引流、团购成交和粉丝增长，特别是团购成交模块，可以选择成单宝提供的套餐模式，精准锁定团购成单量，确保产出比。

店家如果需要更直观、更明确的发力方式，可以放弃系统智能推荐，选择自定义定向推荐，精准地选择被推送的用户标签，如性别、年龄、地域、兴趣标签、达人相似等选项。

在投放地域里，不仅可以选择自家门店周边范围，还可以指定特定地点范围。在自定义选择中，针对粉丝互动，还可以选择潜在兴趣用户，如图6-11所示。

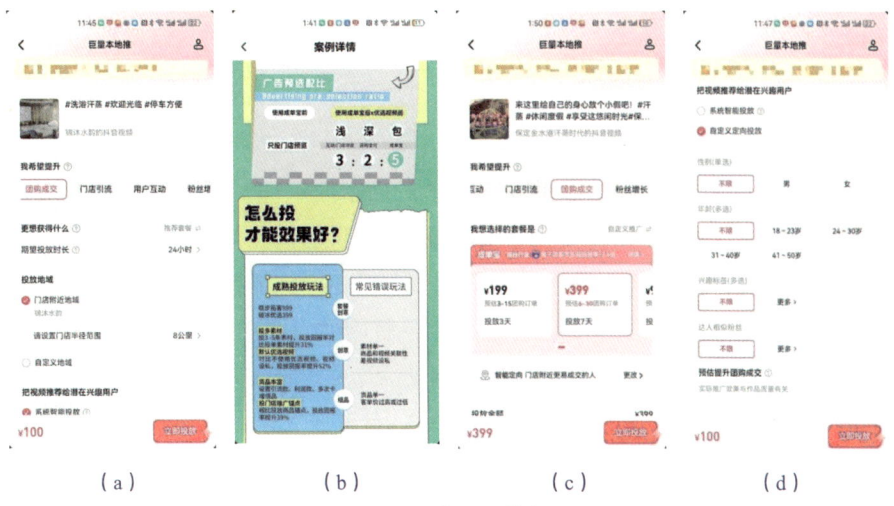

(a) (b) (c) (d)

图6-11 账号经营方向

潜在用户可以在"选择兴趣标签"精准投放，如图6-12所示。

根据门店实际的推送覆盖面积，可以将"设置投放半径"设置为6、8、10、12、15、20公里六种选项，如图6-13所示。

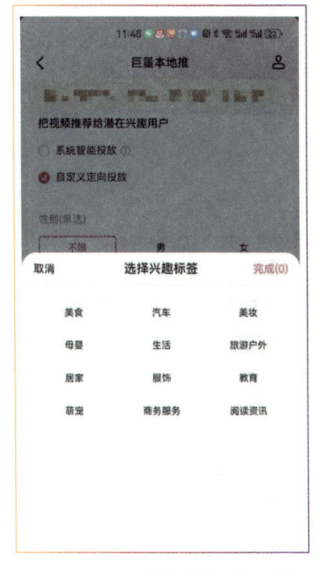 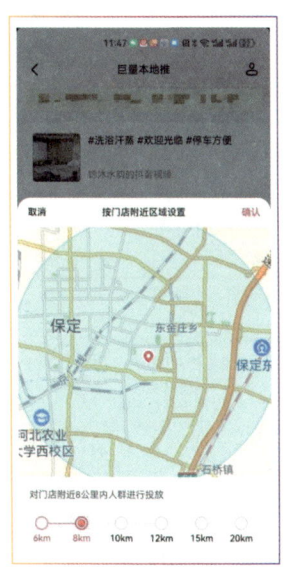

图6-12 "地域"选项栏　　图6-13 设置投放半径

6.2.2 反向获客：实体门店反向获客，不投流，免费公域获客精准打法

1. 锁定话题，触达精准客户

在抖音的推送算法逻辑里，有一个是话题池入口。相关的话题会被分门别类地进行管理，享有专有的搜索推送关联逻辑。如图 6-14 所示，在发布视频中，带上"#"符号，后面会自动出现大量的长尾关键词。比如输入#艾灸，#号后面的文字就会变蓝，后面就自动关联大量以艾灸为核心字的大量长尾关键词，诸如：#中国艾灸、#中医艾灸、#艾灸健康等，它们都有自然流量。或者如图 6-15 所示，点击放大镜图标，输入"艾灸"，点击"话题"选项，立刻出现大量与核心关键词相关联的话题流量池。点击"立即参与"按钮，上传作品，并关联话题，进入话题广场，增加入口和曝光率。

图 6-14　发布时带话题

图 6-15　搜索"艾灸"

2. 赢在同城，精准定位引流

充分利用高德地图的优势，进行周边小区定位，可以在高德地图上搜到周边小区的房地产均价，作为消费者分层的预判，如图6-16所示。然后，在抖音搜索进入小区的话题池。在小区的话题池里，通过浏览短视频，进行精准用户的发掘，并以点赞、评论、私信的方式进行沟通，最后发出邀约，向其开展派发试用装等促销活动，进行精准获客。

同时，在发布作品时，也可以选择发布的地理位置，这时可以定位在目标人群所在的小区，进行话题关联，进入当地小区的话题池，如图6-17所示。

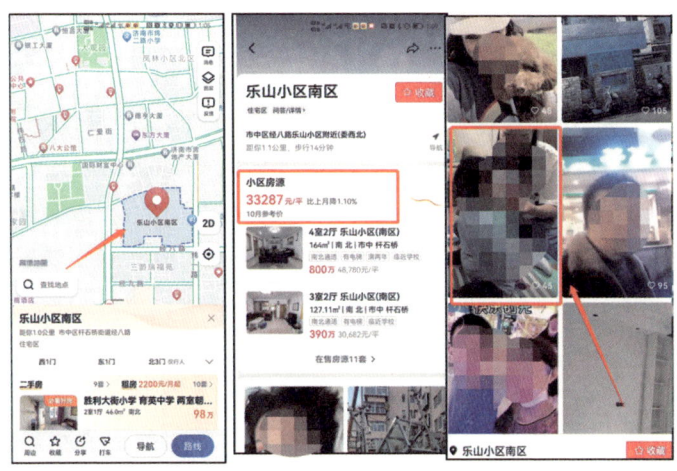

图6-16 利用高德地图精准定位

图6-17 选择发布地理位置

6.2.3 玩转同城：打通公域私域，解锁双域变现的流量密码

行业不同，实体门店的运营方式也不同，按照行业在线化程度高低以及消费者的消费频率，可以把所有的企业分成四大类。（即在线化程度低而消费频率高、在线化程度高而消费频率低、在线化程度高而消费频率高、在线化程度低而消费频率低），而我们主要研究的实体门店显然是在线化程度低而消费频率高这一类。

这类企业的运营核心是快速种草，到店转化。这也是实体门店区别于电商直播间的一个地方。放大不可替代性和必要性，提供精细化服务，物超所值的到店体验等都是杀出重围的突破口。

这类实体服务业在直播运营中有以下七种方法。

方法一，本地风格的鲜明化。尽量不要使用强广告的推送形式，主页、私信、社群、订阅号的风格要统一，最好做到有鲜明的本地特色，拉近与粉丝之间的距离。本地知名探店达人、示范性体验有很强的带动性。

方法二，福利裂变的节奏化。新粉丝初次下单购买时，要发放一些专属的优惠券或粉丝的专项福利，让粉丝获取更高的优惠，与粉丝产生高频交互。在日常运营过程中，餐饮服务业可以引入更多的KOL探店、路人吃辣等。这些活动可以提升粉丝的活跃度。

比如，火爆全网的柳州螺蛳粉，开展的"限时吃光螺蛳粉赠方便装螺蛳粉"活动，经过网红接力式的炒作，全国各地的螺蛳粉爱好者坐飞机过来，只为了网红打卡，从而对该品牌的推广和宣传起到了事半功倍的效果。从门店即食的螺蛳粉连带推广盒装的螺蛳粉方便食品，是一个很好的尝试。

方法三，直播导流的常规化。直播前给出当日团购的商品清单、福利政策、干预规则等，粉丝提前蹲守直播间，为直播间带来更多的互动问题。公众号、直播间中预告下一场直播的福利款，社群内互动，反向种草，开设许愿模式。

方法四，社群运营的精细化。按照地域对社群进行分层，打造区域化的社群矩阵，提高社群运营的精细度，提升到店的转换率。

公域获客会有大量的流量进入账号，但是能否产生交互、能否产生后续付费会有很多种可能性。精细化运营社群就有着非同凡响的作用，与直播间对接的社群运营有着强大的逻辑体系。

方法五，线上线下的一体化。在社群中合理地投入一些付费工具，以及团购的一对一福利。奠定用户的信任基础。定期开展一些线下的打卡活动，为直播内容提供创作素材的同时，还可以进一步提升信任，引导到店转化。

方法六，定制化的用户触达。通过私信的自动回复，派单消息卡片订阅号的定制化设计，以及自动化的用户触达，再加上团购、优惠券等这些工具进行直接的交易转化等方法触达精准用户。企业可以在用户管理中直接进行高潜意向客户的电话回复，可以对现有粉丝进行精准的反复式触达成交。

方法七，反推潜在意向用户的粉丝画像，进行精准的用户触达。

通过以上七种方法，引导粉丝对本地门店及服务产生兴趣，吸引顾客到店消费，提升线上口碑。核裂变的效率是这一类企业运营的核心。

6.2.4 店播变现：企业及个人如何布局直播变现

1. 新手商家的直播出路，关键要做到：场、货、人

（1）第1个场，微信。发动员工有节奏、高频率地在微信社群、朋友圈推广，为直播打下一定的流量基础。

（2）第2个场，短视频。3轮视频引流，配合网红效应，从外部为直播引来新的客源。

（3）第3个场，直播间。凸显同城直播间的本土化风格，打造"方言唠嗑+门店场景互动"场景，获得粉丝认同，转发助力直播火爆。

（4）第4个场，门店。预售+线下核销，把线上粉丝、新客导流到门店，形成完整的销售闭环。同时，在门店做交互、关注、点赞等动作，与门店的账号进行关联。后续利用算法可以做到精准触达。

2. 实体门店开直播的正确启动顺序

正确的认证顺序应该是先用家人的身份证去实名注册一个蓝V账号，然后再用自己的身份证去实名认证另外一个抖音账号，这样两个号都可以开直播。注意，千万不要开了橱窗之后再开抖音小店，因为你一旦开了橱窗，这个账号就不能开通抖音小店了，要经过一系列特别麻烦的操作，才能够开通。

正确的开通方法是先开抖音小店，用这个抖音小店免费绑定一个企业蓝V账号，既可以省600元的审核费，还可以绑定5个抖音的直播账号。这5个账号以及企业蓝V账号都可以零粉丝、零作品开始直播带货。

6.2.5 拿走即用的直播引流社群运营方法

直播引流社群运营方法有以下十种。

1. 个人主页背景图

可以在抖音个人主页的背景图中放入自己的微信或者公众号的信息图片，这样可以很好地引来流量。还可以制作一张图片，写上引导类的话语去引导用户添加你的联系方式或者关注公众号，也能起到引流的效果。图片要简洁明了，让用户能看到你所表达的信息就够了。

举例：利用研习社的模式和模板，批量生成多个研习社，进行私域引流，如图6-18所示。

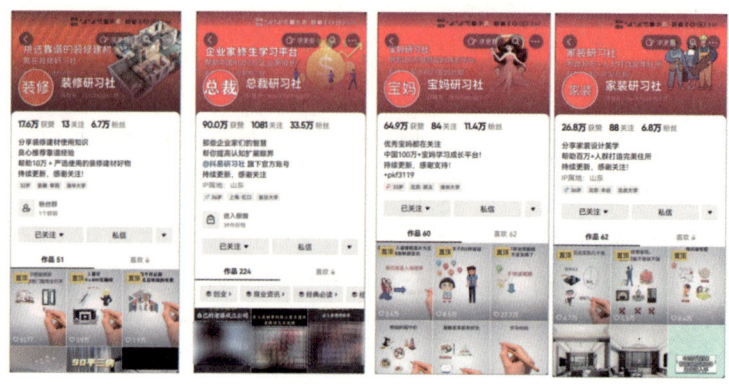

图6-18 批量生成多个研习社

在抖音 App 中输入"研习社"关键词，即可出现多个研习社的搜索结果，如图 6-19 所示。这些批量生成的账号有一个共同的特点，即能够批量复制。也就是说，能引流吸粉，能快速批量生产短视频。

图 6-19　研习社搜索结果

每一个研习社账号的粉丝量都在短期内从十万增长到四十多万。这个方法是可以借鉴复制的。

2. 主页信息放入微信号

在个人主页会有自我介绍，许多达人的自我介绍中会有"vx"或者"wx"这类的字眼，因为抖音不会直接让你带入其他站外平台的联系方式，但是可以以这种缩写的形式来替代。

注册抖音账号时都会默认分配属于自己的抖音号，抖音号是可以修改的，可以改成自己的微信号。然后自我介绍里加上一句：全网同号。这样，粉丝就会清楚你的抖音号就是微信号，需要注意的是抖音号 30 天内只能改 4 次。

但是个人微信每天都会有加好友数量限制，如果你的流量太多，就会有很多粉丝加你的微信，但是好友数量已经限制了，这样会白白浪费一大波流量，还是很可惜的。

3. 头像和名字

你可以把头像和名字设置成自己经营的内容，比如"××生活馆"，

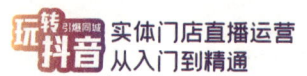

这样的名字简单明了，指向性很强。

4. 短视频封面引流

在发布作品时，短视频封面可以带入微信信息等联系方式，通过制作的短视频封面来设置引流信息。单个视频封面就可以，多个视频组合起来也可以。

5. 评论区引流

利用好神评论。神回复，顾名思义，就是在评论区中的神评论。**做一个灵魂段子手，利用好神回复**，使你的视频达到很高的点赞量跟评论量，那样你的账号就会在很大程度上得到曝光。

利用好神回复，可以做到：

（1）置顶爆款视频和引流视频的回复。新用户看了你的一个新视频，他可能去关注你的主页，然后看到了账号最火爆的或者对用户来讲有价值的内容视频，看完这个内容也会去读评论，在这种情况下再结合使用造热评的方式，可以快速激发一个新用户，达成从了解你到关注你，再到最后主动联系你的被动引流。

（2）1对1回复。个人签名里可以承诺：有私信必回，有回复必回。那么在这种情况下，就需要设置一个自动回复话术，如果有用户私信你，通过自动回复的方式可以告诉用户你的个人微信号，这样也能引来很大一批流量。

6. 私信引流

抖音私信功能不仅可以用来聊天，还可以发图片、视频和其他一些内容。有粉丝私信你时，可以有效地去引导他加你微信。

私信引流是比较常见的引流方式之一，可以在私信中发送文字、图片、视频等，通常用来配合福利诱饵引导添加私域。

建议不要直接在私信里发送自己的联系方式，还要注意不要在私信中使用一些敏感词，可以提前准备话术，测试一下会不会被屏蔽。私信不要发送得太频繁，否则会被判定为骚扰用户。

如果想要实现自动回复私信的功能，需要注册抖音企业号进行设置，个人号目前还不支持这个功能。

7. 视频内容引流

可以把同一类型的视频做一个合集，在合集的名称中添加引流的信息；或者在视频内容中通过剧情引导、主播的口播引导、结尾的文案提醒。如果直接让用户去加你，那么在视频中不要说加我的微信或者直接把微信号都说出来，一定要先引导他私信你，然后再去引导他加你微信。

在视频中植入的联系信息不能太过明显，可以一带而过，或是用其他巧妙的方式展现，不能太过生硬。

8. 直播引流

目前开直播的门槛比较低，只要是进行实名认证的账号就可以开直播。和其他渠道一样，我们可以在直播过程中进行口播的引流，通过免费领取礼品或是加入行业交流群等方式引导用户添加私域。

注意不要在抖音里的任何场景频繁提及"微信"两字，否则会有被断播或者封号的风险。

9. 企业蓝V引流

通过公司或个体户的营业执照认证企业蓝V后，就可以在抖音个人主页挂企业官方电话和官方网站。官方电话可以挂和微信号相同的手机号码，如果有用户打电话，则可以引导用户添加微信。官方网站的链接可以设置一个落地页，页面里既可以进行私域的引流，也可以直接放淘宝店铺的链接，进行商业的变现和吸粉。

10. 信息流推广引流

信息流推广引流，是通过抖音官方进行付费推广，也是最安全的方法之一。通过这种方法不仅可以向微信引流，也可以向淘宝店铺引流。

信息流推广引流可以根据人群、兴趣、地域等多个维度进行标签设置，把品牌、产品精准地呈现给目标人群，通过落地页进行私域的引流，从目

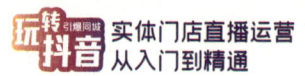

前来说可以说是最简单的引流方式。

6.3　抖音私域运营

6.3.1　私聊转化

私聊转化是指适合私聊的高转化话术策略。

实体店经营的一大痛点是缺乏有效的用户运营能力。而围绕门店抖音号，商家可以聚拢一批忠实用户，通过视频与用户互动，培养用户黏性，提升用户留存率。

但是，很多商家即使引导用户添加了微信、关注了抖音账号、进入了微信或者抖音的社群，但因社群活跃度并不高，导致很多用户很快就退群了。多年的积累和努力，都不足以让门店的生意与电商平台维护建立起正向的沟通交流，业绩互补。因此，商家有必要学习适合私聊的高转化话术。

> 案例参考：
> 一位顾客去水果店买水果，店老板说："加一下我的抖音号吧，可以便宜5元。"这个人觉得挺好，就加了店老板的抖音号。晚上7点钟，店老板发来消息："今天刚进的一批山竹没卖完，如果需要可以3折出售。"3折？这也太便宜了！因为水果今天卖不出去，明天就不新鲜了，3折就当是清理库存了。这位顾客觉得很划算，说不定会买一些。
> 水果店晚上关门前一般会将当日需要处理的菜和水果进行秒杀消化，吸引顾客到店自提。晚上8点钟水果店固定时间开直播，店老板又通知："明天早上店里会进一批从深圳南山空运过来的荔枝，晚上10点钟之前预定可以打7折。"为什么能按7折卖？因为先预订再采购，水果店完全没有损耗。这位顾客也觉得很划算，说不定也会买一些。

最后，这家水果店的生意越来越好。而这位顾客也会养成在固定时间登录水果店直播间的习惯。

6.3.2 精准群发

精准群发，即通过微信群和抖音群联合发布门店活动，利用算法带动流量进入。

抖音的算法存在多重算法关联的推送逻辑。第一轮的铁粉推送是最新的算法变化。就是基于你的账号进行推送。

你一定看到过类似这样的画面：各种错综复杂的关系展示在抖音的昵称上，例如，你的朋友点赞过、评论过并关注你收藏的地点等，如图 6-20 所示。

类似这样的关系才会推送到你的浏览界面。

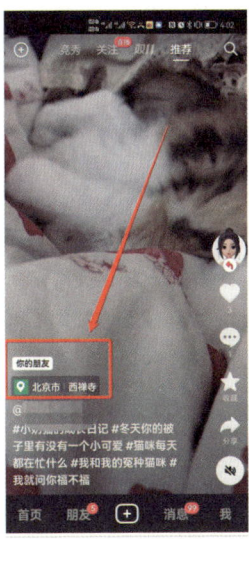
（a）

（b）

（c）

图 6-20　抖音中展示的你的关系

那么反向思考，当我们在抖音上想实现精准的推送，让更多我们希望看到的人看到我们的短视频或者直播时，就需要与我们期待的人频繁发生

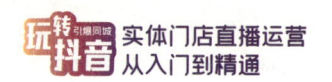

关系，建立重度关联点。

基于铁粉推送和重度关联的关系推送，会决定后续的流量分发。

（1）积极参与热点话题。发布作品时，尽可能使用#话题关联功能，尽可能地覆盖到对该话题感兴趣的用户。添加#××主题，并传播相关精准内容。

（2）黏性的产生，一定是基于利他的输出。能够帮助访问者解决问题，提供实用的帮助是赢得粉丝的关键。用你的专业知识来搜索相关的话题，解释和回答你抖音的问题。需要持续的投入和互动，才能赢得信任和青睐。

（3）抖音还有基于地理位置优先分发的逻辑。在短视频或直播间中，带上自己门店的位置，或者做社区地推时，将短视频或者直播间定位在目标小区。这样的优先分发也会让更多的粉丝看到。

（4）不要把抖音当朋友圈，不要自嗨式拍摄，没有人关心你，每个人只是关心自己想关心的东西。所以，要想方设法研究你的门店的目标人群用户的喜好，做他们感兴趣的内容。才能更大限度地提高完播率。

抖音铁粉并不是自动生成的，而是视频创作者通过优质的作品慢慢获得的。另外，作品持续的发布也能获得更多的曝光，也会增加更多的铁粉，很多抖音账号的粉丝就是这样慢慢累积的。

通过不断的运营优化，观察创作中心的各种粉丝数据变化，以及单条视频的数据变化，做好后续拍摄的优化，将账号梳理成与精准用户重度关联的账号，才能实现精准分发。

可以在抖音的粉丝群进行短视频、直播的预告，做私域转化。

私域转化到微信群的，又可以利用社群的运营管理做销售漏斗，精准筛选，小群运营，做到精准推送及维护。

6.3.3 私聊维护

私聊维护是指如何正确私聊，维护顾客复购和转化。

注重私域运营，刺激消费转化。

抖音的公域属性更重视即时转化，但不意味着私域的转化不重要。搭建私域和私域运营，决定了店家不找达人、不推广告时的销量，这是店面长期发展战略的重要一环。

大部分的团购都是极低利润的引流款，目的是引流到店。那么到店之后的提单、复购、留存、转化才是牺牲利润做同城团购所期待的后续盈利。所以，如果只是停留在单纯的团购成交上，不去关注后续的运营，就会赔了夫人又折兵。

用户能在抖音里看到你的内容，已经证明了推送的精准。如果发生了购买，并且到店核销，就证明了用户的精准性和有效性。若还能够留在你的私域里，更说明了他的信任。**实体老板一定要注意维护这些客户群体，有规律地在私域中交流、分享、做活动，不断刺激用户复购转化、裂变。**

设定一些私域的额外优惠、额外的礼券等都是很好的触达。而且要针对消费过的精准用户配备专门的客服进行沟通，要做到一对一私信配发额外的限时优惠券等礼物，吸引顾客二次到店，而且愿意做点赞、评论等重度关联动作，让他们的亲朋好友以及标签相同的人尽可能多地收到门店的短视频或者直播的信息，进而成为我们的团购用户或者到店用户。

6.3.4　评价及晒单维护，提升带货评分

和做淘宝一样，抖音的团购评价也非常重要。 在点开团购链接后，会有一个独立的团购页面，里面不仅仅有促销内容，更有过往用户消费后的评价，而且还开放了一个是否值得推荐的选项，只有真实消费过的用户才可以点评，做出推荐值的展示，如图6-21所示。推荐值以百分比的方式展示，过低的推荐值或者不好的差评，都会影响点进团购界面的用户的观感和成交决心。

因此，评价一定要进行深度维护。最好的方法就是在核销抖音团购券时，与顾客直接进行沟通，例如，可以对顾客说：能不能帮忙给个好评；可不可带上图片评论做个推荐，我们吧台额外再送您其他的小礼物或者饮品等。通过这些方法确保来核销团购的消费者都能够参与评论，且评论都

是好评，并且愿意推荐。这些做法会使得关联的相关用户看到，并且为潜在销售加分。这是运营团队必须要关注的事情。

　　同城消费，口碑评价是特别重要的，大家参与团购时，更喜欢看别人真实购买的评价，尤其是差评部分。所以，评价及晒单维护是一个非常重要的运营阵地，绝对不能忽视错过。

图 6-21　用户评价

附 录

直播带货实操表单精选

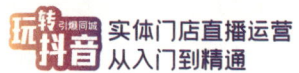

表1　直播选品SOP

时间	总项目	序号	项目详细	相关负责人	完成度/%	未完成原因	计划完成时间
T-N	主播粉丝画像分析	1	性别分布比例	运营			
		2	年龄段分布比例				
		3	地域分布				
		4	视频标签喜好分布				
		5	商品购买需求分布				
			全部分类、价格偏好				
	直播间观众画像	1	性别比例分布				
		2	年龄段分布比例				
		3	地域分布				
		4	粉丝地域分布				
		5	商品购买需求分布				
			全部分类、价格偏好				
			数据分析尽量结合多个平台数据，切勿只做一个平台数据				
T-1	确定产品类目	1	确定大致产品类目（商品购买需求）				
T-2	确定预选品牌	2	锁定类目下产品品牌（根据明星或达人人设、年龄占比、地域分布锁定一种或多种预选品牌）				
T-3	确定最终品牌	3	确定最终品牌（根据后台数据分析粉丝年龄段，确定最终品牌）				
T-4	预选产品	4	筛选预选产品（根据所选品类，参考数据所统计的价格偏好）				
T-5	确定最终详细产品	5	确定最终产品（参考预选品类的市场价值及消费口碑，最终确定详细产品）				

附 录
直播带货实操表单精选

表 2 直播间总体数据记录表

日期	直播时长/小时	直播间观看人数	新增粉丝数	付费人数	评论人数	最高在线人数	平均在线人数	人均观看时长/秒	直播间成交金额	直播期间成交金额	评论次数	点赞次数	直播间商品曝光人数	直播间商品点击人数	直播间成交人数	DOU+投放费用	涨粉率参考值（3%）	互动率参考值（10%）	付费率参考值（3%）	UV价值	成交转化率	直播间曝光点击转化率	投入产出比	复盘建议

247

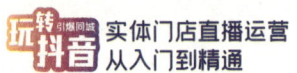

表3 对标账号数据监控表

账号	直播时间	GMV	人气峰值	总场观人数	客单价	销量	直播时长	UV价值	备注

附 录
直播带货实操表单精选

表4 直播间每日复盘表

	一、基础数据															
	直播间												千川		随心推	
日期	总时长/分钟	成交额	人均看播时长	新增粉丝数	互动(评论)人数	打赏付费人数	观看总人数UV	最高在线人数	成交件数	直播间展现量	直播间点击率	UV价值	互动率(10%)	打赏付费率(3%)	涨粉率(3%)	每分钟成交订单数	每分钟收割效率	直接成交金额	消耗金额	投放ROI	消耗金额	直接成交金额	投放ROI

	二、截图汇总
1.数据大屏主块截图	直播期间累计成交金额(元) 111,█ 成交件数 1,249 成交人数 887 点击-成交转化率 7.43% 千次观看成交金额 1,465.52 成交新粉占比 26.94% 平均在线人数 171 累计曝光人数 7.94万 新加粉丝团人数 30 新增粉丝数 760 人均看播时长 35秒
2.流量结构截图	直播自然推荐流量 81.63% 自然推荐-推荐feed 73.22% 自然推荐-直播广场 8.15% 自然推荐-其他 0.26% 自然推荐-同城feed 0.00% 关注tab 7.48% 付费流量 5.03% 千川竞价广告 5.03% DOU+广告 0.00% 其他竞价广告 0.00% 品牌广告-toplive 0.00% 品牌广告-其他 0.00% 短视频引流 4.58% 其他 0.55%
3.短视频引流截屏	短视频引流 — 短视频 投稿时间 直播期间曝光人次 直播入口曝光人次 直播入口点击率 操作 — '23 17:42 16 4 25.00% 详情 — 17:35 31 2 6.45% 详情 — 17:57 5 1 20.00% 详情 — 17:55 5 1 20.00% 详情 — 17:39 2 1 50.00% 详情 — :06 3 1 33.33% 详情

249

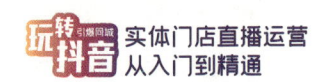

续表

三、问题汇总					
大项	小项	问题思考点	存在的问题	解决方案
直播间	人	1. 主播形貌、穿搭、声音、节奏； 2. 助播、中控语音语调、配合节奏； 3. 人群画像		
	货	1. 有无爆款、福利款、主推款、利润款； 2. 排品、定价、玩法； 3. 库存深度、上新频率、周期		
	场	1. 装修风格和谐统一； 2. 整场的吸引点		
账号	短视频	1. 内容、形式、定位； 2. 质量		
	口碑分	哪一项拉低了整体评分		
小店	DSR	哪一项拉低了整体评分		
客户	反馈	1. 是否满意； 2. 认知差异点		

表 5　直播前——直播排期安排表

＿＿月份直播排期安排				
序　号	主　题	对接人	销售目标	预计时间
	合　计			

备　注：

附 录
直播带货实操表单精选

表6 付费投放数据统计表

分类	指标				
投入产出分析	整场直接投入产出比				
投入产出汇总	整场总投入金额				
	整场直接成交额				
	福袋				
	红包				
成本数据	直接支付投资回报率				
	直播间带货点击成本				
	直接评论成本				
	新增粉丝成本				
	平均引流成本				
	千次展示成本				
直播间电商数据	点击咨询量				
	直接支付GMV				
	直接支付单量				
	直接创建订单GMV				
	直接创建订单量				
	加入购物车				
行为转化分析	直播间带货点击次数				
	直播间购物车点击次数				
直播间互动	直播间加入粉丝团次数				
	直播间打赏次数				
	直播间评论次数				
	直播间关注次数				
实时数据	平均停留时长/秒				
	展示量				
	进入直播间人数				
	消耗金额				
计划基础设置	定向详情				
	投放目标				
	投放时长				
	订单金额				
	加热方式				
	开始时间				
	日期				

表 7 付费投放数据统计表

部类	款式名称	款号	款式图片	SKU数	直播价	成本价	成本金额	毛利额	毛利率	毛利贡献比	净销量	净销售额	业绩贡献比	排名	累计业绩贡献	初期数量	采购进仓	销售出仓	销售退货	期末数量	库存金额	库存成本额	注：按福利款+高性价比款+福利款+高性价比款排列
上装	两件套			4	69																		
上装	两件套			6	79																		
上装	外套			3	69																		
上装	外套			3	79																		
上装	马甲			6	39																		
上装	外套			2	59																		
上装	马甲			2	59																		
上装	马甲			1	49																		
上装	假两件套			4	69																		
上装	连衣裙			7	99																		

附 录
直播带货实操表单精选

续表

注：按福利款+高性价比款+福利款+高性价比款排列

部类	款式名称	款号	款式图片	SKU数	直播价	成本价	成本金额	毛利额	毛利率	毛利贡献比	净销量	净销售额	业绩贡献比	排名	累计业绩贡献	初期数量	采购进仓	销售出仓	销售退货	期末数量	库存金额	库存成本额
上装	连衣裙			7	99																	
上装	两件套			4	119																	
上装	两件套			3	99																	
上装	外套			4	59																	
上装	马甲			3	69																	
上装	针织衫			3	69																	
上装	马甲			2	49																	
上装	针织衫			3	59																	
上装	假两件套			6	49																	

续表

注：按福利款+高性价比款+福利款+高性价比款排列

部类	款式名称	款号	款式图片	SKU数	直播价	成本价	成本金额	毛利额	毛利率	毛利贡献比	净销量	净销售额	业绩贡献比	排名	累计业绩贡献	初期数量	采购进仓	销售出仓	销售退货	期末数量	库存金额	库存成本额
上装	两件套			5	79																	
上装	马甲			3	69																	
上装	连衣裙			2	89																	
上装	连衣裙			2	89																	
上装	连衣裙			1	89																	
上装	衬衫			1	29																	
上装	假两件套			4	76																	
上装	外套			4	59																	
上装	外套			2	69																	
上装	马甲			2	46																	

附 录
直播带货实操表单精选

表8 抖音直播复盘表

数据概览	账 号		开播日期	2023.01.13	开播时长	5.4小时	直播时间段	13:00
	观众总数	13000	付款总人数	92	付款订单数	159	销售额	773.58元
直播内容质量分析
直播吸引力指标			关联因素	问题记录			复盘结论	
最高在线人数/人	188		流量精准度	1. 男性占比从35%降到25% 2. 早餐机卖得还不错 3. 过款的节奏可以快点			1. 信息展示吸引人，直播商品展示充足 2. 目前产品以拖鞋和筷子置物架为主	
平均停留时长/分钟	0.7		选品吸引力					
新增粉丝数量/人	548		产品展现力					
转粉率/%	4.22		营销活动力					
评论人数/人	571		主播引导力					
互动率/%	4.39							
直播销售效率分析
销售效率指标			关联因素	问题记录			复盘结论	
转化率/%	0.71		流量精准	UV价值太低，需要通过产品的选品和定价来设置过款顺序			重新优化产品组合	
订单转化率/%	1.22		产品给力					
客单价/元	8.41		关联销售					
客单件/元	1.73		直播展示					
UV价值	0.06		主播引导					

255

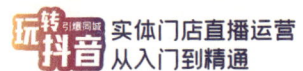

续表

直播流量优化分析

流量来源	占比/人	人数/人	问题记录	复盘结论
视频推荐	10.30	1339	1. 开始 200 人在线留不住，快速下跌	1. 通过计时器 2. 要重视短视频拍摄发布
直播推荐	85.60	11128		
其他	2.90	377	2. 四频共振起来了	
关注	1.00	130		
同城	0.20	26	一开始豆荚投不出去，去掉贴纸才投出去了	直播间画面不能出现营销样的贴纸、卡片等信息
付费流量总数		73		
DOU+短视频		0		
DOU+直播间		73		
Feed直播间				
自然流量总数		12927		

短视频内容优化分析

	视频链接	完播率	播放量/获赞/评论/分享	总播放量	视频导入人数	视频点击进入率	分析与建议
11.13	11:25 调料罐：4秒/15秒	4.77%-3星	1415/4/0/0	65576			
11.13	11:29 爆款桶拖：2秒/23秒	3.13%	8172/8/0/0				
11.13	11:35 爆款桶拖：2秒/10秒	5.95%-5星	2822/4/0/0				
1.13	11:43 爆款桶拖：2秒/8秒	3.80%-3星	51382/61/0/0				
1.13	11:49 爆款桶拖：2秒/9秒		1785/6/1/1				

附 录
直播带货实操表单精选

续表

单品销售数据分析

品 名	购物车序号	直播间浏览量	直播间点击量	单品点击率/%	支付订单数	单品转化率/%	支付GMV	单品UV价值
包跟拖鞋2双		7216	522	7.23	15	2.87	298.50	0.57
棉拖鞋-2元秒		18000	12000	66.67	127	1.06	2534.00	0.21
筷子婆置物架		3710	146	3.94	10	6.85	108.90	0.75
早餐机		2746	47	1.71	1	2.13	69.00	1.47
儿童刻度杯		6078	63	1.04	1	1.59	9.90	0.16
垃圾袋（没讲解）		853	9	1.06	1	11.11	9.90	1.10
调料盒		2963	67	2.26	1	1.49	9.90	0.15

单品销售数据分析

品 名	购物车序号	直播间浏览量	直播间点击量	单品点击率/%	支付订单数	单品转化率/%	支付GMV	单品UV价值
鸡骨剪		2274	20	0.88	1	5.00	9.90	0.50
自动开合油壶		263	4	1.52	1	25.00	9.90	2.48
油瓶		2254	24	1.06	1	4.17	5.50	0.23

单品分析与建议：
1. 除了留第一个留人链接，其他的链接操作一致，目的是不要引人变量，方便选品
2. 垃圾袋和自动开合油壶没有讲解过，有自然成交，数据也不错。可以增加到选品中去

综合优化建议（执行任务）：
1. 直播时间短视频问题：测试解决
2. 重点拍摄短视频问题：包跟+地板拖
3. 秒杀5分钟一轮，其实有10分钟，衔接扣尺码+111+同意好评扣好，一共10个
4. 开始在线200人没留住，每一轮秒杀多次提醒重新扣666报名秒杀活动
5. 可以延续的地方：每确定留人款+主推款
6. 直播方案中，要确定价值塑造产品卖点+铺播重点带节奏促单
7. 主播重点讲解产品卖点+铺播重点带节奏促单。应该倒计时的时候，直接过款，拉互动

257

表9 直播工作计划表

制表人：　　　　　　　　　　　　　　　　制表日期：

工作类别	工作项	细节	负责人	11月 18 一	19 二	20 三	21 四	22 五	23 六	24 日	25 一	26 二	27 三	28 四	29 五	30 六	12月 1 日
定位	定位5步曲	我是谁/面对谁/提供服务/解决问题/个人愿景	×××		人设设定												
	调研	知己知彼，制定自己的直播风格	×××				调性设定										
商品选款	选品	自营产品、工厂溯源、时装周	×××					首批选款									
	定价	对比市场同类产品、卖点、定价	×××														
	货品比例	引流款、爆款、利润款、常现款	×××														
直播间准备	地点（自选）	工作室、工厂、店铺、背景墙	×××							场地准备							
	灯光（自选）	环境灯、测光灯、前置灯架	×××									选购					
	布景（自选）	背景墙纸、摆设道具、尺子	×××											设计			
	声卡（自选）	麦克风、收音等	×××											设计			
直播筹备	流程策划	直播间促销活动、流程策划	×××														
	商品卖点	根据选出的款课写卖点文案	×××										检查				
	人员分工	制定直播间人员工作	×××													预备	
	准备工作到位	留意直播间动态、烘托气氛	×××														开播

258

附 录
直播带货实操表单精选

续表

工作类别	工作项	细节	负责人	11月 18 一	19 二	20 三	21 四	22 五	23 六	24 日	25 一	26 二	27 三	28 四	29 五	30 六	12月 1 日
店铺运营	店铺装修	店铺网页设计	×××									准备					
	详情页设计	产品展示、细节图、参数表	×××									准备					
	产品拍摄	场景搭建、季度拍摄、精修、设计	×××					场景采购搭建			拍摄	精修					
	主题风格策划	按人群、季节、服装特性制定主题	×××					主题构思									
渠道筹建	大众门户	抖音、快手短视频引流	×××														
	社交媒体	小红书、爱逛等垂直媒体引流	×××					预热					预热				
	双微引流	微博、微信、图文引流	×××					预热							预热	预备	开播

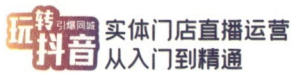

表 10　直播前——直播排期表

序号	主题/品类	采购对接人	运营对接人	品牌/品类专场/综合	销售目标	时间	备注

___月份直播排期表

表 11　跟场测款记录表

过款完的点击人数	过款期间点击人数	过款前的成交订单数	过款完的成交订单数	过款期间成交订单数	过款期间转化率	款号	日期
832	142	0	18	18	12.68%	套装连衣裙	2023.6.18
981	224	4	23	19	8.48%	大花连衣裙	2023.6.18
1980	567	6	30	24	4.23%	吊带裙	2023.6.18

表 12　直播前——直播规划表

直播日期	
直播主题	
达成目标	
带货的产品和价格	（1）带货金额目标 （2）人气增长目标 （3）订阅增长目标
设置的互动环节和玩法	

附 录
直播带货实操表单精选

表 13　直播前——直播策划预热表

直播日期	
直播产品	
人员参与	主　播：　　　　场　控：
推品逻辑	
商品顺序	
活动规则	
场外预热	
时　间	
事　项	
主　题	
渠　道	
物　料	

表 14　直播间投产表

投放日期	投放账号	投放时段	投放方式	投放目标	投放金额	累计消耗	累计销售额	累计订单数	累计佣金	进直播间人数	直播间引流成本	购物车点击量	购物车点击成本	直播间场观人数
7月4日	志玲	23:00—24:00	视频加热直播间	给观众种草	3000	1980	24651	249		4189	0.47	893	2.22	29345

附 录
直播带货实操表单精选

表 15　直播前——营销计划表

直播营销玩法	目　的	利益点	玩　法	次　数	奖品ID	商品数量	成本/元	发奖说明	协助人员

| 第 × 场直播策划 ||||||||||

直播目标	直播目的									
	目标用户										
	直播主题										
	直播人员										
	直播场地										
	直播时间										
	直播目标										
	直播商品										
	直播利益点										
	直播目标拆解	直播商	直播时长	观看人数	购买人数	购买转化率	客单价	直播GMV	预计销售量	总备货量

直播营销玩法	目　的	利益点	玩　法	次　数	奖品ID	奖品名称	商品数量	成本/元	发奖说明	协助人员

直播营销预算	项　目	商品ID	商品名称	商品数量	成本单价/元	成本/元	备注/奖品设置

263

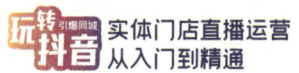

表 16　直播前——商品定价表

品牌	类别	名称	成品价	售卖规格	市场价	直播价	库存	"加推数量第二批返场"

表 17　直播前——产品卖点表

序号	品牌	类别	名称	图片	卖点提示	直播话术	Q&A
1							
2							
3							
4							
5							
6							
7							

表 18　直播中——流程计划表

××直播间福利（　　　）每 5 分钟飘屏一次								
直播时间 _____（____小时）								
主题《_____》								
时间段	主讲	内容	目的	商品介绍	时段销售指标	时段在线人数	备注	

附 录
直播带货实操表单精选

表 19　直播中——直播现场执行表

类　型	流程指导　人员分配表		
	水　军	客　服	运　营
时间			
负责人			
协助人			
原则			
事项			
内容			
产品卖点提炼			

表 20　直播中——直播间粉丝互动表

项　目		内　容
一句话 IP 介绍	1. 我是谁 2. 我的定位 3. 我们在未来的直播间给大家传递的价值	
欢迎 互动	开场欢迎、认识的人打招呼、点名欢迎； "第一次进来是新朋友，下次就是老朋友了"	
点赞 互动	1. 点赞到多少抽奖、点赞到多少送礼 2. "屏幕右下角小爱心点起来"	
关注 互动	点一次是订阅，点两次是预约下一次开播提醒	
转发 互动	1. 口播鼓励转发 2. 活动新主题促进转发	
问答 互动	粉丝互动（问需求） 卖点加深印象（问产品知识点）	
福利 互动	秒杀、预告产品活动、抽奖	

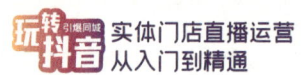

表 21　直播中——直播间呈现产品五步法

发现需求	
放大需求	
给出方案（带入产品）	
第三者见证	
报价格	

参考：
1. 发现需求：卡粉、脱妆、遮瑕力不够、假白、伤皮肤、不防水
2. 放大需求：看到卡粉、妆容很厚假脸、毛孔堵色伤皮肤、出汗就花妆
3. 给出方案：美颜霜是护肤型彩妆、遮瑕力强、防水防汗（现场测试）
4. 第三者见证：举例自己早上化妆到现在依旧非常服帖、朋友很开心地在微店给我反馈等
5. 报价格：照价 168，今天 99 两盒

表 22　直播后——策划复盘

直播日期	
直播主题	
活动	
互动	
团队配合	
直播中突发情况	
经验总结	

表23 直播后——电商数据复盘

直播日期		
直播产品		
人员参与	主播：	场控：
项目	数据	备注
时间及时长		
点赞数		
观看人数		
评论数		粉丝评论截图
转发数		引导转发有礼
直播涨粉数		
电商数据复盘		
订单管理		查看全部状态订单
账单管理		查看全部状态订单
点击数		到达商品店铺点击数量
付款数		带来的付款订单笔数
总金额		总收入金额数

表24 直播后——复盘数据表

类别	项目	数据	备注
主播	引导分享次数		
	引导订阅次数		
	引导加微次数		
	相互打断次数		
吸粉	新进福利群人数		
	新添加微信人数		
	新订阅主播人数		
销售	进店人数		
	下单人数		
	成交单数		
	新客		
	退货人数		
	加购未成交人数		

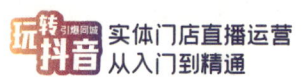

表 25 直播脚本规划表

直播主题	美妆特卖抢好货				
播出时间	21:00—24:00（开播时间为整点或半点延后的几分钟）		播出日期		
本场卖点	品牌福利大放送，入团有专属赠礼				
	主播	副播	直播目标	卖货 8W，涨粉 2W	
主播安排			副控 / 助理	后台 / 客服	
时间安排	内容	说明	场控		备注
20:50—21:00	热场交流 + 抽奖	与粉丝唠嗑寒暄 + 鼓励转发直播间 + 刺激互动	与粉丝互动 + 截图抽奖送福利	粉丝推送 + 粉丝互动，备注中奖信息	跟新来的人说一下今天的优惠，介绍福利，欢迎 + 邀请关注
21:00—21:10	引流福利 1 款	介绍价值 + 鼓励转发直播间 + 组织点赞点评互动	产品讲解 + 秒杀	产品细节讲解补充 + 展示	回复后台客户问题 + 商品维护	把人气拉到平均水平
21:10—21:30	第一批：常规主打 2～3 款	介绍价值 + 引导互动 + 活动介绍 + 突出限时限量	产品讲解 + 秒杀	产品细节讲解补充 + 展示	回复后台客户问题 + 商品维护	注意回复问题 + 下单指导
21:30—21:40	引流福利 1 款	介绍价值 + 鼓励转发直播间 + 组织点赞点评互动	产品讲解 + 秒杀	产品细节讲解补充 + 展示	回复后台客户问题 + 商品维护	看人气值拉人气
21:40—22:00	第二批：常规主打 2 款	介绍价值 + 引导互动 + 活动介绍 + 突出限时限量	产品讲解 + 秒杀	产品细节讲解补充 + 展示	回复后台客户问题 + 商品维护	注意回复问题 + 下单指导
22:00—22:20	第一批 + 第二批过款	介绍价值 + 引导互动 + 活动介绍 + 突出限时限量 + 促进留存	产品讲解 + 秒杀	产品细节讲解补充 + 展示	回复后台客户问题 + 商品维护	注意回复问题 + 下单指导
22:20—22:25	抽奖	缓解疲劳 + 刺激互动 + 进留存	截图抽奖 +10 个粉丝	引导关注	备注中奖粉丝信息	告知清楚参与抽奖规则方式

续表

时间安排	内容	说明	主播	副播/助理	后台/客服	备注
22:00—22:30	炮灰1款	介绍产品+引导互动+活动介绍	产品讲解+秒杀	产品细节讲解补充+展示	回复后台客户问题+商品维护	注意回复问题+下单指导+强调质量做工材料
22:30—23:00	第三批：常规主打2款	介绍价产品+引导互动+活动介绍+突出限时限量	产品讲解+秒杀	产品细节讲解补充+展示	回复后台客户问题+商品维护	注意回复问题+下单指导
23:00—23:20	引流福利1~2款	介绍价产品+引导互动+活动介绍+突出限时限量	产品讲解+秒杀	产品细节讲解补充+展示	回复后台客户问题+商品维护	注意回复问题+下单指导
23:20—23:25	抽奖	缓解疲劳+刺激互动+促进留存	截图抽奖+10个粉丝	引导关注	备注中奖粉丝信息	告知清楚参与抽奖规则方式
23:25—23:50	第四批：常规主打2款	介绍价产品+引导互动+活动介绍+突出限时限量	产品讲解+秒杀	产品细节讲解补充+展示	回复后台客户问题+商品维护	注意回复问题+下单指导
23:50—24:00	第三批+第四批过款	介绍价产品+引导互动+活动介绍+突出限时限量	产品讲解+秒杀	产品细节讲解补充+展示	回复后台客户问题+商品维护	注意回复问题+下单指导
24:00—1:00	播后复盘					

表 26 直播整场策划脚本

直播目标	销售：8 万		吸粉：1000	
直播人员	×××，×××			
直播时间	×月×日 8:00—14:00			
直播主题	产品秒杀+瘦身经验分享			
前期准备	货品整烫检查试穿完毕、后台产品淘客链接佣金申请、直播间重点产品陈列			

时间段	总流程	主播	直播助理	后台/客服	产品卖点	话术	优惠信息&活动
8:00	预热	粉丝互动、引导关注 2 次	回复问题	粉丝推送渠道开播通知		各位即将暴瘦的仙女们，大家好，我是已经暴瘦过的××……	
8:10	开场抽奖	截屏抽奖送门槛优惠券，今日活动剧透	新品展示	后台粉丝互动			
8:15	秒杀 1 号产品	讲解 10 分钟 秒杀 5 分钟	莱卡棉和纯棉拉扯对比	产品拍下减价设置	莱卡棉小猪佩奇 T 恤 96% 棉 4% 莱卡		原价 199 元，秒杀价 59 元，时间 5 分钟，限量 20 件
8:30	秒杀 2 号产品	同上	真丝和雪纺燃烧测试对比	同上	100% 真丝连衣裙 真丝		原价 399 元，秒杀价 99 元，时间 5 分钟，限量 15 件
8:45	秒杀 3 号产品	同上	水晶的电筒光线展示	同上	施华洛正品水晶		原价 698 元，秒杀价 198 元，时间 5 分钟，限量 10 件
9:00	截图抽奖互动	截取 5 个粉丝奖励，以上粉丝奖励，拍邮费赠链接	提醒新粉如何涨亲密值	备注中奖福利			
9:10	瘦身秘诀	分享减肥经历和技巧	配合展示主播减肥照片	屏幕提醒今晚福利活动			
9:20	秒杀 4 号瘦身餐	……	……	……	……	……	……

附 录
直播带货实操表单精选

表 27 直播实战脚本

直播主题	补水大作战		播出日期	×年×月×日		播出时长	×小时
播出时间	20:00—24:00		直播目标	单量×件，×GMV			
主播	张三		助播	李四		场控	王五
本场卖点	品牌大放送，折扣大礼						
时间	事件	引导目的	配合权益	话术关键词	主播	助播	场控	嘉宾	备注
20:00—20:05	开播福利	粉丝每日回访	抽送10片面膜	每天晚8点，开播就抽奖	引导回访	热场	操作抽奖，发公告		
20:05—20:10	开播造势	本场回访	每××赞就抽199封顶免单	先付款再参与，抽中才有效	引导添加粉丝团	热场	操作抽奖，发公告		
20:11—20:25	剧透产品	让粉丝留下来	每个产品的优惠力度	限量、限量	介绍产品	补充产品介绍+展示			
20:26—20:40	秒杀连	成交转化	原价499元，现价298	产品卖点	介绍产品	补充产品介绍+展示	引导		
下一个产品									
21:00—21:05	中场福利	粉丝停留、活跃、互动	听歌识曲，回答正确就送××		刺激用户购买				
下一个产品									
最后20分钟	返场演绎	成交转化	产品优惠	帮用户省钱、算账、促交					
最后5分钟	下期产品预告	下期回流	送礼品××，开播抽奖	每晚8点，开播抽奖	引导下期见				
最后1分钟	强调关注	涨粉			引导关注				

表 28 投流数据表

投放时间	投放账号	投放产品	投放金额	投放时长小时	性别	年龄	省份，城市	商家	价格优惠券佣金	备注
时间	总播放量	播放增量	累计消耗	消耗增量	累计佣金	佣金增量	累计单数	单数增量	累计净利	累计产出比	本时段ROI	转化率/%	流量成本（流量/消耗）			
8:00—9:00																
9:00—10:00																
10:00—11:00																
11:00—12:00																
12:00—13:00																
13:00—14:00																
14:00—15:00																
15:00—16:00																
16:00—17:00																
17:00—18:00																
18:00—19:00																
19:00—20:00																
20:00—21:00																
21:00—22:00																
22:00—23:00																
23:00—00:00																
00:00—1:00																
2:00—3:00																
3:00—7:00																
7:00—8:00																

实体门店的老板不是专业媒体人,做不到高精尖的作品输出,门店的导购也做不到电商主播那样口若悬河、口吐莲花。如果期望值过高,往往会急功近利,就不容易心平气和地做好实体门店的直播。

笔者曾服务了很多的知名品牌厂家,它们全国的几千家连锁门店都在积极参与同城直播的工作。做直播是未来实体门店的大趋势,是不可避免的。我们可以先做起来,并在做的过程中不断迭代优化。

随着绿幕直播技术的不断完善,不仅实现了仓库播、门店播,还实现了工厂播、农场播等场景直播。

而虚拟主播的出现,不仅可以满足主播千人千面的需求,也可以在未来使实体门店的直播间实现24小时直播。且根据不同的用户特点,呈现的直播间的虚拟主播都不一样。在大数据AI不断优化下的虚拟主播可以和后台的销售数据实时联动,更好地进行迭代。

平台也在不断地优化,提供各种便利的同城支持,随着即时零售的深入,抖音的同城播出现了前所未有的繁荣,而且必将是未来几年的最大趋势。

根据趋势发展,提供抖音尊享服务的音尊达已迭代出了"音需达",京东两通一达与顺丰已接入,同城配送可以做到每单便宜到 0.01 元。同城当日或次日达,跨省 72 小时到达。最大极限地实现了半径 5 km 内 30 分钟内送达的可能性。在同城直播间购物,可以实现像点外卖一样的体验。

iPhone 14 的发售,彻底打开了大家对即时零售的认知。像点外卖一样买手机,同城即时零售,快速配送,已经全方位地展开,并融入到我们的生活了。

可以感受到即时零售的还有叮当快药,凌晨也可以实现买药(一线城市 24 小时覆盖,普通城市有营业时间限制);周边的超市购,比如盒马鲜生、沃尔玛等。

京东的前置仓能保证每天 23 点前下单,次日上午 11 点前收货。越来越多的商户进入到即时零售的战场上厮杀了。

同城直播+即时零售配送给实体门店注射了强心针。

即时零售首先需"快",即主要致力于满足消费者随时随地的即时性需求,提供线上下单后 30 分钟快速送达的服务。因此,要做到"快",就

后　记

要求即时零售的供给往往来自于本地，通常是在距离消费者 5 公里的范围内寻找供给，以确保 30 分钟送达的时效性。

抖音平台从技术上也完全支持了短视频和直播间的地理位置限定分发。一切都向着更好地服务同城直播的方向发展。未来直播间作为实体门店的标配，不再是一个简单的设想，而是切实可行的路径。